Laboratory Manual/Workbook

to accompany

EXPERIENCIAS: LENGUAJE

Laboratory Manual/Workbook

to accompany

EXPERIENCIAS: LENGUAJE

Zenia Sacks Da Silva
Hofstra University

1817

HARPER & ROW, PUBLISHERS, New York
Grand Rapids, Philadelphia, St. Louis, San Francisco,
London, Singapore, Sydney, Tokyo

Photo Credits: Page 2, © Beryl Goldman; p. 31, Hiller, Monkmeyer; p. 48, Menzel, Stock, Boston; p. 100, Spanish National Tourist Office; p. 124, © Stuart Cohen, Comstock; p. 152, © Rogers, Monkmeyer; p. 216, © Stuart Cohen, Comstock; p. 230, Stock, Boston.

Laboratory Manual/Workbook to accompany EXPERIENCIAS: LENGUAJE

ISBN: 0-06-041542-8
90 91 92 93 94   9 8 7 6 5 4 3 2 1

CONTENTS

Before we begin . . .

Experiencias, we call it. Exper_encing a new world, and still being ourselves. Hearing Spanish, understanding, and saying what we really want. . . That's what our whole series is about. And here, to add to the look and the sound, is our "living lab", with its accompanying *Lab Manual - Workbook*. It's new and it's very differen:, I promise you.

- The "Experiencias auditivas"

These "listening experiences" are actually not only for the ear. For our lab program is entirely conversational, from the start. It's made of all kinds of people in all sorts of situations -- from the hands-on practical to the slightly off-the-wall. And they lead one to another, as events are apt to lead. . . Of course, the grammar points you have learned are included. But they're not laid out as such, and they're not drilled with exercises -- ever! They're used in spontaneous conversations in which *you* are the real-life partner. And they're done in a way that helps you say what you mean.

You'll discover that our speakers will "hear" you and react to what you say. And to help you understand *them*, we'll give you much of the "script" to follow. But not all, because you'll also want to listen on your own. So whenever you see our symbols: . . . or (. . .), sharpen your ears till you see the next clue. When you see ¿ . . . ?, followed by an answer line, you'll know that we're waiting for your response. And when you see the double slash//, that just means we'd like you to repeat. . . So much for our Lab Manual portion. Now, on to . . .

- The "Experiencias visuales"

Here's where the "Workbook" part of each lesson begins. After the "Experiencias auditivas" comes a series of on-the-scene visual experiences. You'll have the chance to see and do exactly what you would if you ran into these ads and signs and documents abroad. And don't be surprised at how well you function!

- The "Aplicaciones"

Just in case you need some language reenforcement, here's your chance to extend both your word bank and your grammar base. We start with "Amplíe su vocabulario", and its games in associations. We move on to "Ejercicios suplementarios" -- point by point practice of each structure in the text. (By the way, all exercises in the Aplicaciones sections are self-correcting on pages 245-260.) And we wind up with "Composición creativa", a special creative writing workshop on an assortment of exciting themes.

¡Y ya! We think you'll like our scenarios, with their off-beat "characters", funny and non. We're sure you'll like our speakers -- good company for your trip and for your contacts back home. But most of all, we know you'll enjoy speaking Spanish and making it your own. You can do it, now! . . . *Vamos a comenzar.*

ZSD

I should like to give special thanks to Norberto Bogard, Rosario Andreade, and Virginia Luque for permission to use extracts of their performances. I treasure their contributions.

Laboratory Manual/Workbook

to accompany

EXPERIENCIAS: LENGUAJE

Experiencias auditivas

I. **Vamos a conocernos** (*Let's get to know each other* .)

(*Música de guitarra*)

R.: Hola. Roberto Semprón aquí. Dígame, ¿ . . . ? _____

    ¿Ya? Pues . . .   (*aparte*) Virginia, tenemos que comenzar. . .

V.: (. . .)

R.: Y gracias . . .   Fue fantástica.

V.: (. . .) Entonces, hasta . . .

R.: (. . .) Chao. (*So-long*). ¿Sabe. . .? Ésa era Virginia Luque, . . .   Ud. vio (*You saw*)

    su foto . . . , ¿verdad? _____ Es una gran . . . , y tan simpática. . . Pero

    dígame: ¿le gusta . . . ?   *Sí, me gusta* _____ *(No, no me*

    gusta) _____ ¿La toca . . . ?_____

    Yo la toco, pero . . . En fin, (*Anyway*), como le dije, yo soy . . ., de . . .

    Y ésta . . .

B.: Beatriz Sanabria, de . . .

R.: Y Ud., ¿ . . . ? _____ Mucho gusto.

B.: Encantada (*Delighted*).

R.: ¿Y de dónde . . . ? _____ ¿Vive Ud. allí . . . ?

_____ Pues hablando de . . . ,

    hoy comienza nuestro nuevo . . .

B.: Más. . .   Una nueva amistad (*friendship*). Así que . . . , hablando de nosotros,

    ¿ . . . ? Tenemos que conocernos.

R. : De acuerdo. Mire, aquí tengo . . . La foto no es tan maravillosa, pero. . .

¿Qué piensa Ud.? Según (*according to*) esta foto, ¿de qué color . . . ? ¿Rubio o

moreno? _____ // ¿Y sus . . . ? ¿ . . . cree Ud.

que son -- azules, grises (*gray*), . . . ? _____ //

¿Cree Ud. que . . . , o de estatura mediana (*average height*)? _____

_____// Cinco pies con . . . pulgadas (*inches*).//

Y yo, ¿cuántos años cree Ud. que . . . ? _____

Pues tengo casi . . .

II. ¿Cómo es Ud.?

B.: Bueno, ahora queremos saber. . .   ¿Tiene . . . suya (*of yourself*)? _____

_____ Pues díganos: ¿ . . . ? *Tengo el* _____

_____ ¿Y sus . . . ? Déjeme adivinar (*Let me guess*.) Ud. tiene . . .

oscuros (*dark*), ¿ . . . ? _____

R.: ¿Y cuántos pies . . . de alto (*tall*)? *Tengo* _____ *de alto.*

A propósito, ¿ . . . de edad (*age*) *Tengo* _____ *años de edad.*

Parece (*you look*) más . . . , ¿sabe? Bueno, pregúntele (*Ask*) . . .

¿_____? //

B.: Prefiero . . . de Ud. Por ejemplo, ¿en qué mes . . . cumpleaños (*birthday*)?

Mi _____ ¿Cuál es su día

favorito . . . ? *El* _____

2

¿Sabe? El mío (*Mine*) es . . . ¿No me cree? Pues dígame otra vez: ¿Cuál es su

estación . . . ? ¿ . . . ? _____

R. ¿Le gusta el . . . ? _____ ¿ . . . los deportes

(*sports*) . . . ? _____

B.: Más importante, ¿qué tipo . . . ? ¿ . . . seria o alegre (*serious or fun-loving*)?

_____ ¿ . . . razonable (*reasonable*)

o emocional? _____ ¿ . . . optimista

o . . . ? _____

Psico-foto

Conteste . . .

1. En su opinión, ¿es justa o injusta . . . ? _____

2. . . . , ¿es mayormente (*mostly*) . . . la humanidad? _____

_____

3. ¿ . . . idealistas, . . . o las personas mayores (*older*)? _____

_____

4. ¿ . . . materialistas, . . . ? _____

5. ¿Cree Ud. que . . . conquista (*conquers*) todo? _____

_____

- -

Interludio: Práctica de pronunciación (1)

B.: Pues hablando (*speaking*) . . . , aquí tenemos dos poemitas . . .   Vamos a recitarlos,

¿ . . . ?

Si yo misma no me entiendo,//
¿quién me ha de (*can*) entender a mí?//
Que (*For*) digo que no te quiero,//
Y estoy loquita por ti (*crazy about you*).

3

R.: (. . .) Pues, . . . me toca a mí (*it's my turn*).

Desde mi casa a la tuya,//
morena, no hay más que un paso (*only one step*);//
desde la tuya a la mía,//
¡ay, que camino más largo!//

B.: Lindo. Y mientras (*while*) estamos practicando . . ., ¿por qué no repasamos (*don't we review*) . . . ?

Las vocales (*Vowels*)

Escuche, y repita:

a// a// papá, mamá// casa, pala// capa, lata// mapa, sala//

e// e// mete, teme// pelo, celos// deme, tela// quema, sendero//

i// i// sino, tipo// mito, pila// mina, íntimo// importantísimo//

o// (. . .)// coco, loco, poco, polo// como, lomo, copo, lobo//

u// u// cucú, luna, cuna// tuna, mula, puma//

B.: ¿Hay tiempo para . . . ?

Los diptongos

aire, Cairo// aliado, piano// auto, cauto// guarda, guava//

seis, veinte// siete, viento// neutro// nuevo// viola// boina//

fui// fuiste// viuda// diurna// ¡Ya!

III. Una visita de sorpresa

R.: Y ahora, tenemos . . . Beatriz, ¿ya llegó Jorge?

B.: En este . . .

R.: Bien. Que pase. (*Let him in.*)   (. . .)
Pues mire, . . . Aquí tenemos . . . -- el joven que conocimos (*we met*) también . . .
Hola, . . . ¿Cómo te van las cosas? ¿ . . . ?

4

Jorge: (. . .) Y Uds., ¿. . . ?

B.: Contéstele . . .: _____ //

R.: Pues hay algunas cosas que queremos preguntarte. . . ¿Te importa? (*Do you mind?*)

Jorge: De ninguna manera. (*Not at all.*)

B.: Bueno, a ver (*let's see*) si . . .

"*¿Qué nos dice Jorge?*"

Escuche bien:

(1) --Díganos primero, . . ., ¿cómo . . . ?
     --Está . . .   Tiene . . . ya.

Ahora marque la respuesta correcta: (*Circle the right answer*)

Según Jorge, ¿ . . . ?

     a. *He's nine weeks old and cute as a button.*
     b. *He's nine months old already, and getting enormous .*
     c. *He's almost nine years old now, a real big fellow.*

(2) -- ¿Y . . . Jorgito (*little George*)?
     -- Casi. Quiere. . . .   Pero . . . todavía (*yet*). Y es tan . . .
          ¡Todo . . . ríe (*he laughs*)!

     (¡ . . . !)   ¿Qué más (*what else*) nos dice. . .?

     a. *That he's walking and talking already.*
     b. *That he has a wonderful disposition, like his mother,*
     c. *That he's just like his Daddy.*

(3) --Pues, ¿sabes, . . . ?   En el libro, dices que . . ., tuviste que venir
     (*you to come*) . . .   ¿Nos puedes decir . . . ?   Por ejemplo, de verdad,
     ¿eras (*were you*) . . . ?

     --¡ . . . ! ¿Cómo voy a ser . . . , si soy . . . devoto? Yo era . . . ,   y . . .

     Bueno, ¿por qué . . . que no podía ser (*he couldn't be*). . .?

     a. *Because he was from a wealthy family.*
     b. *Because he was devoted to his parents and respected their opinions.*
     c. *Because he was a devout Catholic, and he admired the USA.*

(4) -- Entonces, ¿. . .?

     -- Es que unos amigos . . .   , con uno de los . . .   Queríamos ver (*We wanted*
         to see) . . .
     No éramos . . .   Pero el gobierno (*government*) nos veía . . .
     Para ellos, nosotros . . . peligrosos (*dangerous*).

    -- ¡Qué . . . !

     Oiga, cuando Jorge . . . ,   ¿qué formaron . . . ?

                       a. *a liberal democratic club*
                       b. *a militant underground cult*
                       c. *an anti-government newspaper*

(5) -- Pues una noche . . . desapareció. Poco después encontraron (*they found*)
     muertos a algunos . . . Y yo entendí que . . . en peligro (*danger*).
     Por eso, abandoné . . .   y pedí asilo (*I sought asylum*) . . .

    -- ¡ . . . horror!

     ¿ . . . ? ¿ . . . tuvo que salir . . . ?

        a. *Because his professor and his friends had betrayed him.*
        b. *Because his life was in danger.*
        c. *Because there were more opportunities in the United States.*

(6) -- Bueno, Jorge, ya sabemos que las cosas . . .   Pero, ¿no extrañas (*don't*
     you miss) . . . ?

    -- Pues, claro, extraño a . . .   Y extraño también . . .   de mi tierra (*land*).
     En Nueva York, . . .   Pero en Chichicastenango, . . .   Sólo hay . . .
     Realmente, . . .

     Otra vez, ¿ . . . ?   Además de (*Aside from*), ¿qué más (*else*) . . . ?

                      a. *He misses the peacefulness of his home town.*
                      b. *He misses his childhood friends.*
                      c. *He misses the wonderful springlike climate.*

Jorge: Así es. Pero . . .   Soy libre, tengo . . .

B.: Me alegro (*I'm glad*), . . . Pues . . .

R.: Y muchos saludos . . .

Jorge: (. . .)

B.: Bueno, ¿ . . . ? ¿Le gustó . . . ? _____ *gustó* _____

R.: Pues no nos queda mucho tiempo (*we're running out of time*) . . .

IV. Hablando del clima . . .

Estudie . . . este mapa de la Argentina, con las indicaciones a la derecha. (. . .)

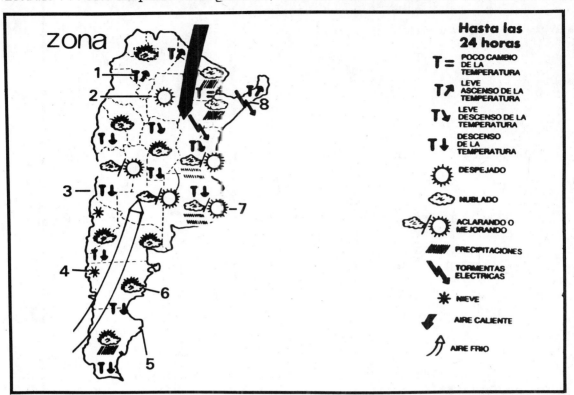

B.: ¿ . . . ? Pues escuche ahora, y díganos: En la zona #1, ¿va a . . . ? _____

_____// Ahora, ¿ . . . ? _____//

_____ despejado.//

R.: Bueno, en . . . , ¿va a hacer . . . ? _____ // _____

_____ // Y . . . , ¿qué fenómeno . . . ? _____

_____ // _____ // Muy bien, en . . . , ¿ . . . ?

_____// _____ // Y en . . . , ¿está

nublado o despejado . . . ? _____// Pero . . . aclarando,

¿ . . . ? _____ Y . . . , ¿qué hay? _____

_____ //

B.: ¿ . . . ? Todavía les tengo miedo (*they scare me*). ¿ . . . ? _____ En fin,

hay una cosa más . . . Dígame ¿de dónde viene . . . ? ¿ . . . o del sur? _____

_____ ¿ . . . ? _____ (. . .)

R.: Sólo hay tiempo para . . . y terminamos.

==

Interludio: Pronunciación (2)

B.: Curiosamente, comenzamos con la *h* -- ¡una consonante que normalmente *no* pronunciamos! (. . .)

   hay, hoy // hotel, ahora// hombre, hambre// alcohol// . . .//

   Solamente se pronuncia en la combinación *ch* : chico, ocho//, etc.

   ñ// año, niño // otoño, puño//

   ll// (Latinoamérica) pollo// (España) . . .// caballo// . . .// milla // . . . // millonario, // . . .//

   j// j// jamón, jabón// cojo, mojo// lejos, lujoso// dije//

   ge// gi// ja, ja, ja// ge, ge, ge// ju, jo, ja, ge, gi// general// generoso// rige// dirige//

R.: Bueno, adelante:

   gue// gui// (¡*No* se pronuncia la *u* !): sigue// distingue// guerra// guitarra//

   ga, go, gu// diga, haga// lago, mago// legumbre// . . .// Diego// ciego//

Vamos a recitar

R.: Los ojos de mi morena//
    se parecen a mis males (*are just like my woes*)//
    grandes, como mis fatigas (*frustrations*)//
    negros, como mis pesares (*troubles*).//

B.: Pues . . . siguiente es menos triste. (. . .)

    El amor es como el niño//
    que se enfada y tira el pan (*who gets mad and throws away his bread*)//
    y en haciéndole un cariño (*when you give him some loving*)//
    coge aquél (*picks it up*) // ¡y pide más!//

R.: ¡ . . . ! No podemos pedirle más. Ud. es . . .

B.: Fue un gran gusto estar . . . Hasta muy pronto . . .

R.: ¡Y adelante! (*Let's go for it!*)

8

I. "Larga distancia, por favor"

Con AT&T, llamar a México es fácil, rápido y económico. . .

Ahorre la tercera parte (1/3) de la Tarifa Normal en sus llamadas . . . ¡todos los días de la semana!

Ahora, AT&T le ofrece la tercera parte (1/3) de descuento de la Tarifa Normal en todas sus llamadas *marcadas directamente* durante el período de Tarifa de Descuento. . .

Para llamar, siga estos sencillos pasos:

1. Busque en el mapa el código correspondiente a la ciudad que usted desea llamar.

2. Marque el **011** (Código de Acceso Internacional).

3. Marque el **52** (Código de México).

4. Marque el código de la ciudad.

5. Por último, marque el número telefónico local.

Por ejemplo, para llamar a la Ciudad de México, marque:

OII ⇒ 52 ⇒ 5 ✛ **número telefónico local**

Período de Tarifa Normal	**Período de Tarifa de Descuento**
• lunes a viernes: 7:00 a.m. a 7:00 p.m • domingo: 5:00 p.m. a 12:00 a.m.	• lunes a viernes: 7:00 p.m. a 7:00 a. m. • sábado, todo el día • domingo: 12:00 a.m. a 5:00 p.m.

Ahora, ¿sabe Ud. cómo hacer una llamada? Pues díganos entonces:

1. ¿Qué significa "marcar un número? _____ ¿Y qué es

un "código"? _____ ¿Cuál es el código de acceso internacional?

_____ ¿y de México? _____ ¿y de la capital? _____

2. ¿Siempre cuesta lo mismo hacer una llamada de larga distancia? _____

Entonces, ¿cuáles son las horas más económicas para llamar? _____

_____ A propósito, si pedimos la ayuda de la

operadora, ¿nos dan el descuento? _____

9

II. ¿Quiere comprar una revista?

"Cosmopolitan", "Ideas", "GeoMundo", "Mecánica Popular", "Hombre de mundo", "Vanidades",

Estas revistas son muy populares en los países hispanos. ¿Puede Ud. identificar tres de ellas por las siguientes descripciones?

"Esta útil guía trae un proyecto original para cada miembro de la familia: juguetes y trabajos manuales para los niños; recetas de cocina para mamá; proyectos de carpintería para papá; y mucho, mucho más."

La revista es _____ Se publica: ☐ cada semana ☐ cada mes

Su tema es : ☐ general   ☐ la familia y la casa   ☐ ocupaciones y profesiones

---

"Si usted está atento a lo que ocurre en América Latina, iésta es la revista mensual para usted! Infórmese de la verdadera situación de las finanzas, la política, los negocios, la tecnología, la moda, el arte, la literatura, y las personas que más se destacan en estas actividades."

La revista es _____ . Se publica: ☐ cada semana ☐ cada mes

Su contenido es: ☐ general   ☐ industrial   ☐ deportivo   ☐ político

---

"Ahora Ud. puede explorar los aspectos más fascinantes de nuestro mundo. Ud. puede visitar los rincones más lejanos del globo, las profundidades del océano, los pináculos de la cultura. iA todo color! iEn su casa!"

La revista es _____ Se publica en ☐ blanco y negro ☐ color

Su tema es: ☐ general   ☐ historia y arte   ☐ la naturaleza y el hombre

---

Ahora díganos: ¿Cuáles de estas revistas se publican también en los Estados Unidos? _____

¿Cuál le interesa más a Ud.? _____

11

Aplicaciones

I. Amplíe su vocabulario

A. ¿Cómo se dice?

1. *at*

- en   *at* or *in* (a certain place): ¿En qué escuela estudias? -- En ninguna.;
  ¿Estás en casa? -- No, estoy en el trabajo todavía.

- a *at* (a certain point in space or time): ¿Cuándo vienen? -- A la una.; Estan
  sentados a la mesa.

2. *on*

- en (resting or leaning) *on* : ¿Los platos están en la mesa? ; Su foto está
  colgada (*hanging*) en la pared.

- sobre *on,* (resting on), *upon;   on top of; over, above; on* (a certain topic):
  ¿Dónde están mis papeles? -- Sobre (*on top of*) su escritorio;
  Vamos a volar (*fly*) sobre los Andes. ; Leo un libro sobre el arte italiano.

Palabras en uso

Complete , expresando en español las palabras "at", "on", "over" o "above".

1. ¿Robi no está _____ la universidad ? -- No. Está _____ casa. Está

_____ la cama. -- Pues dígale, por favor, que voy a dejar su examen _____

su cuarto. 2. El pobre lleva una terrible carga (*load*) _____ su cabeza.

--Y _____ todo ahora, cuando su familia lo necesita tanto.   3. ¿Ud. sabe

algo _____ la vida de Goya? -- Sí. Leí algo interesantísimo _____ un libro.

B. Asociaciones

1. Si un lugar tiene un clima "primaveral" todo el año, ¿vamos allí para esquiar

(*ski*)? _____   2. Si un lugar tiene una atmósfera "otoñal", ¿qué

colores predominan? _____   3. Si pasamos

las vacaciones en un lugar de "veraneo", ¿en qué meses vamos? _____

_____   4. Y si cultivamos las flores en un "invernadero",

¿vivimos en un clima frío o tropical? _____

12

II. Ejercicios suplementarios

A. Llene los blancos con el artículo definido, ¡sólo si es necesario!

1. ¿Tomas _____ café o _____ chocolate? -- Café. _____ chocolate tiene

   muchas calorías. -- Sí, pero _____ café no te deja dormir.

2. No me gusta _____ señora Garza. Algún día le voy a decir: "_____ señora Garza,

   Ud. es .." -- ¡Chist! (*Shh*.) Aquí viene. -- "Buenos días, _____ señora. ¿Y

   cómo está _____ señor Garza?"

3. ¿Cuándo te veo? -- _____ lunes. -- Imposible. Todos _____ lunes tengo clase, excepto

   en _____ verano. -- Pero, ¿no recuerdas? ¡Ahora es _____ verano!

B. Ahora complete con el artículo *indefinido*, ¡sólo si es necesario!

1. ¿Es _____ médico o abogado el Dr. Alas? -- Ni uno ni otro. Es _____ veterinario. En

   efecto, es _____ veterinario excelente.

2. ¿Tú eres _____ chilena, ¿verdad? -- No. Soy _____ colombiana. Pero soy

   _____ ciudadana (*a citizen*) de los Estados Unidos.

3. ¿Cuántos años tiene tu abuelo? -- Casi _____ cien. -- ¡Qué _____ cosa! Para _____

   hombre de esa edad, es muy activo. -- Sí. Es _____ persona fantástica.

C. Cambie según el adjetivo nuevo:

1. el teatro español: la literatura _____ 2. un libro fácil: una lección

_____ 3. mi hermano menor: mi hermana _____ 4. mis mejores

amigos : mis _____ amigas 5. un hombre muy trabajador: una mujer muy

_____ 6. el sistema japonés: las industrias _____

 7. alguna noche: _____ día 8. un gran escritor: una _____ escritora

9. una buena idea: un _____ proyecto 10. el primer capítulo: las

_____ lecciones. 11. el cielo azul: ojos _____ 12. un curso

superior: la escuela _____ 13. la música alemana: el arte _____

IV. Composición creativa

==

Preparativos:

Do you like to write? Do you like to use your imagination? Well, here are a few pointers on how to organize your ideas and express them in Spanish -- at least, at the start.

1. Once you have chosen your topic (and there usually are several to choose from), read the cue-questions again and pick up any vocabulary or phrases that may come in handy. If you need more, the end vocabularies of *Lenguaje* will give you a healthy supply.

2. Follow the order of the lead-in questions and formulate your own replies, keeping as much as possible of the Spanish you have before you. (Please! Do *not* write in English and then try to translate it!)

3. Add your own ideas, but stay within comfortable bounds in the structures you use. Should you want to say something that is beyond your grammar reach at the moment, see if you can rephrase it in another way. For example, suppose you want to convey in Spanish: *"If I were Virginia, I would continue my career . . . ,"* and you're not quite secure about the imperfect subjunctive or conditional. Well, there are other ways to get the idea across, even with the present tense:
   "Yo creo que Virginia debe seguir. . . En mi opinión, es importante para ella continuar . . . En su lugar, yo sigo adelante (yo no abandono), etc. . . . "
   And keep your sentences reasonably short and simple!

Above all, be yourself. Say in Spanish what you really would like to tell us in English. Make your first draft. Put it away for a while. Look at it a bit later to see whether your spellings and grammar are correct. And remember: There's always an alternative!

==

A. Carta a un nuevo amigo

En esta lección,Virginia Luque y Jorge Coyoy nos hablan un poco de su vida. Ahora, ¿puede Ud. escribir una carta a uno de ellos, presentándose a sí mismo (misma)? Por ejemplo, dígale cómo se llama , cuántos años de edad tiene, dónde vive, quiénes son las personas que llenan su vida, y cuáles son sus mayores intereses, talentos o ambiciones, Y si quiere añadir un poco de descripción propia, o de su pueblo o de su casa, mejor.
   Al fin, pregúntele algo más sobre él (o ella), y termine con un saludo cordialísimo.

B. "¡Yo!. . . ¿Yo?"

Cada persona tiene su propio "yo". Pero a veces, preferimos perder nuestra singularidad y formar parte del " gran todo". Piense por un momento en los aspectos principales de la experiencia humana --amor, trabajo, fe, familia, dinero, política, presencia física, manera de vestir, etc. Y explíquenos: ¿En qué sentidos se conforma Ud. con las ideas de la mayoría? ¿En qué sentidos, no? ¿Hasta qué punto es Ud. un(a) individualista?

Personales (2)

Experiencias auditivas

I. Fiesta de compromiso (*Engagement party*)

(*Música. Un salón de fiesta. "¡Felicitaciones! . . . Que sea con suerte. . . "*)

Beatriz: ¿ . . . ? _____ Pues, ¿sabe . . . ? ¡Estamos en . . . ! Acabamos de
   recibir . . . una boda (*wedding*), y . . . Mire, aquí está. ¿La ve? (*Do you see it ?*)

≠≠

Cristina y Gabriel

participan su Matrimonio en compañía de sus Padres

Alfredo Manuel Ruiz   *Francisco Gil Ochoa*
Ana Ornelas de Ruiz   *Berta Moreno de Ochoa*

Y le invitan a la Ceremonia Religiosa, que se efectuará el sábado 11 de diciembre a las

diez y treinta horas, en la Parroquia de Santa Teresita del Niño Jesús, (Sierra

Nevada 750, Lomas de Chapultepec). Oficiará la misa el R. P.

Miguel Angel Soria O. A. R.

Ciudad de México, Mil Novecientos Noventa

≠≠

B.: Dígame, ¿ . . . los novios ? _____ // ¿Los . . . ?

   _Sí, (No, no)_   conozco. ¿ . . . de la novia? _____

_____ // Ahora, . . . del novio, ¿ . . . ? _____

_____ // ¿Saben Uds.? Ella es . . . mía. Por eso (*That's why*) recibimos

. . Entonces, ¿cuándo va a ser . . . ? _____ //

¿Y va a ser una ceremonia civil . . . ? _____

15

Roberto.: Claro. Va a ser en una iglesia...

B.: En fin, ¿...todos?

R.: Gracias, pero...aquel día. ¿...? ¿Quiere...? _____

Pues, por lo general, ¿le gusta ir...? *Sí, (No, no) me* _____

B.: ¿Tiene...casados (*married*)? *Sí, (No, no) tengo* _____

¿...? _____

R.: ..., ¿piensa casarse (*do you plan to get married*)...? _____

_*casarme*_____ (...) Pero volviendo (*getting back*)..., dime,

Beatriz, ¿tú conoces a mucha gente...?

B.: Sólo a alguna (*a few*). Por ejemplo, esa señora que... Ésa es la tía de...
Y aquella... es una prima...

R.: ¿Y con quién está...? Parece ser (*It seems to be*)...

B.: ...pariente suyo (*relative of hers*). A ver qué están diciendo. (...)

"Los parientes"

--Ah, sí... Son una pareja (*couple*) muy linda. Pero yo no sé si... el mejor
esposo...

--Pero, ¿por qué dices eso? ¿Tú sabes algo...?

--Nada definitivo. Pero oye. ¿Tú recuerdas a..., Miguel?

-- (...) Un magnífico...

--¿Y a...Andrés?

-- (...) Muy buena...

-- Pues los dos...todavía por ella. Y yo creo...

-- (...) ¿Así piensas?...

¿Ha comprendido? Pues dígame, ¿Gabriel...?_____

_____ // ¿...?_____ // ¿Los parientes están...

con el compromiso...? _____

_____ (Realmente, no entiendo...) Entonces, ¿qué piensa...?

II. ¿Con quién debe casarse Cristina?

Cristina es una joven de veinte años de edad, y tiene los mismos gustos que (*the same tastes as*) Ud. -- o que las jóvenes que Ud. conoce. Como Ud. sabe, hay tres hombres que quieren casarse con ella. Por el momento, vamos a llamarlos "éste", "ése" y "aquél".

Ahora nosotros vamos a contarles varias cosas acerca de (*about*) de ellos. Escuche bien, y después indique en cada categoría quién es el mejor esposo para Cristina. Por ejemplo:

	éste	**ése**	**aquél**

1. Éste tiene . . . de edad.
   Ése . . .
   Y aquél. . .
   (. . .) En esta categoría, ¿quién . . .?   _____   _____   _____

2. Éste es . . . atlético. Pronto va a ser . . .
   Ése . . . escritor. Tiene . . . y quiere. . .
   Aquél . . . negocios. Ya es . . .

   En esta . . . , ¿quién le parece . . . ?   _____   _____   _____

3. A éste le gusta . . . , y toca . . .
   A ése . . . , y toca . . .
   Y a aquél . . . Pero sí . . . bailar (*dance*).

   . . . , ¿a quién escoge (*do you choose*)... ?   _____   _____   _____

4. Éste es muy. . . Pero no piensa mucho en. . .
   Ése se interesa mucho en. . . , y es muy . . .
   . . . muy conservador (*conservative*) . . .

   Esta vez, ¿quién . . . ?   _____   _____   _____

5. Éste tiene . . ., y es guapísimo, como . . .
   Ése . . . estatura mediana. No es. . . ,
       pero . . .
   Aquél . . . Está comenzando a perder. . .,
       pero las mujeres lo encuentran . . .

   ¿Quién gana (*wins*) en . . .?   _____   _____   _____

6. . . . apasionado y . . . , y muy . . .
   Ése . . . Tiene un gran sentido del
       humor y. . .
   Aquél es . . . , pero también es . . .

   ¿Por quién vota . . . ?   _____   _____   _____

B.: Ahora, ¿quiere saber. . . ? Éste es . . .   Ése es . . .   Y aquél es . . .

    Mire sus respuestas (*answers*), y díganos: ¿ . . . ? _____

R.: (. . .) Pero. . ., hay una sola cosa . . .   Cristina está enamorada de (*in love with*). . .

B.: De acuerdo. . . En una escala (*scale*) de . . ., el amor siempre es . . .

R.: ¿Y la pronunciación . . .?

B.: En este momento, . . .   Así que vamos a tomar un pequeño . . .

===

Interludio: Pronunciación (3)

    qu// qu// que// quien// quiero// quito// indique//

    ce, ci// (o en castellano. . .) // cinco, cero, celoso// (. . .) //
                            hacer, decir//(. . .) nación, lección// (. . .) //

R.: Naturalmente, la *z* se pronuncia como la *ce* :

        zapato, zona, zumo// (Castilian . . .)// raza, taza, pozo//

    s// casa, cosa// pausa, presente// música, museo//

    p// Paco, Pepe, poco// papá, pila, y ¡Pum!//

B.: Ahora la *b* y la *v* : Esto es . . .   Observe bien, y repita:

    Vamos.// Ven acá.// Voy.// Bésame.// invitar// combinar// conversar//

R.: ¿Ya ve que no hay ninguna diferencia . . . ? Pues adelante:

    savia, labia// cavo, cabo// acabemos, hablemos// tuve, anduve// tuvo, anduvo//
    ¿Sabe?, ¿Sabía?// A ver.// haber// (. . .)

===

Vamos a recitar

    Aunque me voy, no me voy//
    Aunque me voy, no me ausento.//
    Aunque me voy de palabra,//
    No me voy de pensamiento.//

B.: Nuestras horas son minutos//
    cuando esperamos saber,//
    y siglos cuando sabemos//
    lo que se puede aprender.// (. . .)

18

R.: Volvamos (*Let's go back*) entonces... Están sirviendo la comida (*food*)... La verdad, tengo un poco de hambre. ¿...?

B.: ..., sólo tengo sed. ¿...? ¿Quiere algo de (*something to*)...? _____

_____ ¿...? ¿...de beber? _____

_____ Pues si quieren tomar algo... Pero, por favor...

R.: ¿...tan rápido? ¿Tienes prisa? (*Are you in a hurry?*)

B.: Mucha. Así que, dígales..., m_ estudiante, a... _____

Y que tengan (*may they have*)... _____

¡Y ya! Hay tantas personas esperando para participar en nuestro...

R.: (...)

III. Programa: "¿Qué opinan Uds.?"

¿Ud. sabe cómo funciona? Primero, escuche Ud. y conteste. Después, otras personas van a llamar para expresar...

1. ..., ¿cuál es la mejor edad para casarse...?

☐ 20 - 25 años ☐ 26 - 30 ☐ 31 - 35 ☐ después de los 35

¿Y para casarse...?

☐ 18 - 23 años ☐ 24 - 28 ☐ 29 - 33 ☐ después de los 33

2. ¿Cree Ud. que la hija debe (*should*) vivir... hasta el día de...?

_____

3. ..., ¿es tan (*as*) importante para... como (*as*) para...?

_____

4. Después de (*After*)..., ¿debe...fuera de su casa...?

_____

5. ¿...cuando sus hijos son pequeños?

_____

B.: (...) "Bueno, amigos. Uds. oyeron (*heard*) las respuestas... Ahora estamos listos para sus llamadas (*phone calls*). Sólo tienen que marcar nuestro número..."

(*El teléfono suena*)... ¿Sí? Habla...

19

¿Qué están diciendo?

Mujer: (_al teléfono_): Señorita Sanabria, yo soy Elvira Palma. Y yo...

B.: ¿Ya ve? Comenzaron las llamadas. (...)

Mujer: Yo pienso que una muchacha decente debe ...
¿Para qué necesita ...,   si tiene todas las comodidades (_comforts_) ...?
¿Para estar sola ...? ¡...! Para las hijas mías, ¡...!

B.: Entonces, ..., ¿Ud. piensa que ...?

Mujer: Tal vez (_Maybe_) ... No tengo que ...   mis hijos varones (_sons_).

B.: (...) Ahora, ¿ ... ? _____

Indique siempre la respuesta correcta (_Circle the correct answer_):

(1) ¿Por qué no cree la señora Palma ...?

> a. _Because it's too expensive._
> b. _Because she can get into trouble by living alone._
> c. _Because living with her parents makes her spoiled and lazy._

Entonces, ¿qué actitud (_attitude_) expresa sobre ...?

> a. _It's probably all right for a son to get his own apartment._
> b. _What goes for the daughters goes for the sons._
> c. _She's even more worried about them._

(_El teléfono suena otra vez._)

Hombre: ¿ ... ? Alfonso Morelos aquí.

B.: (...) Adelante. (_"You're on!"_)

Hombre: Señorita, sobre si (_about whether_) las madres deben ...
¿Sabe lo que (_what_) ...?   Pues yo no creo que ...
La ...   tiene que saber que su lugar es ...

B.: ¿Y si su esposa ...,   o un trabajo ...?

Hombre: ¿ ... que el mío (_than mine_)? ¡...!   Mi mujer ..., ¡punto final
(_period_)! Yo ...   ¡Y ya!

(2) Conteste: ¿Qué dice ...?

> a. _That mothers of young children should stay home with them._
> b. _That professional women shouldn't have children._
> c. _That mothers should never give up their children._

¿ ... propio matrimonio (_own marriage_)? :
> a. _His wife had to quit her job._
> b. _His wife has it much too easy._
> c. _He wears the pants and supports the family._

20

B.: "Ahora bien, amigos, si Uds. quieren ..., todavía tenemos tiempo para ..."

Una joven : ..., yo llamo para decirle...

B.: ¿ ...?

Joven: Natalia Solís.

B. (...)

Joven: Llamo para ... que no estoy de acuerdo ...
Yo creo que ... tiene igual importancia que (*is as important as*) ...
. Y que si ella quiere o tiene que ..., la decisión ...

B.: ¿Y si ...?

Joven: Pues depende del caso. En el caso nuestro, ... Y los dejamos ...
En otros casos, hay ... Pero ... derechos (*rights*), como ...

(3) ¿Qué dice ...? :   a. *That women's jobs are still not equal to men's.*
b. *That women must fight for their rights.*
c. *That women have the right to decide for themselves whether to work or not.*

¿Cómo resuelve (*does she solve*) ...?

a. *She leaves the children in a nursery.*
b. *She leaves them with their grandparents.*
c. *She hires a woman to take care of them.*

B.: " Pues, gracias... Mañana nos pueden llamar ... (...) "
Y ahora, mi estudiante, una cosa más, y le decimos ... Nuestro último (*last*) ..

━━

Interludio: Pronunciación (4)

t // te//

¡La lengua tiene que tocar (*the tongue must touch*) los dientes ...!

tan, tanta// tinto, tonto// tienda// Antonio//
No tomes tanto tiempo.// Cuento contigo, Juanito.//

d// (Al principio de una corta frase ...): Diga// Dámelo// ¿Dónde?//

(O después de una *n* o *l*): dando, cuando// caldo, caldera//

d: (Dentro de la frase, sobre todo entre vocales. . .):

        nada, cada// toda mi vida// nadie//
        ido, sido// hablado, tenido//
        dedo, dado// codo, lado//

(Al final de una palabra, . . .):

    libertad// unidad// ciudad, verdad// sed, id// juventud, virtud//

r// Diga rápidamente: *better*// *gotta*// *potter*//

    para// para, cara// para mí, para ti//
    toro, poro// caro, coro// mira, pira// cura, torero//

Diga otra vez: para, para// pará, pará// prado// práctico//
               tara, tara// tará, tará// trato// trágico//

    muerta// puerta// pierdo// cerdo// dar, decir// amar, vivir// (. . .)

rr// caracaracaracara*carra* // corocorocorocoro*corro* //

    carro// barro// corro// morro// torre// perro// carrera// hierro//

==

Vamos a recitar

B.:   Ni contigo ni sin ti//
        tienen mis penas remedio;//
        contigo porque me matas,//
        sin ti, porque me muero. (. . .)

R.:   El verte me da la muerte.//
        El no verte me da vida.//
        Más quiero morir y verte
        que no verte y tener vida.// (. . .)

        --¿Me quieres?//
        --Te quiero.//
        --Pues dame la mano.//
        --¿Me adoras?//
        --Te adoro.//
        --Pues dámelo todo.//

B.: (. . .) Todo va a ser para . . . Es un gran gusto . . ., ¿sabe? Hasta la próxima vez . . .

R.: Y cuídese (*take care*) . . .

Auto-análisis:

¿Es usted paciente o impaciente?

	Sí	No
1. Cuando se acerca la hora de salir del trabajo o de una clase, ¿mira Ud. el reloj cada dos minutos?	☐	☐
2. Cuando Ud. espera una "cita" (*date*), ¿mira la hora constantemente?	☐	☐
3. Si Ud. comienza una labor muy aburrida (*boring*), ¿la deja sin acabar?	☐	☐
4. Si Ud. tiene que esperar mucho tiempo en una tienda o en la clínica del médico, ¿se molesta (*do you get annoyed*) mucho?	☐	☐
5. Si un amigo le cuenta un chiste (*joke*) que Ud. ya conoce, ¿interrumpe Ud. la narración?	☐	☐
6. Cuando Ud. lee una novela muy intrigante, ¿pasa al final para ver primero cómo termina?	☐	☐
7. Si Ud. recibe un paquete, ¿lo abre con las manos, sin usar cuchillo o tijeras (*scissors*)?	☐	☐
8. Si el médico le dice que tiene que estar en la cama por una semana, ¿"enloquece Ud." (*do you go crazy*) después de varios días?	☐	☐
9. Si Ud. recibe un regalo para su cumpleaños o la Navidad, ¿lo abre antes del día indicado?	☐	☐
10. Si su novio (o novia) se va a otro lugar, ¿cuenta Ud. todos los días antes de su regreso?	☐	☐
11. Si Ud. va al teatro o al cine y no le interesa mucho la obra, ¿se marcha antes del final?	☐	☐
12. Si Ud. cree que la opinión de un amigo es fuerte, pero equivocada (*wrong*), ¿abandona Ud. la posibilidad de razonar con él?	☐	☐

Si Ud. dice "No" entre 9 y 12 veces, Ud. tiene la paciencia de un santo. Si dice "No" entre 5 y 8 veces, Ud. está dentro de los límites de una paciencia normal. Si Ud. dice "No" 0 a 4 veces, ¡cuidado! Su impaciencia puede ser nerviosidad.

(Basado en "Psico-Test: ¿Paciencia o nerviosismo?", Temas, *Año 36, No. 426)*

Influencia
de los colores

¿Qué color prefiere Ud.? Los colores dicen mucho sobre su personalidad.

Ponga en el lugar indicado un poco de su color favorito, ¡y lea lo que dice sobre Ud.!

ROJO: Color del fuego y de la sangre. Las personas que prefieren este color son de temperamento alegre y decidido. Les gustan las fiestas y las grandes ciudades. Son muy sensitivas. Pueden ser irritables y egoístas. En el amor, son muy apasionadas.

AMARILLO: Color del sol y del oro. Las personas que prefieren este color son generalmente de temperamento alegre y vivaz. Tienen una tendencia a ser extravagantes con el dinero. En el aspecto negativo, pueden ser sospechosas y celosas.

VERDE: Color de las esmeraldas y de la primavera. Las personas que prefieren este color tienen una gran imaginación y tendencias románticas. Pueden ser irrazonables y extravagantes. Pero por lo general son prácticas con las cosas materiales. Son muy buenos amantes.

AZUL : Color del cielo y del mar. Las personas que prefieren el azul son generalmente persistentes, tranquilas, soñadoras, y amantes de la libertad. En el aspecto negativo, frecuentemente son egoístas y piensan sólo en sí mismas. Son sinceras en el amor.

GRIS: Color del invierno y del viento. Las personas que se inclinan por este color tiene una personalidad dual. Son de temperamento sereno y les gusta decir la verdad.   No son insociables, pero prefieren la soledad. Tienden a ser orgullosos (*proud*), pero en el amor son constantes.

VIOLETA: Color de una pequeña flor, y el color del alba (*dawn*). Las personas que escogen este color son idealistas. Aman la paz y la belleza. Son suaves y simpáticas, pero son tímidas e indecisas. Viven por el amor y son fieles amantes.

Díganos:

1. Entre estos seis colores, ¿cuál es su color favorito? _El_ _____

2. ¿Qué asocia Ud. con ese color? (Indique por lo menos tres cosas.) _____

_____ 3. ¿Cree Ud. que el análisis arriba

describe realmente su personalidad? ¿En qué sentidos? _____

_____

(*Adaptado de Temas*, Año 37, Núm. 437)

24

Aplicaciones

I. Amplíe su vocabulario

A. ¿Cómo se dice?

1. *to be cold*

- hacer frío   *to be cold* (climate, weather, or room temperature) : ¡Dios mío!
¡Qué frío hace! -- Pues vamos a poner el calentador (*heater*).

- tener o sentir frío   *to be cold* (a person's reaction to cold): Tengo (Siento)
mucho frío. -- ¿Quieres un poco de café?

- ser frío   *to be cold* (characteristically -- as a person or a thing); *to be
distant or aloof* (in personality): La nieve es fría. --¡Pues, claro está! ;
No me gusta mucho ese médico. Es muy frío, muy impersonal.

- estar frío   *to be in a cold state or condition* : ¿No te gusta la sopa? -- No. Está
fría.

2. *to be warm*

- hacer calor -- *the opposite of* hacer frío (*climate, room temperature, etc.*):
Hoy hace calor. -- Sí. Y ayer hizo mucho frío.

- tener o sentir calor -- *opposite of* tener o sentir frío (*a person's reaction
to the warmth*): ¿Tienes calor? Pues, toma una limonada fría.

- ser amable, cariñoso, muy abierto, simpático, agradable, etc. *to be warm* (in
character or personality): Inés es muy cariñosa. -- Sí. Tiene una
personalidad muy agradable (simpática, etc.).

  (Do not use "caliente" in this sense. It has a sexual connotation!)

- estar caliente -- *opposite of* estar frío: ¿Está caliente la sopa? -- Todavía no.

Palabras en uso

Complete estas oraciones expresando en español "*to be warm*" or "*cold*":

1. En Hawaii _____ . En Alaska _____ Pero si

uno se prepara bien para el clima, no tiene que _____ ni

_____ 2. Es una profesora magnífica. Sabe mucho, y _____

_____ con todos sus estudiantes.   3. ¿No quieres comer? -- No,

porque mi comida _____ . Y a mí me gusta sólo cuando

_____ . 4. Tengo miedo de las personas _____ . Y él

_____ tan _____ como el hielo.

25

B. Juegos lingüísticos

    1. Si una persona "hambrienta" tiene necesidad de comer, ¿qué necesita una persona "soñolienta"? _____ 2. Entonces, si uno es "sediento" de cultura, ¿qué hace con su tiempo libre? _____

    3. Si una persona es muy "miedosa", ¿es valiente o tímida? 4. Y si alguien es muy "cuidadoso", ¿busca o evita el peligro? _____

II. Ejercicios suplementarios

A. Complete en el tiempo presente, usando *ser, estar* o *hay* :

    1. Cuántos profesores _____ en el departamento de filosofía? -- _____ solamente uno. ¡Yo!   2. ¿Dónde _____ Quito? -- _____ en Sudamérica. _____ la capital del Ecuador.   3. ¡Pobre! ¿(Tú) _____ triste? -- No. _____ cansada, nada más.   4. _____ mucho que (*to*) hacer aquí. -- _____ verdad. La casa _____ en muy malas condiciones.   5. ¿Quiénes _____ sus actores favoritos? -- _____ demasiado numerosos para contar,

    6. No encuentro mi pluma. -- Pues si no _____ en tu mesa, _____ otra aquí.

    7. Tu familia _____ bastante grande, ¿verdad? -- Sí, _____ doce personas. Julia y yo _____ los menores.   8. ¿Para qué cuarto _____ estas sillas de metal? -- _____ para la terraza. Y _____ de plástico, no de metal.

B. Cambie según los modelos:

    Es mi coche. --> *El coche es mío.*   Era nuestra vecina. *Era vecina nuestra.*

1. Son mis amigos. _____ 2. ¿Era tu idea? _____

_____ 3. Nuestra clase va a ser cancelada. *Una clase*

_____ 4. Es su antigua novia. *Es una*

_____ 5. ¿Eres su prima? _____

6. ¿No son vuestros vecinos? -- *¿No* _____

C. ¿Qué tienen estas personas?

Usando el verbo *tener*, describa cómo se sienten estas personas. Después indique una cosa más que Ud. asocie con cada situación -- el clima, un lugar, un día, etc.

_____ _____ _____ _____

_____ _____ _____ _____

D. Exprese en español:

1. My aunt is coming. _____ An aunt of mine is coming.

_____ 2. This is our money. _____

_____ This money is ours _____ 3. Are they your

friends, kids? _____ Are they friends of yours?

_____ 4. Those are her papers. _____

_____ Those papers are hers. _____

5. That (over there) is my desk. _____ Mine is here.

_____

E. Complete de una manera original

1. La casa de mi familia _____ 2. La cara de mi novio

(novia) _____ 3. La posición de la mujer _____

_____ 4. La vida de un estudiante _____

27

III. Composición creativa

A. Cuestiones de nuestro tiempo

Acabamos de oír las opiniones de varias personas sobre diversos problemas de nuestra sociedad. Y acabamos de expresar las nuestras también sobre ellos. Ahora Ud. va a tener la oportunidad de persuadirnos a nosotros.

Escoja tres de los tópicos siguientes y denos por lo menos dos razones para justificar su posición.

(1) Los enamorados deben vivir juntos por un tiempo antes de casarse.

(2) Los hijos se deben independizar totalmente de sus padres cuando se casan.

(3) Las personas muy mayores (*very old*) deben ser la responsabilidad de la familia y no del estado.

(4) Las oraciones (*prayers*) deben ser permitidas en las escuelas públicas.

(5) Nuestro país debe admitir a todos los refugiados políticos que pidan asilo.

(6) _____ (Cualquiera de los tópicos incluidos en la *Encuesta* del libro o en "¿Qué opinan Uds.?, de nuestras "Experiencias auditivas".)

Sus razones deben incluir:

a. una justificación moral -- una opinión basada en las repercusiones humanas de su posición

b. una justificación práctica -- una opinión basada en las consecuencias sociales de su posición

B. Encuesta

Prepare Ud. su propia encuesta sobre cuestiones sociales, morales, políticas, educacionales, o simplemente, de gusto personal -- sobre arte, música, modos de vestir, etc.

Su encuesta debe incluir por lo menos diez preguntas y deben cubrir no menos de dos de las categorías indicadas arriba. Ud. puede formularlas como preguntas o simplemente como tópicos de debate. A ver. ¿Qué cosas le interesan más?

Segunda Parte: En el mundo hispánico

LECCION PRIMERA: *¡Viajamos!*
Experiencias auditivas

(Please note. Our speakers will be using the familiar "tú" form on this tape.)

I. ¡Al aeropuerto!

José: (. . .) ¿ . . . ? _____ ¿Tú sabes adónde . . .? _____

Lidia.: Es una sorpresa. . . No se lo digas . . .

J.: . . . , ¿cómo no se lo voy a decir? Oye, . . . ¿ . . .? _____

¿ . . . ? _____ Pues, hoy . . . ¡Tú y . . . !

L.: ¡Qué suerte, eh! Pero dime, ¿no quieres avisar . . .?_____

J.: ¡Vamos! (*Come on!*) Los puedes llamar . . . , desde el carro. ¿Cuál . . . ? _____

(. . .) No contestan. ¿Tú sabes . .? _____ Pues

no importa. Los llamamos antes de . . .   Mira, ya llegamos . . .

L.: ¿ . . . tus cosas? Pues, adelante.

(Ruidos y voces de gente.)

Altavoz (*Loudspeaker*): " . . . , procedente de Acapulco y desembarcando . . .   El vuelo
33 para Monterrey.   Ultimo aviso . . ."

Diferentes voces: "Aquí, . . ."   "¿ . . . el vuelo de Cancún? Hace una hora que espero,
y . . ."   "¡ . . . !"

Altavoz: . . . , para Barcelona.

J.: ¡Ay, qué cantidad de gente . . .!

L.: Mira, . . . , tenemos que reconfirmar . . . ,   y comprar . . .

J.: De acuerdo. Creo que ésta es la fila (*line*) . . .

Altavoz: Señores pasajeros, el vuelo para Bogotá. . .

L.: ¿ . . . ? Hay muchos . . .   Fíjate (*Look*), por ejemplo, en esa linda pareja (*couple*).
¿Tú puedes oír lo que dicen? (. . .)

Altavoz: Ultimo aviso. . .

El: Ese es mi vuelo, Chita. Dame . . .
Ella: (. . .)
El: ¿Me vas a extrañar (*miss*)?
Ella: ¿Tú me extrañarás . . . ? (*Will you . . .*)
El: (. . .)
Ella: No tanto . . .
El: ¡Qué va! ¡ . . . !
Ella: No puede ser. Tú . . . , y yo me quedo esperando (*waiting*).
El: ¿ . . . ? La vez pasada me esperaste, ¡saliendo (*going out*) . . . !
Ella: Una vez, no más, . . .
El: (. . .)
Ella: . . . , y media. ¿ . . . ? ¿No saliste . . . mientras me extrañabas (*missed me*)?
El: Esta vez, ya no lo hago (*I won't do it any more*).
Ella: . . . tampoco (*either*)
El: Bueno, un besito . . . Te . . .
Ella: Y . . . , Robi. Entonces, ¿ . . . ?
El: ¿Tú me escribirás . . . ?

Práctica de pronunciación

¿Quieres practicar . . . ? Pues vamos a repetir este pequeño diálogo. Escucha, y repite:

El: Ese es mi vuelo, Chita//, etc. (*Go back to the top of the page.*)

L.: Ya sé que no debemos. . . Pero dime, ¿la comprendiste? _____

Pues contesta . . . : (1) ¿ . . . dos jóvenes? _____

_____ // (2) ¿ . . . se va de viaje, . . . ? _____ //

J.: (3) ¿Tú crees . . . ? _____ // ¿ . . . de

negocios . . . ? _____ ¿ . . . ? _____

_____

L.: (4) ¿Es la primera vez . . . separados? _____

_____// Pues, ¿ . . . la vez pasada? ¿Salieron . . . ? _____

_____ // Pero ya no, ¿ . . . ? _____

Altavoz: La pasajera Adriana Salas. Hay un mensaje . . . en el quiosco (*booth*) . . .
Aviso . . .

Span. 2: (. . .) Esta fila no se mueve. Y . . . más lleno que nunca (*more crowded than ever*). . .

30

Span. 1: Se me ocurre una idea. Les voy a sacar (*take*) una foto. . . ¡Ya! ¿La ves. . .?

J.: Pues mira la foto y dime, ¿. . .o personas mayores (*older*) ? _____

_____ // Y ese grupo . . . a la izquierda, ¿tú crees que . . .?

_____ ¿Quién . . . de los anteojos?

_____ ¿ . . .? _____

_____ ¿ . . .? _____ Así pienso . .

II. En la fila (*On line*)

L.: Mira, ¡por fin! Casi es nuestro turno ya. La señora delante de (*in front of*) . . .

Representante de la aerolínea: . . ., Ud. puede . . . Y, ¡feliz viaje!   Bueno, ¿quién es
    el próximo. . .?

L.: (¡. . .!) Dile: " . . ."   _____

Altavoz: "Segundo aviso. . ."

    Un hombre: ¡Permiso! (*Excuse me!*) ¡Con permiso. . .!   Mi vuelo está . . . ¿Me
        permite ir . . .? Me agarró (*I was caught*) un lío de . . .

L.: ¿ . . .? ¿Le permitimos ir . . .? _____

    Hombre: Será un momentito, . . . Nuestras maletas ya están facturadas, y sólo
        nos hace falta. .
    Rep.: (. . .) ¿Me puede mostrar . . .?
    Hombre. Cómo no. (. . .) Julita, ¿dónde metiste . . .?
    Esposa : En el maletín (*small case*). . .
    Hombre: ¿ . . .?
    Esposa: El que (*The one that*) vas a llevar a bordo.
    Hombre: ¿ . . .? Pero Julita, ¡me lo hicieron (*they made me*) . . .! Señorita, ¿. . .?

L.: ¡Ay, pobre tipo (*guy*)! Tú comprendiste su situación, ¿...? Pues dinos ...

    <u>¿Cuál es la conclusión correcta?</u>

    1. ¿Por qué...?

      a. He missed his train. b. He was stuck in a traffic jam. c. His flight was late.

    2. ¿Dónde dejó ...?

      a. At home b. In the taxi. c. At the Baggage Check-in

    3. ¿Por qué no puede ...?

      a. His tickets were stolen. b. His tickets are in a checked bag. c. His wife lost her purse.

III. ¡Es nuestro turno!

L.: (...) Pero por lo menos, ahora sí ... ¿Ya ves? La señorita ... Contéstale, ...

Representante de la aerolínea: (...) ¿Ud. tiene ...?

L.: Dile que ..., pero ...

Tú: *No, pero tengo* _____ //

L.: La hicimos ...

Rep.: ¿A nombre (*In the name*) ...?

L.: Dile cómo ...

Tú: _____

Rep.: Vamos a ver ... ¡Preciso! (...) El Vuelo Número ...

L.: Oye, pregúntale ... escalas.

Tú: ¿_____?

Rep.: (...) Ahora bien, ¿Ud. quiere ...?

Tú: _____

Rep.: ¿Prefiere ...?

Tú: _____

Rep.: (. . .) Le puedo dar la Fila (*Row*) . . .   ¿Ud. desea . . .?

Tú: _____

Rep.: De acuerdo. Ahora, si . . . de pagar . .

J.: Aquí tiene Ud. mi tarjeta (*card*) . . .

Rep.: (. . .) Y aquí está . . . Dígame, ¿ . . . equipaje para . . . ?

Tú: _____

Rep: Pues bien, todo . . .   Sólo tiene que . . . en el Control de Pasaportes., y pasar . . .

L.: Dale . . .

Tú: _____

Altavoz: . . . procedente de Santiago de Chile acaba de aterrizar. Primer aviso para . . .

L.: ¿Oyes? ¡Nos están . . . ! Vamos . .

IV. Abordamos

J.: Bueno, . . . Nos acomodamos . . . , ¡y ya! Pero escucha. La azafata . . .

Azafata: Bienvenidos, . . . con destino . . .

J.: ¿Qué dijo? No lo . . .

L.: (. . .) Tú sabes . . .

Azafata: En nombre . . . y de toda la tripulación (*crew*), les damos las gracias por
escoger . . . ,   y anticipamos . . . de servirles a bordo.   Vamos a hacer todo lo
posible para hacer más agradable . . . , y les rogamos (*we beg you*) avisarnos si
podemos serles de ayuda en cualquier forma (*in any way*).

J.: (. . .)

Azafata: En este momento, antes de despegar, tengan Uds. la bondad (*please*) de sacar
la tarjeta de instrucciones que está en el bolsillo (*pocket*) . . . Ahora, yo les voy
a leer . . . Tomen Uds. . . . , y anoten (*jot down*) el número . . .

J.: ¡Qué cosa! Acabamos de llegar, y ya . . . Seguramente . . . antes de hacerse asistente
. . .   En fin (*Anyway*), . . . escucha bien, mira . . . , y haz lo que ella quiere.

¿Comprende Ud.?

(Escribe el número de cada instrucción debajo de la ilustración apropiada.)

1. Observen Uds. . . .
   Les rogamos . . . u otros materiales
   combustibles hasta que terminemos
   nuestro ascenso y . . .   quite la señal.
   Otra vez . . .

2. (. . .)

3. Todos . . . en su posición vertical, y
   las bandejas de servir se deben
   acomodar . . .

   Otro auxiliar: . . . , en el caso improbable
   de . . . ,   les rogamos seguir . . .
   para su propia seguridad.

4. Si . . .   pierde presión, las . . . van a
   caer automáticamente encima de . . .
   (. . .)

5. Cúbranse . . .   con la máscara,
   jalando (*pulling*) . . .   para activar
   . . . , y respiren normalmente.

6. Si . . . abandonar el avión . . . , observen
   que el cojín . . . se puede convertir . . .

7. Para . . . ,
   muévase la palanca (*lever*) . . .

8. Cuando . . . , manténganse de pie
   (*standing*), y salten.

Auxiliar: ¿ . . . ? Pues miren Uds. el . . .
a la derecha. Escuchen bien, y llenen
los blancos (*fill in the blanks*) . . .

Plan de Vuelo

1. Nuestro vuelo va a durar . .

Duración: _____
(horas) (minutos)

2. Vamos a volar a una . . .

Altitud de crucero: _____ metros

En términos de pies, ¿ . . . ?
alcanzamos (*do we reach*)?

☐15.000   ☐24.000   ☐ 33.000

3. Volamos a . . .

Velocidad de crucero: _____ kph

En términos de millas, ¿ . . . ?

☐ 600   ☐ 520   ☐ 375 mph

4. La . . . hoy en su destino va a
alcanzar un máximo de . . centígrados,
y va a hacer . . . ¿Cómo va a ser . . . ?

☐ Templado   ☐ Muy caluroso
☐ Lluvioso

Auxiliar: Otra vez, . . . Y les deseamos . . .

V. En ruta

J.: Bueno, a relajarnos . . . Con tu permiso, . . . descansar.

L.: (. . .) Mientras tanto (*In the meantime*), . . . podemos hablar. Hace tiempo que

quiero conocerte mejor Por ejemplo, dime: ¿Tú acabas de . . . ?   *Sí (No, no)*

acabo de _____   ¿Ah? Pues,

¿desde cuándo -- específicamente, desde qué mes o año -- . . . ?   *Estudio*

_____   ¿. . . tus estudios . . . ? _____

_____ ¡Ah, claro. . . ! ¡Por

supuesto! Entonces, ¿cuánto tiempo hace . . . ?_____

_____ ¿Y . . . ? _____

_____

Azafata: . . . , muy pronto . . . del almuerzo.

J.: ¡ . . . ! Tengo . . .

Azafata: Mientras tanto (*in the meantime*) ofrecemos para su gusto una película ...
Los asistentes de vuelo ... para repartir los audífonos.

L.: Mira, ..., ya que (*now that*) comienzan ..., vamos a continuar ...   ¿...?

_____ ¡Disfruta! (*Have fun!*)

VI. Llegamos a destino

J.: Bueno, acabamos de aterrizar, y aquí ...

L.: Y otra vez, el aeropuerto está lleno ...   ¡Qué ruido (*noise*)!   ¿Tú puedes entender
...?   Pues estudia por un momento la lista siguiente. Escucha bien, y dinos...

¿Quién habla?

**una oficial de Migración • una cabinera • un maletero • un aduanero •
el hombre del Reclamo de Equipaje • una representante de la aerolínea**
----

1. "Señor, ¿éstas ... ? Pues yo se las llevo ... " _____ //

2. ..., déjeme ver ... ¡ ...! Esta foto ..." _____ //

3. "Uds. no traen ... sustancias controladas? Pues ... _____ //

4. "Oye, yo reparto ... y tú los...   ¿Quieres? _____ //

5. "No se preocupe... Si Ud. me da sus talones, ..." _____//

6. "¿ ... ? Lo siento, pero ... escala. (...)" _____ //

L.: ¿ ... ?

J.: Ahora, nada. Ya tengo ...   Sólo hace falta ..., ¡ya estamos (*we're there*)!

L.: ¿ ... ? _____ Bien. ¡Andando! (*Let's go!*) ...

Experiencias visuales

I. Tarjeta de embarque

> Atención: Su Boleto es su Pase de Embarque.
> Tenga este sobre a la mano al abordar cada vuelo.
>
> | VUELO | PUNTO DE TRANSFERENCIA |
> |---|---|
> | HORA DE SALIDA | PUERTA DE SALIDA |
> | FECHA | CIUDAD DE ORIGEN |
>
> **INFORMACIÓN IMPORTANTE**
> **EQUIPAJE**—Su equipaje pasa por muchas manos desde que sale de su casa hasta que llega a su destino. Regulaciones aprobadas por la Dirección de Aviación Civil exigen que el nombre del pasajero aparezca en todo equipaje despachado. Le rogamos también que ponga su nombre y dirección dentro de su equipaje. Etiquetas de identificación están a su disposición, en forma gratuita, en cualquier mostrador de Aviaso.
> **IMPORTANTE**—Cierre con llave su equipaje—Coloque dinero, joyas, papeles importantes, medicamentos, recetas, etc. sólo en el equipaje de mano.
> **NOTA:** Reglamentos gubernamentales exigen que su equipaje de mano sea colocado debajo de su asiento o en los compartimientos cerrados encima. Las medidas máximas son 20 cm. x 33 cm. x 58 cm. Artículos de tamaño mayor deberán ser chequeados en el mostrador.
> **RECONFIRMACIÓN INTERNACIONAL**—En viajes internacionales sus reservaciones para la siguiente porción deben ser reconfirmadas por lo menos 72 horas antes de la salida del vuelo; si no las reconfirma podrían ser canceladas.
>   Excepciones: Paradas intermedias de menos de 72 horas no necesitan ser reconfirmadas.
>   Reservaciones de regreso desde la Ciudad de México o Acapulco a los Estados Unidos tienen que ser reconfirmadas por lo menos 24 horas antes de la salida.
> **ADVERTENCIA**—Sus reservaciones pueden ser canceladas si Ud. no llega al lugar de chequeo de su boleto por **lo menos 5 minutos antes de la hora de salida—Vuelos internacionales 30 minutos antes de la salida.**
> **SECCIONES DE FUMAR Y DE NO FUMAR**
> Los asientos donde no se puede fumar están designados por medio de letreros en la sección delantera de cada compartimiento del avión. Es permitido fumar en todas las otras secciones de la cabina excepto en los baños o pasillos. Solo la última fila de la sección puede ser usada para fumar pipas o cigarros.
>
> **Reglamentos federales requieren que armas de fuego que forman parte del equipaje chequeado deben ser declaradas.**
>
> | AL PUNTO DE TRANSFERENCIA | AL DESTINO FINAL |
> |---|---|

1. Aquí tienes tu pase de embarque. ¿Lo puedes llenar con toda la información pertinente?

2. Si tomamos un vuelo directo, ¿nos tenemos que preocupar por el punto de transferencia?

   _____

3. ¿Qué precaucaciones debemos tomar para no perder el equipaje en tránsito?

   _____

   _____

   _____

4. ¿Dónde debemos llevar las cosas de valor?

   _____

   _____

5. Si queremos llevar a bordo algún equipaje de mano, ¿de qué medidas no puede pasar?

   _____

   _____

   Y eso, ¿qué significa en pulgadas (*inches*)?

   _____

6. ¿Qué debemos hacer para que no nos cancelen las reservaciones?

   _____

   _____

7. ¿Dónde se permite fumar a bordo?

   _____

MINISTERIO DE HACIENDA
Dirección General de Aduanas

RESTRICCIONES Y PROHIBICIONES

Las siguientes mercancías se encuentran sujetas a restricciones y controles por la Administración Pública Federal.

a). Frutas, vegetales, plantas, flores, bulbos, tierra y demás productos o subproductos vegetales.

b). Animales vivos, sus partes o derivados como quesos, mantequillas o leches; carnes, pieles o cualquier producto o subproductos del mismo origen.

c). Medicamentos, si no son de uso personal del pasajero.

d). Armas de fuego, explosivos y municiones, mercancías inflamables, contaminantes o radioactivas.

e). Estupefacientes, venenos y psicotrópicos

f). Material y literatura por nográfica

Nota: **Se impondrá prisión de 7 a 15 años y multa de diez mil a un millón de pesos al que ilegalmente introduzca cualquiera de las sustancias prohibidas, aunque sea en tránsito, o al que realice actos tendientes a consumar tales hechos.**

Dinos:

1. ¿Cuáles son las principales categorías de productos o sustancias prohibidas? _____

_____ ¿Cuáles

consideras tú más peligrosas? _____

¿Por qué crees que se excluyen productos vegetales o animales? _____

_____

2. ¿Qué secciones de este documento prohiben la importación de drogas? _____

_____

3. ¿Qué castigo sufrirá el individuo que introduzca estas sustancias ilegalmente? _____

_____

(A propósito, ¿qué crees tú que es una "multa"? _____)

III. "Queremos servirles mejor..."

Imagina que acabas de bajar del Vuelo Número 156 de Aeroméxico y que quieres expresar tus opiniones sobre el servicio. ¿Cómo llenas este cuestionario?

A propósito, un poco de vocabulario útil antes de comenzar:
- "*el mostrador*" : el lugar donde despachan los boletos, asignan los asientos, etc.
- "*el personal de Cabina* " : los asistentes de vuelo
- "*presentación*" : manera de vestirse, peinarse, etc.

Le suplicamos llenar este cuestionario y enviarlo por correo sin costo alguno para usted, utilizando el sobre impreso a reverso. Nuestra intención es servirle cada vez mejor.

VUELO NO. _____   FECHA _____

ORIGEN _____   DESTINO _____

¿Cuánto tiempo tardó en hacer su reservación? _____

¿Y en adquirir su boleto? _____

¿Dónde compró su boleto? Aeroméxico ☐   Agencia de viajes ☐

	EXCELENTE	BIEN	REGULAR	MAL
¿Cómo le atendieron?				
¿al hacer su reservación?	☐	☐	☐	☐
¿al comprar su boleto?	☐	☐	☐	☐
¿en el mostrador del aeropuerto?	☐	☐	☐	☐
¿a bordo el personal de Cabina?	☐	☐	☐	☐
La puntualidad a la salida y a la llegada fue	☐	☐	☐	☐
¿Cómo fue el trato a su equipaje?	☐	☐	☐	☐
A bordo la calidad de su comida fue	☐	☐	☐	☐
de la bebida fue	☐	☐	☐	☐
del sonido estereofónico fue	☐	☐	☐	☐
La apariencia del avión fue	☐	☐	☐	☐
La presentación del personal fue	☐	☐	☐	☐

Su viaje fue de: Negocios ☐ Vacaciones ☐ Fin de semana ☐ Visita a familiares ☐ Otro ☐

Ud. es: Profesional ☐   Ejecutivo ☐   Técnico ☐   Comerciante ☐
Servidor público ☐   Ama de casa ☐   Estudiante ☐   Otro ☐

LE AGRADECEREMOS LLENAR LOS SIGUIENTES DATOS:

Nombre _____

Dirección _____

39

Aplicaciones

I. Amplía tu vocabulario

A. _¿Cómo se dice?_

1. go

- ir (voy) _to go_ : ¿Tú vas? -- Sí, voy. Esta tarde.

- irse, marcharse: _to go away, leave_ : ¿Cuándo se va (se marcha)? -- Pasado mañana. Vámonos, ¿eh?

- salir (salgo) _to go out (of_ or _to); to leave (for a place_): Salió de casa a las tres. --¿Para dónde salió? -- Para ninguna parte. Salió a la calle, no más.

- subir, bajar _to go up, to go down_ : Ese niño sube y baja las escaleras como un yo-yo.

- entrar en (Spain), entrar a (Sp.Am.) _to go_ or _come in(to)_ : ¿Cuándo entró en (a) ese lugar? -- Hace una hora.

- regresar, volver _to go_ (or _come_)_back, to return_ : Me voy. -- ¿Y cuándo regresas (vuelves)?

2. half

- medio (_adj._ and _adv._) _half_ : Son las cinco y media. ; Es medio indio, medio blanco.; Estás medio loco, ¿sabes?

- la mitad (_noun_) _a half_ : Divídelo en dos mitades: una mitad para ti, la otra para mí.

Palabras en uso

1. Completa estas frases expresando en español el verbo _go_ :

a. ¿Dónde está Rufo? -- Arriba, en la cama. ¿Quieres _____ a verlo? b. La casa tiene dos puertas. Una para _____, y la otra para _____ -- ¿Y dos escaleras -- una para _____ , y la otra para _____ ? c. José, ¿cuándo _____ para Cancún? -- _____ el miércoles. ¿Quieres _____ conmigo? d. ¡Ay, no! ¿Tienes que _____ tan pronto? -- Sí, tengo que _____ por un tiempo a mi casa. Pero no _____ para siempre.

e. ¿A qué hora _____ Uds. de casa? -- A las siete de la mañana. Y no

_____ hasta las seis de la tarde.

2. Esta vez, completa usando *medio* o *(la) mitad*.

a. _____ de mis libros están aquí. Los otros están en casa.   b. Estoy

_____ inclinado a decirles la verdad. -- Todavía no.   c. ¿Qué hora es? --

Son las nueve y _____ . d. ¿Lo compraste para Riqui? -- No. Vamos a

repartirlo, _____, _____ .   e. ¿Eres mexicana? -- Soy _____

mexicana, _____ irlandesa.

B. Extensiones

1. Si la *entrada* es el momento o el lugar de entrar, ¿qué es la salida? _____

_____ Si compramos un viaje de *ida y vuelta*,

¿pensamos quedarnos allí o pensamos regresar? _____

2. Si el *pasajero* toma pasaje, ¿qué lleva un "mensajero"? _____

3. Si *volar* significa *tomar vuelo*, ¿qué es un "platillo volante"? _____

_____ (Pista: ¡Sale de otro planeta!)

4. Si *faltar* implica *no tener* o *no cumplir*, ¿qué es una *falta* en el tenis? _____

_____ ¿y en el béisbol? _____ Y si digo que la falta no

era mía, ¿asumo la responsabilidad? _____

_____ 5. Si un *sillón* es una silla grande, ¿qué tipo de casa es un

caserón ? _____ ¿Es barato o costoso algo si vale un *dineralón*?

_____ ¿Qué adjetivos usarías tú en inglés para

caracterizar a una *mujerona* ? _____

_____ ¿Y a un *hombrón* ? _____

_____

II. Ejercicios suplementarios

#1. Using the present tense

A. Verbos de cambios radicales. Usalos para completar los diálogos.

----
   cerrar • volver • volar • encender • preferir • pensar • pedir • dormir
----

    1. ¿Cuándo _____ Uds. de su viaje? -- (Yo) _____ que

regresamos para el quince.   2. Paquito, ¿por qué no _____ las luces?

-- Porque a veces _____ estar en la oscuridad.   3. (Yo) No _____

bien cuando no estoy en mi propia cama. --Yo tampoco _____ los ojos.

    4. ¿Uds. me _____ dinero? -- No, sólo le _____ ayuda. 5. ¿Uds.

_____ a México o van en coche? -- _____ . No nos gusta

manejar.

B. Contesta según las indicaciones, usando cada vez el mismo verbo. Por ejemplo:

    1. ¿Quién es -- _Soy_ yo. 2. ¿Ud. sale ahora? -- No. _____ en el vuelo de las

tres. 3. ¿Qué haces mañana? -- No _____ nada de importancia. 4. ¿Uds. van con

ellos? -- No. _____ solos. 5. ¿Quién viene primero? -- No sé. Yo _____

muy tarde. 6. ¿Cuántas maletas tienen Uds.? -- _____ dos. 7. ¿Ud. conoce

al Sr. Ferrer? -- Lo _____ por muchos años. 8. ¿Qué me dice Ud.? -- Le _____

que no hay más plazas. 9. ¿Qué equipaje traes? --_____ muy poco.

   10. ¿Dónde lo recoges? -- Lo _____ en el Reclamo de Equipaje.

C. Imagínate que hablas con un amigo español, cuando de repente entra otro.
   Cambia todas estas frases de _tú_ a _vosotros_.

    1. ¿_Haces_ un viaje? _____ 2. ¿_Vuelas_ o _vas_ en tren? _____

_____ 3. ¿A qué hora _sales_ , y cuándo _vuelves_ ? _____

_____ 4. ¿_Comienzas_ ahora mismo? _____

_____ 5. ¿Qué _quieres_ ver allí? _____

42

#2. Special time expressions with the present tense

Cambia según las indicaciones:

1. Hace horas que *espero* su llegada.

   Hace meses que nosotros _____

   ¿Hace mucho tiempo que Uds. _____?

2. Hace días que *llueve*.

   Hace días que _____ (*nevar*).

   Hace semanas que no _____ (*despegar los aviones*)

3. ¿Acaba Ud. de conocerlos? -- No. Los conozco desde abril.

   ¿_____ Uds. _____? -- No. _____ mayo.

   ¿Vosotras _____ ? -- No _____ 1986.

#3. Affirmative commands to *tú* and *vosotros*

A. Tu mejor amigo (amiga) va a viajar este verano. Dale estas instrucciones:

decidir adónde quiere ir _____ hacer las reservaciones _____

_____ leer algo sobre el país _____

pedir un pasaporte _____ hacer las maletas _____

ponerles etiquetas _____ llegar dos horas antes del

vuelo _____ ir al mostrador de la aerolínea _____

_____ escoger un asiento junto a la ventanilla _____

_____ pasar a la puerta de salida _____

abordar el avión _____ abrocharte el cinturón _____

B. Ahora dales algunas de estas instrucciones a dos amigos, usando la forma de *vosotros*:

_____

_____

_____

III. Composición creativa

¿Tú tienes mucha imaginación? ¿Te gusta escribir? Pues aquí tienes tres actividades para realizar por escrito. Escoge la que prefieras, saca papel y pluma, ¡y adelante!

A. "Querido . . ."

Tú acabas de llegar a . . . y quieres mandar una carta a un amigo, contándole cómo te fue en el viaje.

1) Dile dónde estás en este momento -- la ciudad y el nombre de tu residencia o de tu hotel

2) Cuéntale cómo estuvo el vuelo : si el avión estaba completamente lleno, qué película mostraron, qué sirvieron de comer y de beber, y cuántas horas demoró el vuelo.

3) Explícale tus primeras impresiones de aquella ciudad hispana -- si te gustó, si te pareció simpática la gente, si entiendes cuando te hablan en español, etc.

4) Dile cuánto tiempo piensas pasar allí y cuándo vas a regresar a tu casa.

5) Mándale un cariñoso abrazo y manda tus recuerdos (*regards*) a . . .

B. Perspectivas

1. Tú estás a bordo del vuelo . . . para . . .   El avión acaba de despegar, y tú comienzas a observar a los diferentes pasajeros. Algunos te parecen muy interesantes. Por ejemplo, hay un(a) . . . en el asiento a tu lado. Hay . . . en el primer asiento al otro lado del pasillo.   Y hay un(a) . . . en la fila delante de ti. . .

   a. Trata de imaginar quiénes son esas personas, por qué están tomando este vuelo, y adónde van. . .

   b. Si prefieres concentrarte en una de ellas, no más, a ver si puedes hacernos una descripción de aquel individuo, con una corta "historia" de su vida.

2. Imagina ahora que una de las azafatas te está mirando a ti. ¿Cómo te va a describir a sus colegas? ¿Qué crees que piensa de ti?

C. Experiencia dialogada (*dos personas*)

Por suerte, la persona que está sentada a tu lado durante este vuelo es un(a) joven muy amable de . . .   Uds. se presentan y pasan el tiempo hablando. ¿Qué quieres tú saber de él (o ella)? (Hazle por lo menos siete preguntas.) ¿Y qué quieres saber tú de él (ella)?. . . Posiblemente, ¿existe entre Uds. la base de una verdadera amistad?

44

Experiencias auditivas

I. ¿A qué hotel vamos?

Gonzalo: ¿Ah? ¿Ud. . . . ?   Pues diga. . . : "Cancún.// Un templo a la belleza.// Playas de blanquísima arena, // bañadas por las cristalinas aguas// del Caribe.// Lagunas de increíble azul,// rodeadas de graciosas palmeras.// Todo un paisaje tropical// de profundas huellas ancestrales (*vestiges of the past*),// guías de templos// embebidos (*filled*) de misterio.// Cancún. En Yucatán."

Patricia: Pero,. . ., ¿por qué comenzamos. . .?   ¿No tenemos . . .?   Si . . . no nos conocen siquiera (*even*).

G.: (. . .) Y ésta . . .

P.: Encantada.

G.: Y comenzamos con esto . . . , porque. . ., ya que (*now that*) estamos de viaje, tenemos que escoger (*select*) . . ¿. . . le parece? _____

P.: (. . .)

Pronunciación y comprensión

G.: Pues aquí tengo anuncios (*ads*) de . . . Escúchelos. Repita con nosotros. Y después, Ud. va a indicar . . .

(1) "El Hotel . . ."// 260 lujosas . . .// con soberbios (*superb*) . . .//, finos . . .,// dos piscinas (*pools*),// . . . privada, // veleo (*sailing*),// y toda una gama de . . . deportivas.// ¡. . .!// ¡. . .!// ¡. . .!//

G.: Y muy cerca están las antiguas ruinas mayas de Chichén Itza, . . .

(2) "Las Brisas,// donde . . . es única. // Un . . . aparte .// Disfrute de la privacía . . .,// con su propia . . . , // . . . alberca (*pool --Mex*.) . . .,// y el mejor . . . garantizado.// Acapulco.// El paraíso . . . //

G.: Y no se olvide (*don't forget*). Allí van . . . , jóvenes más que nada (*most of all*).

(3) "La Mansión Galindo// en . . . de Querétaro.// Una hacienda . . . del siglo XVIII.// Reviva la gloria . . . de siglos pasados,// con todo el encanto del . . . ,// y todas las comodidades (*comforts*) . . . // Albercas,// canchas de tenis, // . . . , // caballos, // . . . exquisitos . . . //

P.: Ahora bien, si le interesa . . . , tal vez le guste . . . Bueno, ¿ . . . ? _____

Entonces, díganos: ¿Cuál . . . ? _____

_____ // Lo acaban de . . . // ¿Cuál nos ofrece una atmósfera . . . ?

_____ //

¿ . . . nos garantiza más privacía? _____ //

Y si lo deseamos, ¿cuál . . . ? _____

_____ Finalmente, ¿ . . . permite visitar un sitio (*site*) arqueológico?

_____ // Entonces, a ver (*let's see*),

¿ . . . ? ¿ . . . o . . . ? _____

G.: O posiblemente, ¿prefiere Ud. ir . . . ? _____

_____ ¿ . . . residencia estudiantil? _____

_____ (. . .) Su deseo es mi mandato

(*command*). ¡Nos vamos! (*We're off!*)

II. Llegamos al hotel

(Distintas voces: "Buenas . . ." " . . . ¿Les pido . . . ?" " . . . " " Señor conserje, ¿ . . . correspondencia para Marta Sánchez en . . . ?" " Planta baja. Subiendo, . . . No, señorita, los salones . . ." " . . .")

P.: ¡Qué lindo es . . . ! Ud. escogió . . . , ¿sabe?

G.: De acuerdo. El vestíbulo . . . Bueno, vamos a la Recepción, a ver si tienen listas . . .

Ah, ¿ya ve? La . . . nos está saludando (*greeting us*).

Recep.: (. . .) ¿ . . . atendidos?

46

G.: Dígale. . ., y pregúntele si . . .

Ud.: _____

Recep.: Cómo no. Pero dígame: ¿Ud. . . . individual o . . .?

Ud.: _____

Recep.: ¿. . . con vista al jardín o al mar?

Ud.: _____

Recep.: Posiblemente, ¿les interesaría a Uds. una suite . . . y terraza? Hay un sofá-cama . . .

G.: Pregúntele cuánto . . .

Ud.: _____

Recep.: Pues la tarifa es . . . mil pesos diarios, como cien dólares . . ., más (*plus*) . . . y el impuesto. Y el desayuno . . .

P.: ¿. . . al día (*a day*) por una . . .? No está mal. ¿. . ., o prefiere Ud. su propio . . .?

Ud.: _____

Recep.: (. . .) Ahora, ¿su estancia va a ser de . . . ?

Ud. : _____

P.: Está bien. Hasta . . .   A propósito, pregúntele . . . desocupar el cuarto.

Ud.: _____

Recep.: Al mediodía. Pero si la necesitan, les podemos dar . . . Ahora bien, ¿Uds. desean pagar con . . ., o . . ., en efectivo (*cash*)?

P.: A mí no me importa. Dígale Ud. lo que (*what*) . . .

Ud.: _____

Recep.: (. . .) Bueno, . . . sus llaves (*keys*). En seguida llamo al botones para subir . . . Otra vez, muy bienvenidos. Y si les podemos . . ., sólo nos tienen que avisar.

G.: (. . .) ¿. . . ascensor?

Recep.: Aquí mismo (*right here*), a la . . .

G.: (. . .)

Recep.: Por . . .

G.: Vamos, . . .

III. Nos acomodamos

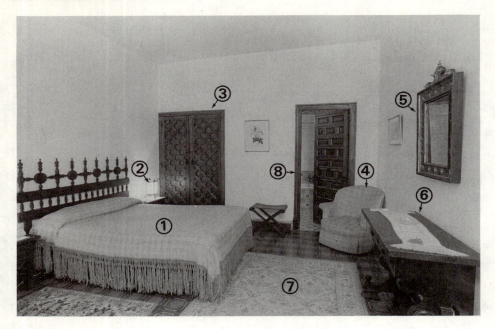

G.: Bueno, aquí . . . Dígame, ¿. . . , o lo quiere cambiar . . .? _____

_____ ¿ . . . muebles? _____ (. . .)

P.: A ver, ¿hay . . .? _____ ¿ . . .? _____

_____ Pues tal vez están . . . lado.

G.: Bueno, ¿qué más (*else*) . . .? Oiga. Se me ocurre una idea.

¿Qué hay en este cuarto?

Mire los números que pusieron sobre cada cosa, y díganos siempre qué hay . . .

1. _____ , o "de matrimonio"//

2. _____ // para leer . . .//

3. _____ // para acomodar . . .

4. _____ // para descansar. O para . . .

5. _____ // para mirarse . . .

6. (. . .) ¿Esto le parece . . . o una cómoda (*chest*)? _____

7. ¿ . . . el piso? _____ // o un tapete.// (Realmente, . . .)

8. ¿Qué hay detrás . . .? _____ //

48

P.: (. . .) Pero, . . . ¡fíjense! El . . . tiene bañera, sólo ducha. ¿A Ud. le . . . ? _____

_____ ¿Y a ti . . . ?

G.: (. . .) Me da lo mismo. (*Its all the same to me*.)

P.: ¿Saben? A mí me encanta . . .   Así que, con su permiso, . . .   A ver si me
dan . . .

G.: (. . .)

P.: Pues, hasta lueguito.   (*Patricia sale*.)

G.: . . . , ya estamos (*we're all set*). Si Ud. quiere, yo me quedo. . .   Tal vez me necesita
. . .   Pero, escuche. ¿. . . ?   Yo oigo unas voces, . . .

Distintas voces: "Por favor, ¿me trae. . .?"   "Quiero . . ."   "¡En . . . !"   "¡Cómo no!
A las . . ."

G.: ¿Las oye . . . ? _____   ¡No me diga!   Parece que de aquí podemos oír a los otros
huéspedes. . .   En los cuartos vecinos, en los pasillos, . . . ,   por todas partes.
Vamos a escucharlos, ¿ . . . ?   Y cada vez, ¿ . . . ?

¿Con quién hablan? ¿De qué hablan?

Primero, repita . . . :

**el conserje //   el Servicio de Cuartos// el capitán de botones // el cajero //
la criada (o "gobernanta") //   la recepcionista //**

Ahora escuche:

1. --Por favor, . . . mándelo en seguida. . . Tengo . . . y un maletín. Y el taxi . . .
   --No lo puedo . . .   Ello es que . . .

¿Con quién habla. . .? _____ //

¿Y qué problema tiene. . .? (*Marque la conclusión correcta*.)

   a. *The bellhops are on strike*.
   b. *The bellhops are out to lunch*.
   c. *She can't get a taxi to the airport*.

2. --Pero, ¿qué me cuenta Ud.? ¿Ud. no puede . . . ? ¿Una sola . . . ?
   --Lo siento, . . .   Ello es que son . . .

Díganos . . . : ¿Con quién habla . . . ? _____ //

¿Y por qué . . . el camarero?

   a. *It's 3 AM and the kitchen is closed*.
   b. *They don't have what he wants*.
   c. *It's too early for dinner*.

49

P.: ¡Ya! Aquí . . . , y éstas son . . . especialidades.

G.: Se ven *(They look)* . . . Pero, ¿sabe Ud. qué . . . ? A ver si los puede identificar.

P.: Mire, yo se los voy a describir. . .

Ejercicio de identificación
Escuche bien, y escriba el <u>número</u> debajo de cada uno.

1. (. . . valenciana)   Se hace con. . . , mariscos, . . . , y guisantes, y . . . con azafrán *(saffron)*.

2. (. . .) El lechón es un cerdo . . . , recién nacido. Se asa *(it is baked)* al horno y se sirve . . .

3. (. . . mole poblano) Se prepara con . . . , y una salsa . . .

4. Bacalao en escabeche. Un plato de . . . que se sirve con . . . , vinagre y diversos . . .

5. Albóndigas con gandules. Un . . . y cubano. Consiste en bolitas de . . . , con una clase de frijoles en . . . picante *(spicy)*.

G.: Ahora, ¿quiere Ud. escoger . . . ? ¿O . . . ? _____

_____ (. . .)

III. **En el restaurante**

Camarero: (. . .) ¿Les traigo algo. . . ?

P.: (. . .) ¿Ud. toma *(Do you drink)* . . . ? _____ Pues si nos hace el favor . . . la lista *(menu)*. . .

Camarero: (. . .) Y éstos son los especiales . . .   ¿Puedo. . . ?

P.: Todavía no.

64

3. -- . . ., ¿no hay ningún mensaje . . .? Un amigo mío dice . . .
   -- Estoy . . . Ello es que acabo de . . . su casillero (*box*), . . .

¿Con quién . . .? _____//

¿Y qué . . .?

   a. *A friend of hers came and they wouldn't let him up.*
   b. *She doesn't seem to be getting her phone messages.*
   c. *Someone took her theater tickets out of her box.*

4. -- . . ., Ud. me tiene que . . . Las llaves . . . no se cierran, y . . .
   -- Pero . . . Todas las habitaciones . . .

¿Con quién . . .? _____ //

¿Y por qué desea . . .?

   a. *The air conditioning isn't working.*
   b. *The heat is turned off.*
   c. *The sink is overflowing.*

5. -- . . ., ¿me puede Ud. traer . . .? Mi . . . sin tender (*unmade*).
   -- ¡ . . . perdones! Yo no . . . de ello. En seguida, le arreglo . . .

¿Con quién . . .? _____//

¿ . . . le faltan . . .?

     a. *Soap and towels*
     b. *Blankets, pillows and sheets*
     c. *A fresh quilt and bedspread*

6. -- Creo que hay un error . . . La . . . es noventa mil al día, no . . .
   -- Pero, . . . no incluyen . . .

¿Con quién . . .? _____ //

¿Por qué piensa . . .?

   a. *She didn't calculate the service and tax.*
   b. *She was charged for services she didn't use.*
   c. *The tariff was raised on foreign goods recently.*

G.: Ahora dígame, ¿ . . .? _____ En realidad, no hay . . .
   Tenemos que deshacer (*unpack*) . . . Después, llamamos a . . .

P.: (. . .) No me tienen que llamar. ¿Qué les parece si . . .? Tengo . . .

G.: ¿ . . .? ¿Ud. prefiere . . . o . . .? _____

P.: (. . .) Pronto regresamos (*we'll be back*).
         (*Un restaurante. Voces. Música mexicana*)

50

IV. Avisos de la gerencia (management)

P.: ¡Ah, qué delicia! ¡Qué bien..! Y ya está Ud. de vuelta (back)... Pero, ¿...esa tarjeta que le dejaron...? (..) ¿Tú la quieres...?

G.: Mejor, la leemos juntos...

Estimado huésped:

Solicitamos su cooperación para reducir el consumo de energía. Por favor:

1. Apague... cuando no estén en uso.

   Cuando salimos..., ¿debemos de_arlo...? _____ //

   ¿Podemos dejar... encendida (on)? _____ //

2. Le suplicamos poner el clima artificial en "bajo"...

   Al salir..., ¿debemos apagar...? _____ //

3. Para ahorrar agua, asegúrese de que las llaves... estén cerradas.

   ¿Hay abundancia...? _____ //

   Entonces, ¿... corriendo? _____ //

4. Mantenga las cortinas... para guardar la temperatura interior.

   ¿Qué significa eso? ¿... el sol? _____ //

   El cuarto se pone (gets)... //

5. El hotel, bajo ninguna circunstancia se hace responsable de pérdidas de... u objetos de valor ocurridas... Por eso, les invitamos a hacer uso de nuestras cajas..., sin cargo alguno. Favor de pedirlas en...

   Si alguien nos roba algo..., ¿nos va a pagar...? _____

   _____ // _____ // Pues, ¿qué

   podemos...? ¿Dónde podemos guardar...?_____

   _____ // ¿.. las pedimos? _____

   _____ // ¿Tenemos que...? _____

   _____ // Lo ofrecen sin cargo alguno (free of charge).//

P.: Bueno, con eso estamos del todo (completely)... Y mañana, ¡a disfrutar! Gracias por venir... Hasta..., que descanse, y, ¡nos vemos!

I. "Para su gusto..."

De su Avión a la Tradicional Hospitalidad ✻ Holiday Inn

AEROPUERTO CD. DE MEXICO

- Traslado Gratuito del aeropuerto al hotel, en nuestros cómodos microbuses las 24 horas del día.
- Las Tarifas más accesibles de la zona.
- 324 cómodas y silenciosas habitaciones con T.V. a color y antena parabólica.
- Amplios salones con todas las facilidades y servicios para sus juntas, convenciones y seminarios.
- Lobby Bar y el Jaguar Showbar con entretenimiento en vivo.
- Bellos Jardines con alberca y jacuzzi.
- Información actualizada de salidas y llegadas de vuelos en su habitación.
- Agradable restaurante/cafetería abierto las 24 horas.
- Estacionamiento gratuito para huéspedes.
- Su Tarjeta Programa Comercial es Bienvenida.

✻ Holiday Inn
AEROPUERTO CD. DE MEXICO

Díganos:

1. ¿Dónde está situado este hotel? _____ A propósito,

   ¿qué cree Ud. que significa la abreviación CD. (de México)? _____

2. ¿Qué servicio nos ofrecen cuando bajamos del avión? _____

   _____

3. De todas las facilidades que ofrece este hotel, ¿cuáles le importan más a Ud.?
   Indíquenos por lo menos cinco en su orden de importancia.

   _____

   _____

   _____

4. ¿Qué aspecto de este hotel le gusta menos? Díganos por qué. _____

   _____

   _____

TODO INCLUIDO

CUANDO EN JACK TAR HABLAMOS
DE TODO INCLUIDO, DECIMOS:

- Hospedaje
- Todos sus alimentos durante su estancia (desayuno, comida, cena y botanas)
- Vino, cerveza y cocteles
- Tenis gratuito
- Cada noche entretenimientos gratuitos
- Dos albercas --una con bar integrado
- Paseos a caballo gratuitos
- Actividades recreativas gratuitas : bicicletas, vólibol, juegos de mesa y concursos. Programa diario de actividades
- Deportes acuáticos gratuitos: veleo, snorkeling, esquí acuático, windsurf y vólibol
- Incluye propinas e impuestos

Díganos:

1. Según esto, ¿cuál es el mayor incentivo que ofrece este hotel?_____

    _____

2. ¿Cuáles son algunas de las cosas que están incluidas gratis? _____

    _____

3. En el contexto de diversas comidas, ¿qué cree Ud. que son "botanas"? (*Pista: Se sirven con las bebidas.*) _____ En el contexto de actividades recreativas, ¿qué son "juegos de mesa"? _____ ¿y "concursos"? _____ Hablando de deportes acuáticos, ¿qué puede ser el "buceo"? (*Pista: Se hace sumergido en el agua.*) _____

4. ¿Cree Ud. que éste es un hotel turístico o comercial (para gente de negocios)? ¿Por qué? _____

    _____

Galería Plaza

ZONA ROSA—MEXICO, D.F.

Información

HAMBURGO 195   06600 MEXICO, D.F.   TEL. (905) 211-0014   TELEX: 017-71808

Estimado huésped:

¡Bienvenido al Galería Plaza!

Deseamos informarle que las llamadas internacionales tienen un costo muy elevado como consecuencia de la relación del peso mexicano frente al dólar. Todas las llamadas se manejan por operadora y están sujetas al Impuesto Federal de 42% y al I.V.A. (Impuesto de Valor Adicional) de 15%.

En llamadas de persona a persona, Teléfonos de México hará un cargo por informe, si la persona solicitada no se encuentra. Para mayor información le rogamos comunicarse con nuestro Departamento de Teléfonos, extensión 0.

Deseamos que su estancia sea de lo más agradable y que las atenciones que reciba sean de su completa satisfacción. ¡Estamos a sus órdenes!

La Gerencia

Explíquenos:

1. ¿Por qué son tan costosas en este momento las llamadas telefónicas

   internacionales? Denos por lo menos dos razones: _____

   _____

2. En una llamada de persona a persona, ¿tenemos que pagar algo si no podemos

   hablar con la persona solicitada? _____

   _____

3. ¿Qué cortesías expresa la Gerencia del hotel? _____

   _____

4. Si Ud. se quiere comunicar con este hotel por correo, ¿a qué dirección manda la

   carta? _____ ¿Qué otras maneras

   hay de contactarlo? _____

Aplicaciones

I. Amplíe su vocabulario

A. ¿Cómo se dice. . .?

1. *to ask*

- pedir (pido) *to ask for something, to make a request to someone* : ¿Me pides dinero? -- No. Te pido que me ayudes, nada más.

- preguntar *to ask (a question), to inquire* : Pregúntale al cajero si nuestra cuenta está pagada.

- hacer una pregunta *to ask a question* : No me hagas tantas preguntas, ¿eh?

- preguntar por *to inquire about, to ask for (or about) someone or something* : Pregunté por el gerente, pero no estaba.

2. *to attend*

- atender a (atiendo) *to attend to (a matter, a person, etc.)*: Nos atendieron muy bien en la Recepción. -- Atienden a todo divinamente.

- asistir a *to attend* (a school, a function, etc.): ¿Ud. asistió a la reunión? -- No pude. Yo no asistí a esa escuela.

Note: "Ayudar", not "asistir" means *to assist* or *help* : ¿Me puedes ayudar con esto?

3. *because*

- porque (*conjunction*) *because* (+ a clause): No paramos allí porque no tienen piscina.

- a causa de, debido a (*preposition*) *because of* (+ a noun or pronoun): A causa del (Debido al) aumento de las tarifas, ya no vamos a ese hotel.

- por *because of, for the sake of; out of, motivated by* : No lo hizo por obligación, sino por amor. Se sacrificó por nosotros.

Palabras en uso

Use las palabras de arriba para completar los diálogos siguientes:

1. Cuando llegamos al mesón, no había nadie para _____nos. (*attend*)

-- ¿Por qué? -- _____ era día de fiesta. 2. ¿A qué universidad _____

(tú)? -- A la Central, pero no me gradué. Tuve que abandonar mis estudios

_____ a la recesión económica. 3. ¿Me haces un favor? -- _____ ti, cualquier cosa. Sólo tienes que _____mela. (*ask*) 4. _____ de la lluvia,

cancelaron la fiesta. --Entonces, debemos _____ cuándo será la

próxima. (*ask them*)

B. Palabras combinadas

A good number of Spanish words are actually composites of a verb + a noun. You already know some. Can you guess at the others?:

un lavamanos _____   un lavaplatos _____

un tocadiscos _____   un tocacintas _____

un paraguas _____   un parasol _____

un paracaídas _____   un parabrisas _____

un abrelatas _____   un sacacorchos _____

un sujetalibros _____   un sujetapapeles _____

II. Ejercicios suplementarios

#4 . Using the subject pronouns

Indique siempre el pronombre correcto:

1. ¿Eres _____ ? -- Sí, soy _____ . Y _____ (Alvaro) está conmigo.

2. ¿Uds. paran en esa posada? -- _____ , no. _____ (Kevin y Elena),

sí.   3. _____ sé que _____ siempre llegáis tarde. --No siempre.

_____ (Rosalía) exagera.   4. _____ (Linda y yo) vamos a la alberca,

¿está bien?   _____ (Tú y Robi) pueden ir a la playa. -- Bien. Pero

mañana _____ (tú y yo) vamos juntas. ¿De acuerdo?   5. Señora,

¿_____ desea verme? -- Sí. _____ (Ud. y el gerente) prometieron cambiar

mi habitación, y todavía estoy esperando.

#5. Pronouns that follow a preposition

Responda según el modelo. Por ejemplo:

El cuarto más grande es para ti. -- ¿Para mí? Ah, gracias.

1. Tú vas conmigo. -- ¿_____? ¡Fantástico!   2. Vamos a dejarlo con el conserje. -- ¿Por qué con _____? Mejor con el recepcionista.   3. ¿Tú conoces ese hotel. -- No, no sé nada de _____.   4. ¿Tomamos la suite a nombre de la jefa? -- Claro, a nombre _____, no a nombre mío.   5. Voy a hacerlo sólo por Ud. --¿_____? --¡Qué generoso!   6. La reservación no fue confirmada por Uds.? -- No, señor, no fue confirmada _____

_____   7. ¿Nos alojamos contigo y con Isa? --No. Nosotras nos alojamos con _____ , chicas.(*you -- Spain*)

Ahora responda usando *él, ella,* o el neutro *ello* :

1. ¿Tú sabes si van a venir? -- No, no sé nada de _____ 2. ¿Hablan del señor Ramos? -- Sí, pero no hablan mal de _____ 3. ¿Van a aumentar las tarifas? -- Sí. El gerente dijo algo sobre _____ ayer.   4. ¿Vienes con Lisa? -- No, no voy con _____ .   5. ¿Es Ud. el responsable del servicio de cuartos? -- No. Yo no tengo nada que ver (*anything to do*) con _____ .

#6. Objects of a verb -- direct and indirect

A. Conteste según las indicaciones, usando *me, te, nos* u *os* .

Por ejemplo: ¿Me esperas? -- Sí, *te espero*   hasta la una, no más.

1. ¿Me atiendes? -- Sí, _____   2. ¿Qué me dices? -- No _____

_____ nada. 3. ¿Me esperas? -- Sí, _____ hasta el mediodía.

4. ¿Nos traes sábanas? -- Sí, _____ varias, si están limpias.

5. ¿Nos van a admitir? -- Sí, _____, si hay lugar. 6. ¿Te hago algo de comer? -- Gracias. ¿_____ un sándwich?   7. ¿Os van a recoger en la habitación? -- No. _____ en el vestíbulo.

8. ¿Cuándo van a avisaros? -- _____ mañana. 9. ¿Os

cambian el cuarto si no os gusta? -- Sí, pero _____ piden más dinero. 10. ¿Te

importa si llegamos tarde? -- No, _____. ¡Pero _____ mato!

B. Ahora complete cada frase, usando *lo, la, los* o *las.*

1. ¿Las toallas? Aquí _____ tengo. 2. ¿La llave? No _____ veo en ninguna

parte. 3. El Registro. ¿Ya _____ has firmado? 4. El aire acondicionado.

¿_____ dejamos apagado o en bajo? Y las luces. ¿_____ dejamos encendidas?

5. ¿Los impuestos? Muy pronto _____ van a subir. 6. Ese mesón. No _____

conozco. 7. ¿Los botones? Sólo tienes que llamar_____ 8. ¿El criado? Acabo

de ver_____ 9. ¿La bañera? Siempre _____ lavo antes de usar_____ 10. ¿La

fecha de partida? No _____ sé todavía.

C. Esta vez, cambie a *le* o *les* las palabras indicadas:

1. Escribimos <u>a la gerencia.</u> _____ 2. ¿Pido esa

información <u>a las guías?</u> _____

3. ¿Pagamos estas cuentas <u>al cajero?</u> 4. Hable en seguida <u>a la conserje.</u>

_____ 5. Pidan un poco de hielo <u>al camarero.</u>

_____ 6. Pregunte <u>a la recepcionista</u>

cuánto tenemos que pagar. _____

7. Por favor, pasen estos papeles <u>a los miembros de su grupo.</u> _____

_____ 8. Explique todo esto <u>a los huéspedes.</u> _____

_____

D. En español, por favor

1. Give *them* a suite. _____ Give *us* a nice room, too. -- And

the bill? Who is going to pay it? _____

2. I want to ask you (Uds.) a big favor. _____

Ask Amy if she's going with us, and tell her that we miss (*extrañar*) her.

_____

58

#7. *Gustar* and "family"

A. Cambie según las indicaciones, y después conteste:

1. A mí me gusta una piscina. A mi novio _____ más la playa. . . Y a ti, amigo/amiga, ¿cuál te gusta más? ¿Te gusta la arena? _____

2. Nos fascina ver lugares nuevos. Sobre todo, _____ las antiguas ruinas mexicanas. . . ¿A Ud. le interesa visitar sitios arqueológicos? _____ ¿Les interesan esas cosas a sus amigos? _____

3. Me encanta la comida mexicana. A mis hermanos _____ también. Pero a mi madre no _____ gusta nada picante. . . . ¿Qué les gusta más a Uds., la comida picante o la comida muy suave _____ _____ ¿Y a ti, personalmente? _____

_____ 4. A nosotros nos quedan seis semanas de vacaciones. ¿Cuánto tiempo _____ a Uds.? -- Nos _____ menos de un mes. . . Y a Uds., realmente, ¿cuánto tiempo les queda de clases hasta las vacaciones?

_____

¿Cuántos meses les faltan para la Navidad? _____

_____ 5. A mi novio le falta sólo un año para completar su curso universitario. A mí _____ casi tres. ¿Cuántos años le faltan a Ud.? _____ ¿Cuántos años de estudio le faltan para poder iniciar su carrera? _____

_____

59

III. Composición creativa

A. El Hotel Paraíso

Ud. es una de las personas más "ricas y famosas" del mundo. Claro está, cuando viaja, siempre escoge los hoteles más lujosos. Descríbanos cómo es su hotel favorito, con todos los detalles posibles:

- ¿Dónde está situado (¿en una playa junto al mar? ¿en una isla remota del Pacífico? ¿entre altas montañas, con facilidades de esquí? ¿en la Costa Brava española? ¿en la Costa Azul (o "Riviera") francesa? ¿en una ciudad cosmopolita o exótica? ¿en ... ?

- ¿Qué tipo de alojamiento pide Ud.? (¿una suite con ... y ... ? ¿qué más pide?)

- ¿Qué facilidades tiene el hotel? (¿facilidades deportivas? ¿facilidades de recreo? ¿teatro? ¿casino de juego (*gambling*)? ¿ ... ?

- ¿Qué otra gente "rica y famosa" va a estar allí con Ud.? ... Ahhhhh.

B. Diario de una estancia

En un plano más realista: Imagine Ud. que está de vacaciones en el Hotel ... o en el Mesón... o en el Parador ... (*Ud. lo sabe más que nosotros*). Es el cuarto día de su estancia allí. Ya conoce a algunos de los otros huéspedes, se siente del todo familiarizado con el lugar y está disfrutando de sus facilidades. Y cuando llega la noche, antes de acostarse, Ud. escribe en su diario todos los eventos del día.

Primer día:

A qué hora llegó y con quién (o quiénes). Sus primeras impresiones del lugar. Si la habitación estaba lista, y si le gustó. (¿Quiere describirla?) Dónde comió aquella tarde o noche y a qué hora. Qué hizo después de la comida. Y, ¡a dormir!

Segundo día:

A qué hora se levantó. Las cosas que hizo y que vio. Las personas que conoció. Los lugares nuevos que visitó.

Tercer día:

Las facilidades que usó. Los restaurantes donde comió. Las cosas que compró. Las cosas que le gustan más (y menos) en este lugar. Los planes que tiene para mañana. Adónde va a ir después.

LECCION TRES: ¿Qué hay de comer?

Experiencias auditivas

I. ¿Qué quiere de desayuno?

P.: ¿ . . . ? *Me siento* _____ ¿ . . ? *Sí, (No, no) me acosté* _____

¿ . . . se despertó. . .? _____ Pues dígame, ¿qué . . . ?

Son las _____ Pero . . . no puede ser. Ahh, ya . . . Se le olvidó (*You*

forgot to) . . . Aquí son las . . . ¡Y tengo un hambre . . .! ¿ . . . ? _____

_____ ¿Qué dice? ¿Pedimos . . . ? _____

G.: No se olviden (*Don't forget*) . . .

P.: (. . .) Cómo no. Pedimos para todos. Mira, aquí tenemos. . . A ver: " . . . " Léalo con

. . .

Desayuno Número Uno	6.100 pesos	(Eso es menos de ...)

Jugos frescos de naranja o toronja
Pan dulce (2)
Mantequilla y mermelada
Café, té o leche

(No está ... - - Si uno ...)

Desayuno Número Dos	10.800	

Jugos frescos.
Una orden de melón o piña
Pan dulce con mantequilla y mermelada
Huevos a la mexicana o huevos rancheros
Café, té, leche o chocolate caliente

(Creo que éstos ...)
(¿ ... ? _____)

Desayuno Número Tres
A escoger:
Jugos frescos de naranja o toronja
Jugos enlatados (canned) de tomate o piña
Platos de tres frutas -- melón papaya,
plátano o sandía o piña

A escoger:

Con huevo al gusto o tortilla española	10.800	
Con bisté de desayuno o puntas de filete	12.700	(. . .)

Se incluye: pan tostado, cuernitos (rolls),
bizcochos (biscuits), mantequilla y
mermelada, café, té, leche o chocolate

G.: Ahora, ¿ . . . ? ¿Cuál . . . ? _____

P.: Entonces, para comenzar, ¿desea jugo o . . . ? _____

_____ ¿ . . . clase (*kind*)? _____

G.: . . . la sandía.

P.: Dígame, ¿ . . . ? _____

G.: Por lo general, ¿cómo . . . ? ¿Cocidos, . . . , revueltos (*scrambled*) o escalfados

(*poached*)? _____ (. . .)

P.: Ahora, ¿qué clase de . . . ? _____ ¿ . . . de beber?

_____ Y tú, Gonzalo, ¿ya sabes . . .? (. . .)
Entonces, estamos listos . . .   ¿Me haces el favor de llamar . . .?

G.: Cómo no. (*Al teléfono*) ¿Servicio de cuartos? (. . .) Tres desayunos . . .

P.: Esto va a demorar un poco (*take some time*), . . .

G.: (*desde el teléfono*) Patricia, dicen que . . .

P. ¿No se lo dije, . . .?   Oiga, mientras tanto (*in the meantime*), ¿le apetece . . . -- "el cereal que habla"? Mire. Aquí tiene la caja (*box*).

¿Ud. conoce . . .?_____

_____ ¿ . . . ? _____

G.: Yo . . . Copos (*Flakes*) de Maíz. Pero creo creo . . .

P.: Pues a ver qué ingredientes . . . Escuche bien . . . Éstos son . . .:

arroz// azúcar// . . . // malta// vitamina . . . // hierro (*iron*) // y . . . , de tres clases.//

Entonces, . . . : ¿ . . . ? _____// _____

_____// ¿Y qué condimentos se usan

. . . sabor (*flavor*)? _____ //

G.: . . . No me acuerdo... _____ //

P.: Pues, ¿ . . . mineral . . .? _____ //

¿ . . . ? _____// . . .

P.: ¡Y ya! (*That's it!*) Así que, ¿ . . . ? _____ (*Suena el timbre de la puerta.*)   Ah, por fin, traen . .   Abrele la puerta, . . . , ¿quieres?

G.: Allá voy. (*Be right there!*)

P. Bueno, más tarde . . .   Por el momento, ¿le importa (*do you mind*), . . .?, vamos a . . .

El camarero entra y el desayuno comienza.   " . . . servidos. (. . .) "   "Bueno, de quién es . . . ? -- Es mío. Pero te lo doy. . ."   " Ahora, quién pidió . . .?)

II. ¿Almuerzo ligero o comida fuerte?

P.: ¡ . . . ! ¡Cómo pasan . . . ! Parece que acabamos de . . . , y ya estamos pensando en . . .

G.: Más aún, en la comida de la tarde. . . .

P.: No sé si voy a poder. ¿ . . . ? ¿Le apetece . . . o . . . ligero? _____

G.: Sea lo que sea (*Either way*), esta vez . . . afuera.

P.: De acuerdo. Pues oigan, cerca de aquí hay . . . , donde se encuentra legítima . . .
Se dice que es de primera (*first rate*).

G.: Y al lado (*next to it*) . . .   A ver, ¿cuál . . . ? ¿ . . . o la "lonchería"? _____
_____

P.: Pues, ¿le provoca (*do you feel like*) . . . , o pescado? _____
_____ ¿Quiere . . ? _____

G.: Mire. Si no está de humor (*if you're not in the mood*) . . . , ¿qué le parece una . . . ?
_____ ¿O una . . ? _____
¿O . . . -- de huevos con papa? _____

P.: ¡Ay, . . . engorda (*is fattening*)! ¿Le interesa tal vez . . . de atún (*tuna fish*),
con . . . ? _____ ¿O un sándwich . . . y queso
(*cheese*) _____ ¿ . . . ? _____
_____ ¿ . . . pavo (*turkey*)? _____

G.: Esperen. Se me ocurre otra idea. ¿Por qué no vamos a ambos . . . ? Vemos lo que
tienen en la vitrina (*showcase*), y después nos decidimos. ¿ . . . ? ¿ . . . ?
_____ (. . .)

(*Salimos para la calle.*)

63

Camarero: Entonces, . . . los dejo. En seguida . . .

P.: (. . .)   Dígame, ¿Ud. ya sabe . . . ? _____ ¿ . . . ?
G.: No. Estoy mirando la lista (*menu*). Hay . . .
P.: Pues . . .   debemos ver lo que . . .   clientes.   Por ejemplo, ¿ . . . en la próxima mesa?

(. . .)

¿Qué están diciendo?

1. -- Señor camarero, yo le pedí . . . y Ud. me trajo . . .
   -- Mil perdones, . . .   Se lo . . .

¿Qué problema . . .? (*Circle the correct answer* .)

   a. *She asked for a table up front but they put her in the middle.*
   b. *She ordered pasta and they gave her corn.*
   c. *She wanted fried chicken and the waiter brought her meat.*

¿Y qué va a hacer. . .?   a. *He'll change the dish for her.*
                                     b. *He'll deduct it from her bill.*
                                     c. *He'll change her table for her.*

G.: ¡ . . . ! Parece que . . . también se queja de algo.

2. --Mesero, . . . No se puede . . . Está muy . . .
   -- Lo siento, . . . Se lo comunico . . .

¿De qué se queja . . .?

   a. *His soup is inedible. It's too salty.*
   b. *He found a "foreign object" in his food.*
   c. *He can't eat his soup with a dirty spoon.*

¿ . . .?   a. *He'll bring him another bowl.*
                                     b. *He'll bring him another utensil.*
                                     c. *He'll report it to the chef.*

G.: (. . .) La joven detrás de nosotros . . .

3. -- . . ., ¿me trae Ud. unas servilletas?   . . . se derramó (*spilled*) sobre el . . .
   -- No se preocupe, . . . En seguida la . . .

¿Qué le pasó . . .?

   a. *The waiter spilled a drink down her dress.*
   b. *She spilled the wine on the tablecloth.*
   c. *Someone spilled her coffee on the floor.*

¿Y cómo . . . ?   a. *He'll get her another bottle of wine.*
                                     b. *He'll bring her a some paper towels.*
                                     c. *He'll move her to a different table.*

G.:   Bueno, aquí viene . . .

Camarero: (. . .)   ¿ . . . para ordenar?

P.:   Casi. Pero diga Ud., ¿ . . . las costillas de cordero?

Camarero: Se las recomiendo . . .

P.:   Entonces, se las pido bien asadas (*well done*). Ahora, ¿ . . . ? ¿ . . . ? _____

_____ Pues, ¿cómo . . . por lo general?   ¿Bien . . . , a término

medio, a punto, o poco . . . ? _____

Camarero: (. . .)

G.:   Tal vez el escalope de ternera (*veal cutlet*). ¿Cómo se . . . ?

Camarero: Frito, . . . , o a la parrilla. Al gusto suyo. Y se sirve con un surtido (*variety*)
de . . .   Ahora bien, . . .

IV. Vienen invitados a cenar

G.: Ahh. El restorán resultó (*turned out*) . . .

P.: Pero comí . . .   No me puedo levantar . . .   ¿ . . . ? ¿Vamos a . . . ? _____

_____

G.: (. . .) Caminemos -- hasta el mercado más cercano (*nearest*).

P.: ¿ . . . ? Por favor, . . . , no quiero pensar . . .

G.: Pero tenemos que . . .   ¿No te acuerdas? Esta noche vienen . . .

P.: ¡Ay, por poco me olvido (*I almost forgot*)!

G.: Y prometimos hacerles una cena . . .

P.: (. . .) Sólo hace falta decidir . . .

G.: No va a ser tan fácil porque Ofelia . . . a dieta. (¿ . . . ?) ¡Siempre! Y Ramón, al
contrario, . . . subir de peso (*gain weight*). Ahora bien, Edgar es . . .   Y Luisa es
alérgica al . . .   y a la grasa.

P.: ¡ . . . ! Entonces, dígame . . . ¿qué les podemos servir? Recuerde: Ofelia quiere
bajar . . .   Ramón . . .   Edgar es . . .   Luisa no come . . .

G.: Éstos son los platos . . .   Indique quién come cada plato.

	Ofelia (a dieta)	Ramón (quiere subir)	Edgar (vegetariano)	Luisa (ni pescado ni grasa)
1. pechuga (*breast*) de . . .	√	√		√
2. salmón . . .				
3. (. . .)				
4. (. . .)				
5. macarrones . . .				
6. (. . .)				
7. coctel . . .				

P.: Ahora, ¿ . . . todos? _____//

G. Pero . . .

P.: (. . .) Entonces hacemos . . . especiales. ¿ . . . ? Si preparamos . . . , ¿a quién se las

damos? _____// Entonces, . . . ¿A quién se la . . . ?

_____// ¿Los . . . ? ¿ . . . se los ofrecemos?

_____ // ¿Y . . . ? ¿ . . . se lo servimos?

_____ // Seguramente.

P.: Ahora, . . . Ud. va a escoger el postre. ¿ . . . ? _____

_____ Bien, se lo voy a . . .

G.: Entonces, ¿ . . . ?

P.: Sí, vámonos, ¡andando (*fast*)! Hoy se cierra . . .

G.: Oiga, si Ud. quiere . . . Pero si tiene otra cosa que hacer (*to do*), . . .

¿ . . . o se queda ? *Me* _____

P. En todo caso, nos vemos . . . ¡Y no se olvide! (. . .)

G.: Vale. (*OK.*)

I. Comida en un paquete

Sopa de champiñones

PREPARACION: Mezcle el contenido del estuche en un litro de agua fría, removiendo constantemente con su batidora de mano a fuego lento hasta que hierva. Tiempo de cocción: 5 a 10 minutos,
removiendo lentamente para que no se formen grumos.

INGREDIENTES: Harina de arroz, fécula de maíz, sal yodatada, champiñones, glutamato monosódico,
grasa vegetal, leche descremada, grasa de res, extracto de levadura, especias y extracto de cebolla.

ANALISIS APROXIMADO de un plato de sopa: carbohidratos 9.6 g. , proteínas 1.9 g., grasas 1.7 g.,
calorías 61

Detective de palabras

Imagine Ud. que acaba de comprar este paquete de sopa deshidratada en un
supermercado mexicano. Dado el contexto, ¿entiende Ud. las siguientes palabras?

un estuche –– evidentemente una cosa que contiene el producto. Tenemos que sacar la sopa de su

estuche antes de mezclarla con agua. ¿Qué es? _____

remover –– Se remueve la sopa lentamente con una batidora de mano. ¿Qué hacemos cuando

"batimos" algo? _____ ¿Y si lo hacemos lentamente? _____

grumos : Está claro que no queremos tener "grumos" en nuestra sopa. Según esto, ¿son cosas

que contribuyen o quitan al sabor de la sopa? _____ Si tenemos que

remover la sopa constantemente para que no se formen, ¿qué cree Ud. que son ? _____

hervir : Si preparamos una sopa "a fuego lento", ¿va a ser una sopa caliente o fría? _____

Entonces, si el tiempo de "cocción" es cinco a diez minutos, ¿en cuánto tiempo va a

hervir? _____ A propósito, ¿a cuántos grados Fahrenheit hierve el

agua? _____ ¿Y a cuántos centígrados? _____

Ahora, ¿sabe Ud. cómo preparar esta sopa? Pues díganos algo sobre su valor nutritivo. . .

Flan Real

Forma de preparación

1. Vacíe el contenido de este paquete en un recipiente seco, y con ayuda de una cuchara deshaga los posibles grumos. Añada 1/2 litro de leche (2 tazas) y mezcle hasta que se disuelva.

Si algo está vacío, ¿qué hay adentro? _____

Si "añadimos", ponemos o quitamos algo? _____
_____

2. Cocine a fuego lento hasta que hierva, removiendo continuamente para evitar que se pegue al recipiente.

¿Por qué removemos el líquido? _____

Si el flan se pega al recipiente, es fácil o difícil de quitar? _____

3. Vierta inmediatamente en moldes pequeños o en uno grande previamente bañado con el Caramelo Líquido Real.

¿Qué hacemos cuando "vertimos" algo en un molde? _____

II. En la propia cocina

Ahora, ¿quiere Ud. hacer su propio flan fresco? Pues aquí tiene una receta fácil:

Flan

dos tazas de leche
2 huevos
1/4 taza (un cuarto de una taza) de azúcar
1 cucharadita de vainilla

Caliente la leche a fuego lento por 3 minutos. Bata los huevos. Añada el azúcar, y mezcle bien. Añada la leche poco a poco, batiendo constantemente. Añada la vainilla.

Vierta en un molde de hornear engrasado, y colóquelo dentro de otro molde con agua caliente. Hornee a fuego moderado hasta que el flan esté firme, de 30 a 40 minutos.

¿Ha comprendido? Pues conteste:

1. ¿Cuál es más grande, una "cucharada" o una "cucharadita"? _____
   ¿Con qué utensilios se relacionan? _____
2. ¿Qué podemos usar para "engrasar" el molde? _____
3. Si "colocamos" algo dentro de otra cosa, ¿qué sinónimo hay para el verbo "colocar"?
   _____
4. Finalmente, si "horneamos" algo ¿en qué parte de la estufa se coloca? _____
   _____ ... ¡Ya! ¡A cocinar!

69

III. "Usted es lo que come"

Corazón sano. . . si se comienza temprano
Diez pasos para la buena salud

- En vez de leche completa, usar la leche desnatada
- Quitarles a las carnes grasientas la grasa excesiva
- Reducir la cantidad de carne de res y huevos que se consumen
- En vez de freír las carnes, asarlas o cocinarlas a la parrilla
- No usar tantas salsas; comer menos mantequilla
- Aderezar las ensaladas con jugo de limón en vez de otros aderezos
- Comer más frutas y verduras frescas
- Fijarse en las etiquetas de productos enlatados o congelados para determinar su contenido de grasas
- Comer menos embutidos (salchichas, etc.) o fiambres ricos en grasas
- Aconsejar a los hijos en la selección de comidas y golosinas, prefiriendo las que contengan menos grasas y menos calorías. Darles leche descremada en vez de batidos de leche o malteadas. Ofrecerles zanahorias u otras verduras ya cortadas en trocitos convenientes, y guardarlas en bolsas de plástico en la nevera.

Adivine por el contexto, y conteste:

1. ¿Cuál tiene más calorías -- la leche completa o la desnatada (descremada)? _____

2. ¿Qué es un "aderezo" para la ensalada? _____
   ¿Cuál es su aderezo favorito (o su "salsa favorita")? _____

3. ¿Qué palabras arriba corresponden a las siguientes en inglés?: "deli" _____ _____ ; "snacks" _____ ; canned foods _____ ; milk shakes _____ ; little chunks or pieces _____

Ahora díganos: ¿Cuáles de estos consejos sigue Ud. en su rutina diaria?

_____
_____
_____

70

Aplicaciones

I. Amplíe su vocabulario

A. ¿Cómo se dice?

1. *to become*

- llegar a ser   *to become* (something -- usually after much time or effort): Por fin, llegó a ser jefe de la firma, ¡y poco después, renunció!

- hacerse (me hago)   *to become* (a member of a profession or trade); *to become rich:* Primero se hizo profesora, y después, novelista. Pero nunca se hizo rica.

- ponerse (me pongo) + an adjective   *to become , "get" (adopt, assume, take on a certain appearance or condition):* Si te pones nerviosa, te pondrás enferma.

    A reflexive verb often conveys the same meaning as "ponerse":
    La situación se puso complicada. --> Se complicó la situación.
    ¿Por qué se pone tan enojado? --> ¿Por qué se enoja tanto?

- ser de   *to become of* (someone or something): ¿Qué va a ser de mí? --No se preocupe.

2. *to feel*

- sentir (siento)   *to feel* (something); *to feel (to sense, to believe) that* . . . : ¿No le sientes compasión? --Ninguna. Siento algo raro en él, que va a hacernos mal.

    "Sentir" also means *to feel sorry* : Perdóneme. Lo siento mucho.

- sentirse (me siento)   *to feel* (in a certain state or condition): ¿Cómo te sientes ahora? --Mucho mejor.; Se siente obligado a ayudarnos. --¿Por qué?

Palabras en uso

1. Cada una de las frases siguientes expresa en español el verbo *to become* . Use estas formas para completarlas:

_____

ponerte • cansarte • se puso • se hicieron • se van a enojar • ha sido • llegará a ser

_____

a. El pobre me vio y _____ pálido.   b. Si les dices eso, _____

_____ contigo.   c. ¿Qué _____ de ellos? Hace años que

no los veo.   d. De la noche a la mañana _____ millonarios. --¡Qué

suerte!   e. Algún día esa joven _____ famosa. -- Sí. Es muy

71

talentosa.   f. Si no duermes más, vas a _____ . Vas a _____
enferma. --No te preocupes.

2. Esta vez, complete usando *sentir* o *sentirse* en el tiempo presente:

a. _____ honrada de estar con Uds.   b. ¿Cómo _____

tu mamá? -- Mejor, pero de noche _____ muy cansada.   c. (Yo)

_____ una presencia extraña en este cuarto. ¡Ayyyy!   d. (Nosotros)

_____ algo raro en su tono de voz.   e. A veces, ¿(tú) _____

perdida en esa clase? -- De vez en cuando.   f. Su perro me despertó a las seis esta

mañana. -- ¡Ay, lo _____!

B. Juegos lingüísticos

1. ¿Conoce Ud. por lo menos una palabra relacionada con cada una de éstas? Por
ejemplo:

helados *hielo , helar*____ ; carnívoro _____; mariscos _____

_____ ; apetecer _____; verduras _____; fuerza _____

refrescarse _____ ; pechuga _____; salado _____

2. ¿Con qué horas y lugares asocia Ud. estas acciones? (¡No se permite usar la
misma asociación dos veces!)

despertarse _____ acostarse _____

_____ almorzar _____

desayunar _____ cenar _____

_____ vestirse _____

bañarse _____ trabajar _____

3. ¿Con qué lugares se asocian estas personas?

un mesero (una mesera) _____ una ama de llaves _____ un

cocinero (una   cocinera) _____ un portero _____ un

camarero _____ un aduanero _____ un maletero

_____ una azafata _____ un(a) conserje _____

72

II. Ejercicios suplementarios

#8. <u>More about the reflexives</u>

A. Cronologías
¿En qué orden hacemos estas cosas? Diga siempre cuál se hace primero:

1. ¿Nos bañamos o nos vestimos? _____   2. ¿Me peino o

me lavo el pelo? *Ud. se* _____   3. ¿Me despierto o me

duermo? *Te* _____ 4. ¿Te sientas o te levantas? *Me* _____

5. ¿Ud. se pone los calcetines o los zapatos? _____

6. ¿Os vais o volvéis? *Nos* _____ 7. Uds. se divorcian o se casan? ____

_____ 8. ¿Se muere o se nace? _____

B. Complete usando los verbos siguientes en la persona indicada:
----
atreverse • divertirse • irse • quedarse • negarse •
alegrarse • olvidarse • quejarse
----

1. Nos encantan estas fiestas. Siempre _____ con Uds. --

¡Qué bien! (Yo) _____   2. Ya son las once. ¿Ud. quiere

_____ aquí esta noche? -- No. _____ en seguida. 3. ¿No

vas a _____ de mi cumpleaños? -- ¡Jamás! Yo no _____ de nada.

¿Cuándo es?   4. ¿Por qué (tú) _____ tanto? Nunca estás contento.

5. Debes hablar con el jefe -- No _____ Le tengo miedo.

6. ¿El cocinero _____ a preparar ese plato? -- Sí, porque le faltan varios

ingredientes.

#9. <u>The impersonal **se**</u>

¿Verdad o falso? (Si dice "Falso", explique por qué.)

1. Se toma el postre al principio de la comida. _____

2. La tortilla española se prepara con huevos y tomates. _____

_____

3. En los países hispánicos, se acostumbra tomar vino con las comidas. _____

73

4. El vino blanco se sirve más con el pescado, y el tinto (o "rojo") con la carne.

_____

5. Se cree que las verduras producen mucho colesterol. _____

_____

6. En el mundo hispánico, se pasa el tenedor de una mano a otro cuando se come

en público. _____

#10. <u>The reciprocal reflexive:"to each other"</u>

¿Es Ud. lógico (lógica)?   Pues lea y después conteste:

1. --¿Fernando y yo? Nos vemos cinco días a la semana, de nueve y media a seis,
¡y ni un minuto más! ¡Gracias a Dios!

a. ¿Son compañeros de trabajo o miembros de la misma familia Fernando y esta

persona?_____ b. ¿Se quieren mucho o

muy poco? _____ c. ¿Se ven en su tiempo libre?

_____ d. ¿Se llaman mucho por teléfono?

_____

2. --Nos conocimos el 30 de junio, nos enamoramos y nos casamos la semana
        siguiente.
   --¿Y no les pareció un poco rápida esa decisión?
   --¡Qué va! Nos quedan los próximos cincuenta años para conocernos mejor.

a. ¿Se conocían por mucho tiempo antes de casarse? _____

_____ b. ¿Parece que se entiende bien esta pareja (_couple_)?

_____ c. ¿Se tratan bien o mal estos esposos?_____

_____ d. A propósito, ¿en qué mes se casaron? _____

_____

#11. <u>Using two object pronouns together</u>

A. Responda, usando siempre un pronombre en lugar de las palabras indicadas.

Por ejemplo: ¿Me enseñas a _cocinar_? -- Sí, _te lo_ enseño.
                   ¿Nos preparas _la comida_ ? -- Por supuesto, _os la_ preparo.

A propósito, vamos a hablarnos aquí en las formas familiares.

1. ¿Me lavas *las verduras*? -- Si quieres, _____ lavo.

2. ¿Me pasas *la lista de comidas*? -- ¡Cómo no! En seguida _____

3. ¿Me traes *un litro de leche*? -- Claro, si lo necesitas, _____

4. ¿Nos preparas *un plato de dieta*? -- Si puedo, ___os_____

5. ¿Nos haces *una ensalada*? -- Con mucho gusto _____

6. ¿Van a daros *la receta*? -- No. No quieren _____ (a nosotros).

B. Banco de verbos
----
mostrar • dar • ofrecer • cocinar • explicar • servir • mandar
----

Use estos verbos y "se lo, se la, etc." para completar los diálogos. Por ejemplo:

Me encanta su pastel de manzana. -- Muy bien. *Se lo sirvo (doy, mando)* hoy.

1. ¿Me permite ver las tortas que hizo? -- Cómo no. _____

en seguida.   2. ¿Nos da permiso para estar ausentes mañana? -- No. No _____

_____   3. No entiendo cómo funciona este horno. -- Pues yo _____

_____ 4. Los niños quieren helados. -- Muy bien. Si comen el

almuerzo, yo _____   5. Ud. prepara una sopa magnífica de

champiñones. -- Gracias. Si Uds. quieren, _____ esta noche.

6. Les debo mil gracias. -- Al contrario. Nosotros _____ a Ud.

III. Composición creativa

A. Menú especial

   Ud. va a tener tres invitados por un día entero esta semana. ¿Quiénes son? Su amiga Mónica con su novio Roberto, y su prima Charo. Todos están en buena salud, pero por diversas razones, cada uno tiene que seguir un régimen especial.

Mónica quiere bajar 5 kilos de peso. . . Roberto está preocupado por el nivel de colesterol en su sangre. . . Y Charo tiene que evitar los condimentos fuertes.

Piense primero en las distintas categorías de comida que están a su disposición, y apunte en cada una el número indicado de cosmestibles:

carnes: (5) _____

   ¿Cuáles se consideran "rojas"? _____

   ¿Cuáles tienen menos calorías? _____

pescados y mariscos: (3) _____

vegetales: (7) _____

grasas: (3)_____

harinas (*starches*): (4) _____

frutas y jugos: (6) _____

bebidas :(4) _____

condimentos: (4) _____

Decida Ud. si va a servir un almuerzo ligero o una comida grande al mediodía. . . si va a preparar un solo plato para todos, o platos distintos para cada invitado . . . si va a ofrecer vino u otras bebidas con la comida. . .

Calcule también el coste aproximado de cada comida. (Tal vez si ofrece algo muy costoso para la comida de la tarde, debe economizar en el desayuno o la cena.). . . Calcule el tiempo que le van a tomar los preparativos. . . Decida a qué horas va a servir las diferentes comidas. . . Y ahora planee Ud. su menú. ¡Por escrito, claro está!

Desayuno   Coste _____

  (¿Va a incluir cereal? ¿huevos? ¿waffles? ¿panqueques? ¿tocino? ¿quesos?)

Almuerzo   (¿al estilo "americano" o hispano?)   Coste _____

La comida grande (¿por la tarde o en la noche?) Coste _____

  (¿Va a servir dos platos principales, al estilo hispano, o solamente uno? ¿Va a servir cosas fritas, asadas o a la parrilla?)

La cena (¿platos calientes o fríos?)   Coste _____

B. ¡Banquete!

Imagine Ud. que tiene la oportunidad de escoger cualquier comida de lujo -- gratis --, con todos los platos que le gusten, ¡y con facultades digestivas para comerlos todos a la vez!

Descríbanos su comida perfecta, con todos los detalles posibles. "*De aperitivo tomo . . . Para el primer plato deseo . . . Para el segundo plato quiero . . (¿Y para el tercero? ¿y el cuarto?) De bebida, . . . De postre . . .*" Ahhh.

LECCION CUATRO: *En caso de emergencia*

Experiencias auditivas

I. ¡Socorro!

Radio de la policía: Avisan accidente en la esquina de la Avenida Independencia con la calle Morelos. Carro . . . prosiga (*proceed*) a . . .
Policía (*desde el carro*): ¡Esos somos . . . !

(Camiones de bomberos.)

Noticiaria (*Newscaster*): Y ahora, los titulares (*headlines*) . . . San Juan. Un . . . destrozó anoche . . . , el primer hotel de lujo . . .

Toni: ¿Lo oyó, . . .? _____
Marina : . . . , ¿ni saludas siquiera (*don't you even say "hello"*)?

T.: (. . .) ¿ . . . ? _____ Yo . . . las noticias. ¿ . . . ?

_____

M.: (. . .) No hay más que horrores, . . .
T.: Pero ésa es la realidad, . . . Mira, la vida tiene. . . Pero también hay. . . por todas partes.

M.: (. . .)
T.: Y tenemos que . . .

M.: Mejor dicho (*you mean*), . . .
T.: (. . .)

Comprensión , y algo más

Observe la lista siguiente, . . .

**una explosión de gas // un secuestro // un accidente de automóviles //
un incendio // un temblor de tierra // un huracán**

Escuche. . . , y díganos siempre qué pasó. (Afortunadamente, ¡no todas estas cosas ocurrieron!)

1. (*Diferentes voces*) "¿Ya pidieron . . .?" "Sucedió hace . . ." "¿Quién era. . .?"
"Venían . . . , como dos locos." "¡ . . . !" "Por favor, cálmense. . ."

¿Qué hubo? _____

Pues, según los testigos (*witnesses*), ¿ . . . ? _____

_____ //

2. -- . . . comenzó en un cuarto desocupado . . . , y se extendió . . .
   Afortunadamente, . . . asistían a un banquete . . . y pudieron escapar."

¿Qué sucedió? _____

¿Qué clase . . . ? _____ //

3. --Yo estaba dormida cuando . . .   me despertó y dijo: ". . . huele a (*smells of*) . . ."   Pues en seguida . . . , y salimos a la calle. Y si no, ¡ . . . !   Porque en ese momento, ¡ . . . ! No quedó . . .

¿Qué hubo? _____

¿Ocurrió eso alguna vez . . . ? _____

4. "Cientos de . . . fueron destruidas por vientos que alcanzaron . . .
   Durante la noche, . . .   buscaron refugio en campamentos de la Cruz Roja."

¿Qué hubo . . . ? _____

¿Cómo supo . . . ? _____ //

M.: En fin, . . . , ¿tenemos que . . . ? Ya te dije que no resisto (*I can't stand*) . . . tan negativas.

T.: Entonces, ¿qué te parece . . .   algo positivo?

(. . .)

II. Primeros auxilios (*First aid*)

M.: No me parece mal. ¿ . . . ? _____

T.: Recuerde: la vida que salve puede ser . . .

M. (. . .)

T.: Por ejemplo, dígame: ¿ . . . la naturaleza (*nature*)? _____

_____ ¿ . . . campo? _____

_____ ¿ . . . ? _____

Pues aquí . . .   que le puede resultar útil (*come in handy*). Repita :

Para picaduras de insectos

Para picaduras de hormigas (*ants*) y . . . //, lave con . . . las partes afectadas.// Aplique una pasta// hecha de . . . de sodio // y . . .// O emplee loción de . . . // En caso de hinchazón (*swelling*).// cubra la picadura con un paño (*cloth*)// humedecido en . . .

M.: ¿. . .? Pues escuche, y después indique cuáles de estas conclusiones son correctas: (*Check the correct answers. There are more than one.*)

¿Cómo se trata (*treat*) . . .? :
- ☐ *Use mercurochrome or iodine.*
- ☐ *Wash with soap and water.*
- ☐ *Apply bicarbonate of soda or calamine lotion.*
- ☐ *For swelling, apply a hot compress.*

M.: Ahora, ¿ . . . si nos pica un insecto venenoso (*poisonous*). Mire. . .

1. Viuda negra

2. Alacrán (Scorpion)

3. Tarántula

4. Araña reclusa

A propósito, ¿existen . . .? _____

_____ ¿Sufrió . . .? _____

_____ En fin, esto es. . .

Mantenga a la persona acostada,// quieta . // y bien abrigada.// Aplique . . . en abundancia // alrededor de la zona herida// para retardar la difusión del veneno.// . . .// . . . de inmediato . . .// . . .

¿Qué hacemos por la víctima. . .?
- ☐ *Bundle him up and make him lie still.*
- ☐ *Apply artificial respiration.*
- ☐ *Apply ice to keep the poison from spreading.*
- ☐ *Get him home at once.*

M.: Ahora bien, imagine Ud. que fue a la . . .   Hizo muchísimo sol y . . .   Y de repente, . . . se puso muy enfermo. ¿Qué debió . . . ?

T.: Esta vez, no repita. Sólo. . .

Para la insolación (*sunstroke*)

- Déle a la víctima . . . .   con media cucharadita (*teaspoon*) de . . . También es bueno . . . .   Pero no le dé . . .

- Coloque al enfermo en un lugar sombreado (*shady*) y échele . . . en grandes cantidades.   O envuélvale (*wrap*). . . en . . . húmedas y . . .

- Llame . . . o lleve . . .

¿Cómo ayudamos . . . ?:   ☐ *Move the person to a shady place.*
                                ☐ *Give him lots of salty water or citrus juice to drink.*
                                ☐ *Give him lots of cold beer.*
                                ☐ *Wrap him in wet, cold towels or sheets.*

M.: Y naturalmente, . . .

T.: (. . .) Es importante saber . . .   _____

M.: Pero basta (*enough*) por ahora. ¿Por qué no pensamos en . . . ? El día . . . ¿No podemos . . .   rato (*little while*)?

T.: (. . .) ¿Qué . . . ? ¿Quiere . . . ?_____ (. . .)

(*En el parque*)

M.: ¡Qué delicia! . . .

T.: Tienes razón. Y el parque . . .

M.: A propósito, . . . ¿no estuvo Ud. aquí hace unos días . . . ? _____

_____   ¿Ya ve? Yo estaba seguro de que era . . .

T.: ¡ . . . !   ¿Uds. vieron lo que . . . ?

M.: ¿ . . . ?

T.: Pero si pasó delante de . . . , hace un momentito. Miren. . .

III. ¡Ratero! (*Thief!*)

T.: Dígame, ¿Ud. vio a . . . enamorados (*lovers*)? _____

Pues, ¿ . . . haciendo? _____ // Ahora, ¿vio al tipo

(*guy*) que se acercó . . . ? _____ // Pues, ¿qué

hizo . . .? _____//

M.: Y se fue corriendo.

T.: Pues yo . . . a la Comisaría. Mientras tanto, . . . , fíjese bien porque tenemos que

describirlo . . . Primero, ¿ . . . o de edad mediana . . . ? _____

_____ ¿Era . . . de estatura normal? _____ //

M.: ¿ . . . ? _____ // ¿ . . . el pelo? _____ //

¿ . . . vestido? _____ ¿Y de qué . . . ? _____

_____

T.: Miren. Yo creo que debemos ir juntos . . . y contarles lo que vimos. ¿ . . . ? _____

M.: Es nuestra . . . Lástima, ¿eh? El día . . .

(. . .)

IV. En la comisaría de policía

T.: ¡Ya! Vinimos. . . *(A un agente de policía)* Señor, queremos denunciar (*report*) . . .

Agente: (*llamando*) Teniente (*Lieutenant*). Esta gente. . .

Teniente: (. . .) ¿Uds. vienen . . . ?

M.: Porque vimos . . .

Teniente: Pues yo soy ... del cuartel (*precinct*) 9 ...   Y la ciudad es mi ronda (*beat*). (*Música*.) Atracos, asaltos, homicidos, ése es ...   Y yo quiero pensar que por mis esfuerzos (*efforts*) ...

Sargento: ¡Teniente! Nos esperan ... la fila de los presos (*lineup*).

Teniente: (...) Allá voy. Señores, ¿ ... ?

T.: (...)

Teniente: ¡Ya! A ver cómo anda la fiesta (*things are going*) ...   Sargento, ¿ ... los testigos?

Sargento: (...)

Teniente: (...) Dígame, señora, ¿Ud. reconoce a alguien ... ?

Testigo primera: (...) El tercero a la izquierda.   Lo vi corriendo ...   Y poco después, vi humo ...

Teniente: ¿ ... a nadie más (*no one else*)?

Testigo 1: (...) Él era la única persona ...   Y no había ... adentro, ...

Teniente: (...) La persona a quien Ud. acaba de identificar es el notorio Fósforo

Llamas. Ahora dime tú, joven, ¿de qué crimen ... ? _____

_____ // ¿Y cómo supo ... que el delincuente ... ? _____

_____//

Sargento: Esta vez lo prendimos con las manos en la masa (*red-handed*).

Teniente: Bien hecho, ... Ahora, ¿ ... ?

Testigo 2 : (...)

Teniente: (...) Ahora, dígame: ¿ ... ?

Testigo 2: Déjeme ver. (...) ¡Tengo miedo ... !

Teniente: Pues trate de ...   Él no puede ...

Testigo 2: ¿Está seguro? Pues, ¡ ... !   El alto, del bigote (*mustache*) ...   El domingo pasado, yo acababa de ...,   cuando de repente ... a seguirme.   Y cuando yo estaba a punto de ...,   me agarró (*grabbed*), me golpeó, y ...   ¿Sabe Ud.? Eran las ...   ¡Y nadie pudo, nadie quiso ... !

Teniente: Lo siento, ...   Ahora tú, joven, ..., ¿oíste todo eso? Pues dime: ¿De qué

delito ... ? _____

Mujer 2: ¡ De . . . ! // ¡Y . . . ! // Es un bruto, ¡ . . . ! ¿Cómo puede andar la gente . . .
por la calle si hay asesinos . . . ?

Teniente: Pues, gracias a Ud., . . . él no va a molestar más (*any more*) . . . Si me hace
el favor de firmar (*sign*) . . .

Mujer 2: ¿ . . . ? Yo no . . .

Teniente: (. . .)

Mujer 2: ¡Pero nada! Yo tenía un vecino que . . . firmó una denuncia (*complaint*). ¿Y
sabe . . . le hicieron? Pues a los seis meses (*six months later*), el asaltante salió
. . . y . . .   ¡No, . . . ! Otros pueden . . .

Sargento: (. . .) Piénselo . . . Porque si Ud. no . . .   Dime tú, joven . . . , ¿En tu

opinión, . . . ? _____ ¿Tú firmarías (*would sign*) . . . ?

_____

Teniente: Bueno, llame al próximo . . .   Mientras tanto, tal vez . . .

Sargento: (. . .) El último testigo es el señor Alfredo Morales. (. . .)

Testigo 3: Perales, señor sargento. Alfredo Pe . . . ¡No! *Wilfredo* . . .

Sargento: Entonces, . . .

Testigo 3: Nogales.

Sargento: Díganos, señor . . . , ¿ . . . ?

Testigo 3: ¡ . . . ! ¿Cómo lo voy a olvidar? Es ése, el tercero . . . No. El cuarto. Ése . . . ,
definitivamente.

Sargento: ¿ . . . seguro?

Testigo 3: ¿De qué, mi capitán?

Sargento: ¿De que . . .   mató al dueño de la bodega?

Testigo 3: ¿ . . . ?   Ah, cómo no, doctor. ¡ . . . !

Sargento: (. . .) ¿Entonces Ud. dice . . . ?

Testigo 3: (. . .) Si no es . . . al lado de Ud. (*next to you*).

Sargento: ¿ . . . a mi lado? Pero, señor . . .

Testigo 3: Casales.

Sargento: Pero, señor . . .   , no puede ser. La persona a quien Ud. acaba de
    identificar . . .

T.: ¡¡ . . . !! Ese hombre dice que . . .

Sargento: (. . .)

Teniente: ¿ . . . ?

Sargento: Ud. tiene que oír . . . dijo.

Testigo: Sí, estoy seguro. ¡ . . . ! No hay duda (*doubt*).

Teniente: Pero, ¿qué es esto? ¿ . . . ? Pues no lo tomes a pecho (*don't get upset*). Pero
    ya que (*since*) . . .

Testigo: Morales.

Teniente: Ya que este señor hizo . . . , me siento obligado a . . .   Dime: ¿Dónde . . . ?
    _____ ¿Alguien puede atestiguar (*testify*)
    . . . ? _____ Pues
    contesta otra vez . . . :   ¿ . . . ? _____
    ¿ . . . alguna arma de fuego . . . ? _____
    Dime, ¿ . . . a la víctima del asesinato? _____
    _____

T.: Espere, . . .   Ud. está interrogando . . .   ¡Y ayer por la tarde estuvo . . . !

Teniente: ¿ . . . ? Pues está libre . . .   ¡Qué mortificación!   Sólo por eso estoy
    dispuesto   . . . mi carrera de detective.

Sargento: Pero, ¿qué va a hacer . . . ?

Teniente: Volver a mi carrera antigua, de . . .   Sí. Verbos, adjetivos . . .   Ése era
    mi mundo. Y quiero pensar que por mis esfuerzos . . .

Sargento: ¡Qué hermoso, . . . ! (. . .) ¡Es pura poesía!

T.: ¡Vámonos . . . ! (. . .)

Cómo evitar el peligro de monóxido de carbono.

El monóxido de carbono es un gas venenoso, sin color y sin olor, que inhalado en suficientes cantidades puede enfermar o causar la muerte.

El monóxido de carbono se genera en pequeñas cantidades cuando se queman combustibles tales como gas, petróleo, carbón, o madera.

El monóxido de carbono puede acumularse en cantidades peligrosas dentro de la casa si su sistema, unidades y aparatos de calefacción, así como su chimenea, están en mal estado, obstruídos o defectuosos y no han recibido el debido cuidado y mantenimiento que requieren.

En ningún caso utilice calentadores auxiliares de querosén o gas propano. De usarse, existe el peligro de una posible acumulación de monóxido de carbono y una reducción de oxígeno en la habitación. De todos modos, su uso es ilegal en la ciudad de Nueva York y en muchas comunidades de Westchester.

No use su cocina de gas para calentar la habitación, ya que es peligroso debido a que estas cocinas no fueron diseñadas con este propósito.

Nunca queme carbon dentro de la casa o en lugares cerrados.

No trate de arreglar su sistema de calefacción si no funciona bien. Llame a un mecánico especialista en calefacciones para que le haga los ajustes o reparaciones necesarios.

Si sospecha que pueda haber respirado monóxido de carbono, sálgase al aire libre inmediatamente y obtenga atención médica.

¿Verdad o falso?

	V	F
1. El monóxido de carbono es fácil de detectar porque tiene un olor distintivo.	☐	☐
2. Es un producto de la combustión de gas nada más.	☐	☐
3. Un sistema defectuoso de calefacción puede ser muy peligroso.	☐	☐
4. Los calentadores de queroseno o de gas propano son excelentes auxiliares para su sistema de calefacción.	☐	☐
5. No se debe usar la estufa de gas para calentar la cocina.	☐	☐
6. Las parrillas de carbón son muy efectivas dentro de la casa.	☐	☐
7. Si una persona queda intoxicada por el monóxido de carbono, es esencial darle oxígeno en seguida.	☐	☐

II. Noticias al instante

☐ **ATENTADO SOBRE LA VIDA DE ORTEGA**

_____

_____

    ☐ Doce presos detenidos   _____

       cuando quisieron huir   _____

☐ Secuestran avión estadunidense

_____

_____

☐ Robo de 100 millones en el Museo

☐ **CAE ZAR DE LA DROGA**

_____

_____

_____

_____

_____

_____

_____

☐ Derrame de petróleo

_____

_____

☐ TEMBLORES SACUDEN CAPITAL MEXICANA

_____

_____

Las noticias continúan. . .

Arriba tiene Ud. siete titulares (_headlines_). ¿Cómo los relaciona con la siguiente información? Ponga el número correspondiente junto al titular, y continúe cada reportaje con una frase más.

1. Un barco petrolero de la línea Meridiana chocó con un arrecife de coral en el Océano Pacífico esta mañana, derramando más de 10 millones de galones. Hace dos años . . .
2. El Distrito Federal sufrió dos fuertes sacudidas ayer, registrando 6.3 en la escala seismológica. No se sabe . . .
3. Seis pinturas de artistas modernos y antiguos desaparecieron anoche de la Galería Nacional. Las obras . . .
4. El jefe de policía de esta ciudad anunció ayer la captura de uno de los narcotraficantes más notorios del mundo. . .
5. Una bomba fue descubierta ayer a las seis y diez de la tarde en el Palacio Presidencial de Nicaragua. Se cree . . .
6. Un superjet de la Panamerican fue asaltado ayer en el aeropuerto de París por una banda de terroristas identificados. El vuelo . . .
7. El escape de presidiarios de la Cárcel Federal en Ayacucho fue frustado anoche por la intervención de tres guardas heroicos. El incidente . . .

Aplicaciones

I. Amplíe su vocabulario

A. ¿Cómo se dice?

1. *to take*

- **tomar** *to take, seize, grasp; to take (food or drink)* : ¿Qué tomas, café o té?... Tomó el ascensor hasta el segundo piso... Tomemos, por ejemplo ...

     (In many places, especially in the Caribbean area, *coger* is often used instead of *tomar* : "Voy a coger ese curso en diciembre." However, *coger* has an extremely vulgar connotation in Mexico, Argentina and in certain other parts of Spanish America. So use it with care.)

- **llevar** *to take* (a person somewhere); *to carry from one place to another* : ¿A quién llevas este año al baile?; Les llevé un regalo.

- **hacer un viaje** *to take a trip* : Hicieron un viaje al Brasil.

- **dar un paso** *to take a step* : Dio dos pasos hacia adelante, y tres hacia atrás.

- **tener o tomar lugar; celebrarse** *to take place* : ¿Dónde tomará (tendrá) lugar la conferencia? ¿Cuándo se celebrará?

- **tardar o demorar(se) en** *to take (a certain length of time to)*; *to take a long time* : ¿Tardarán (Se demorarán) mucho en llegar? -- No. El viaje tarda sólo tres horas.

2. *to take away*

- **quitar(le algo a alguien)** *to take away or off* (from someone or something): Me asaltó en la calle y me quitó la cartera.

- **llevarse** *to take away with one, to make off with* : ¿Qué les parece? ¡Se llevó mi carro!

Palabras en uso

Emplee las palabras de arriba para expresar "*to take*" o "*take away*", en el tiempo imperfecto o el pretérito.

1. ¿Por qué no _____ (tú) el tren? ¿Por qué no _____ Uds. mi consejo?

--(Nosotros) Lo _____ la vez pasada y resultó mal.   2. ¿Qué regalo le

_____ Ud. a Rosario? --Ninguno. La _____ al teatro, nada más.   3. Los

ladrones le _____ al pobre todas sus posesiones. Hasta se _____ sus anteojos. -- ¡Qué horror! 4. ¿Cuándo _____ lugar la primera reunión? --

En octubre. Y la segunda se _____ en diciembre. 5. ¿_____ mucho el

vuelo? -- Una hora y media. Pero (yo) _____ el viaje en el verano.

B. Asociaciones lingüísticas

    Basándose en estas palabras familiares, ¿puede Ud. contestar las preguntas?

----

    quemar • socorro • encender • temblor • gato • rescatar •
          arder • auxilio • cárcel

----

1. Si *socorrimos* a alguien, ¿le hicimos bien o mal? _____

  Si un secuestrador nos exigió un *rescate*, ¿qué tuvimos que pagar? _____

2. Si sufrimos una *quemazón*, ¿qué nos pasó?_____ Y si discutimos una

cuestión *ardiente*, ¿fue acalorada o serena la conversación? _____

3. Si la tierra *tembló* , ¿qué fenómeno natural hubo? _____ Si se

encendió un fuego, ¿qué consecuencia se produjo? _____

Finalmente, si el niño *gateaba*, ¿como qué animal caminaba? _____

4. ¿Con qué palabras inglesas se relacionan éstas en español: auxilio, auxiliar

_____ ; encarcelar _____ ; encender, incendio

_____ ; arder, ardiente _____

II.   **Ejercicios suplementarios**

#12. <u>Using the imperfect</u>

    A. En 1987 . . .

    Usando los verbos indicados, complete la historia de ese año:

1. (tener) Yo _____ años de edad. 2. (vivir) Mi familia y yo _____

en _____ 3. (asistir) Yo _____ a _____

4. (ir) Pero mis hermanos (o amigos) _____ a otras escuelas. 5. (ser) En ese

año el presidente de nuestro país todavía _____

6. (gustarme/no gustarme) (Él) _____ mucho, porque _____

_____ 7. (estar) Por lo general, la economía del país _____

en buenas condiciones. 8. (haber) Pero _____ muchas crisis internacionales.

9. (ver) (Yo) _____ mucho en ese año a _____

(*el nombre de su novio ,novia , o mejor amigo*)   10. Y mi vida _____

_____(*continúe por sí solo/sola*)

B. Imagine ahora que está solicitando esa misma información a unos nuevos amigos. ¿Cómo las expresa en la forma de *tú* ? ¿Y después en la forma de *vosotros* ?

Por ejemplo:

1. En el año 1988, ¿cuántos años tenías?   2. _____

3. _____   4. _____

_____   5. _____   6. _____

_____   7. _____

8. _____   9. _____

_____   10. _____

#13. Using the preterite

  A. Mini-diálogos: Complételos con el pretérito de *ser, ir* o *dar*

1. (Yo) _____ al garaje ayer pero lo encontré cerrado. -- Claro. Porque era día

de fiesta. -- ¡Ay, no me _____ cuenta!

2. Martín y yo _____ al cine anoche. Pero el teatro estaba lleno y (ellos)

nos _____ asientos muy malos. -- Pero, ¿_____ buena por lo menos la

película?

3. De repente oímos una voz extraña en el pasillo. -- Pues, (Uds.) ¿ _____ a

ver lo que era? -- No. (Nosotros) _____ un paso hacia la puerta, volvimos

a la cama. -- ¡Cobardes! ¡Era yo!

89

B. ¿Pretérito o imperfecto? -- Exprese en español:

1. a. . . . that you didn't want to do it. *Yo no* _____

   b. . . . that you refused to do it. _____

2. a. Ask someone if he or she knew Ann. *¿Ud.* _____ ?

   b. Ask when he or she met Ann. *¿Cuándo* _____?

3. a. Say that there used to be a café here. _____

   b. But there was a fire last night. _____

4. a. Many people were there when the fire began. _____

   _____

   b. Say that you were there a few days ago. _____

   _____

5. a. Ask a friend where he or she was an hour ago. _____

   _____ b. Ask what he or she was doing then.

   _____ c. Ask what your friend did

   afterwards. _____

C. Mini-historia

   Aquí tiene Ud. una lista de verbos en el orden de su presentación en este
   episodio. Uselos en el pretérito o en el imperfecto para completarlo.

   **comer ;   conversar › reír › divertirnos › oír;   decir;
   saber › acercarse;   agarrar › dar;   salvar**

   El otro día, mi amiga Gloria y yo _____ en un pequeño restaurante.

   (Nosotros) _____ y _____ y nos

   _____ mucho cuando de repente _____ un grito. Una

   señora _____ : "¡Socorro! Mi esposo se está atragantando." Pues

   Gloria, que _____ hacer la maniobra "Heimlich", _____

   al hombre. Lo _____ por detrás, le _____ dos fuertes empujones en

   el abdomen, ¡y ya! ¡Lo _____ ! -- Gracias a Dios.

90

#14. The preterite and imperfect in time expressions

A. Cambie según las indicaciones

1. Hace cinco minutos que suena la alarma y nadie se fija.

   Hacía _____

2. Hace media hora que tratamos de llamarlos, pero no responden.

   Hacía _____

3. Hace meses que la policía busca al asesino.

   Hacía _____ cuando lo prendieron.

4. Hace diez años que está en el presidio.

   Hacía _____ cuando escapó.

5. Hacía tiempo que protestaba su inocencia.

   _____ (nosotros) _____

   _____ y por fin, nos creyeron.

B. Responda ahora diciendo que la cosa acababa de ocurrir. Por ejemplo:

¿Llegaron Uds. mucho antes? -- _No. Acabábamos de llegar_ .

1. ¿Salieron cuando tú volviste? -- _No. Ellos_ _____

   cuando yo volví.

2. ¿Comiste con ellos? -- _No. Yo_ _____ _con mi familia._

3. ¿Sucedió mucho antes el accidente? -- _No._ _____

4. ¿El humo te despertó? _No. Yo_ _____ _cuando lo sentí._

5. ¿El pobre murió en la ambulancia? -- _No._ _____

   cuando los bomberos llegaron.

6. ¿Los visteis cuando llegaron? -- _No. (Nosotros)_ _____

   _____ _poco antes._

7. ¿Se casó después de la graduación? -- _No._ _____

   una semana antes.

III. Composición creativa

A. ¡Salvé una vida!

La vida es extraña, ¿verdad? Está llena de coincidencias que no podemos explicar. Por ejemplo, el otro día estuvimos hablando precisamente de intoxicación por monóxido de carbono. ¿Recuerda? Pues por suerte, al día siguiente encontré estas instrucciones sobre primeros auxilios en esos casos. Léalas Ud. rápidamente, y después le voy a contar lo que sucedió.

- *Lleve* a la víctima inmediatamente al aire libre (o abra todas las ventanas y puertas).
- *Manténgala* acostada e inmóvil para reducir sus necesidades de oxígeno.
- *Aflójele* la ropa — el cuello, el cinturón, etc.
- *Cubra* al enfermo para darle calor.
- *Inicie* la respiración artificial (si no respira o si tiene la respiración irregular).
- *Aplique* la resucitación cardiopulmonar (si el corazón se ha detenido).
- *Llame* al médico o al hospital, y explíquele en qué consistió el accidente.
- *Insista* en la necesidad de traer oxígeno.

Pues, ¿sabe lo que pasó? Un día yo caminaba por una calle de mi vecindad cuando oí gritos. Acababan de encontrar a un vecino nuestro intoxicado en su coche por monóxido de carbono. Ya no respiraba. Parecía que su corazón ya no funcionaba. Yo me acordé de las instrucciones (arriba), hice exactamente lo que decían, y . . .

✤ ✤ ✤

Imagínese ahora que Ud. es esa persona — el héroe (la heroína) del incidente. Primero, háganos la narración de lo que Ud. hizo, cambiando al pretérito o al imperfecto todos los verbos indicados arriba.

"Primero, llevé a la víctima . . . , y . . . " (Ud. puede omitir las cosas en paréntesis.)

Ahora termine la narración, diciéndonos:

- cuándo llegaron la policía, el médico y la ambulancia
- adónde llevaron al enfermo
- quién era en efecto ese individuo y cómo se le produjo la intoxicación por monóxido de carbono
- cuántos días estuvo en el hospital
- qué hizo o qué le dijo la víctima cuando volvió en sí (he *"came to"*)
- cómo se sintió Ud. al saber que había salvado una vida

B. Reportaje

Basándose en el periódico o en un noticiario de la televisión, prepare en sus propias palabras un reportaje sobre una noticia actual. Su reportaje tiene que incluir la siguiente información: Cuándo . . . Dónde . . . Qué pasó . . . Quién lo hizo o fue afectado por él.

Experiencias auditivas

I. ¿Qué hay de ver? (*What's there to see?*)

Beatriz: ¿Me recuerda? (. . .) Hace tiempo que no nos vemos. Pues mire. Hoy . . .

Roberto: ¡Qué curioso! Si el otro día. . .

B.: ¡ . . . ! Imagínese . . .   Y nuestro hotel es . . . en la parte más baja del mapa. ¿ . . . ?

_____

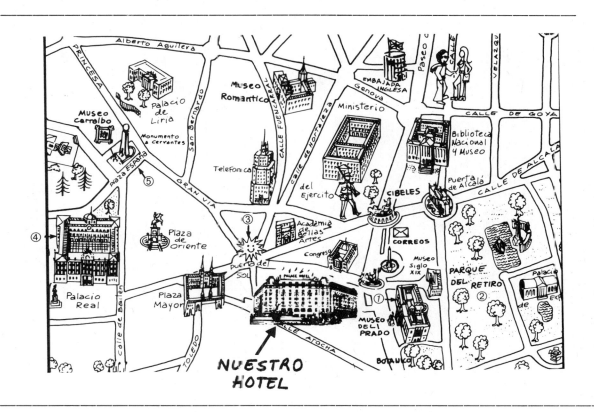

NUESTRO
HOTEL

_____

Mírelo por un momento. . . , y después conteste: 1. Si nosotros. . . ,   ¿está cerca

o lejos el . . .? _____// Al otro lado _____

_____ // 2. ¿Qué hay detrás . . . ? _____//

Es . . . hermosísimo, con un lago . . , y jardines . . .   3. Al otro lado . . . , siguiendo

adelante, encontramos . . . ¿ . . . ? _____ // (. . .)

4. Caminando . . . la izquierda, y después un poco . . . , ¿qué edificio . . . ? _____

_____// _____ (. . .)

5. Detrás del . . . y un poco a la derecha, hay . . . ¿ . . . ? _____

_____ // _____ // Ya. Con

esto hay suficiente . , .   ¡Vamos . . . ! _____

R.: (. . .) Pero oigan. Tal vez, en lugar de ir caminando, ¿qué les parece una gira
(*tour*) . . . ?   Se demora sólo . . .   Y se ve más. Miren, les voy a leer . . . folleto
(*folder*).

B.: Mejor, leámoslo juntos. . .

¡Conozca el Madrid histórico!
Excursión 42.// Lunes a sábado.//
12.000 pesetas por persona //

Un autocar refrigerado// le recoge
en su hotel// a las diez de la mañana.//

(B. No se preocupe. . .   El autocar. . .
con aire acondicionado. . .)

● Visite el Museo del Prado,// con su
    fantástica colección de Goya// y
    de Velázquez//
● Vea la hermosa Fuente de Cibeles //
    delante del antiguo edificio de Correos.//
● Admire el Monumento a Cervantes.//
● Haga una breve parada en la Biblioteca
    Nacional.//
● Vaya a la Plaza Mayor,// el corazón
    de la vieja ciudad.//
● Pase por las Puertas de Toledo y de
    Alcalá //
● Deténgase en la Plaza de Toros. //
● Camine por el Parque del Retiro.//
● Baje (*Get off*) en la Plaza de Oriente.//
● Recorra (*Go through*)el Palacio Real.//

Y vuelva a su hotel// a tiempo para la
comida// y una buena siesta.//

B.: ¡ . . . ! ¿Todo eso . . . ? Créame, no puede ser.

R.: (. . .)   Si no pasamos más de . . .   En fin, ¿ . . . ? ¿Vamos en la gira o . . . ?

_____

B.: (. . .) Y esta tarde, vamos a explorar . . .   ¡Adelante!

    (*Ruidos de la calle*)

II. La ciudad a lo vivo

B.: Bueno, ¿ . . . ? ¿Ya vio bastantes . . . ? Pues a ver . . .

R.: Oigan.   Si caminamos derecho (*straight ahead*), . . .   llegamos a la Gran Vía (*"Broadway"*), . . .   Allí hay . . .   Y teatros y . . .

B.: Bien pensado. (*Good idea!*) ¿Quiere . . . ? _____

A propósito, dígame: ¿Hay una calle así (*like that*) . . . ? _____

_____ ¿ . . . ? _____

_____

R. :   ¿ . . . residencial? _____

B.: Bueno, si vamos. . . ,   primero cruzamos. . .

R.: ¡Cuidado, . . . ! ¿No viste la señal (*traffic sign*)? "Peatones (*Pedestrians*) . . ."

B.: (. . .) ¡No la vi!   ¿ . . . ?   Hay tantos letreros (*signs*) y . . . y avisos.

R.: En todas . . .   Por todas partes. (*Everywhere*). Por ejemplo, según los letreros, ya . . .

¿Dónde estamos?

----

en la calle • **en el metro** • **en una cabina telefónica** • **en un autobús** •

en el parque • **en el zoológico** • **en un ascensor** • **en un edificio público**

Escuche los letreros, y conteste:

1. " . . . conductor". " (" . . . chofer".) Dígame, ¿ . . . ? _____ //

2. "Atraviese . . ." ("Cruce . . .") ¿Dónde . . . ? _____ //

3. "No dé de comer . . ." Si vemos. . . , ¿ . . . ? _____ //

(. . .)   4. " . . . el césped (*grass*)". ¿ . . . ? _____ //

R.: Pero, ¿sabe? Yo . . .   Si . . . , ¿por qué no debemos . . . ?
B.: Tienes . . .   Para eso debe ser. . .

5. "Pulse (*press*) . . . piso deseado." ¿ . . . ? ¿_____ //

6. "Para . . . ,   marque . . ." ¿ . . . ? _____ //

7. " . . . , rompa el vidrio (*glass*)."   ¿ . . . ? _____ //

8. " . . . ficha en el torniquete (*turnstile*)." ¿ . . . ? _____ //

95

B.: A propósito, ¿hay . . . (o "subte") . . . ? _____

_____ ¿ . . . donde está situada . . . ? _____

_____

R.: ¿Sabe? El metro . . .   Limpio, . . .   Pero Ud., tiene que ver . . .

B.: (. . .) ¡Hasta hay (*There even are*) . . . y exposiciones arqueológicas . . . ! Pero mire, ya viene . . .   Tomémoslo, . . .

III. En el metro

B. : Rápido, tome . . .   Allí. Y . . . , guárdemelo a mí. (. . .)   ¿Sabe? Ya caminamos . . .   Ahora, . . . relajarnos.

R.: Y escuchar . . . la gente alrededor (*people around us*).

B. Sí, me encanta . . . Por ejemplo, esos dos jóvenes. . . Son más o menos de la misma edad . . . Escúchelos:

Qué están diciendo?

1. Él: Entonces, recuerda, Julita. No tomes . . . , porque . . . a montones (*piles*). ¡Y . . . exigente, . . . !
   Ella: Pero . . . remedio (*choice*).   (. . .)
   Él: Entonces, no esperes . . . Alonso las da . . .

   Indique Ud.: ¿ . . . ?:

   a. *Dr. Alonso is a tough professor but an easy marker.*
   b. *Dr, Alonso gives piles of work, so buckle down.*
   c. *Dr. Alonso is very demanding and a hard marker.*

   Dígame: ¿Tuvo Ud. . . . ? _____

   Conociendo la situación, ¿ . . . ?

   a. No faltes nunca a la clase, y ve (go) siempre bien preparada.
   b. No tomes la clase este año. Tómala el año entrante, con otro profesor.
   c. No te preocupes. Tú eres buena estudiante.

B.: Yo . . .   Pero cada persona . . .

R.: Bueno, . . .   A ver lo que dice esta pareja (*couple*) a nuestra derecha.

96

2. --Por favor, Marisela, no lo tcmes así. No te enfades (*Don't get angry*) . . .
    --Pero si mi propia hermana te vio . . .
    --No lo creas. . .   No lo pienses . . .
    --Entonces, ¿ . . . miente? No, Robi, no me digas . . .

    Indique Ud.: ¿ . . . discutiendo (*arguing*) . . . ?:

    a. *Because he doesn't get along with her sister.*
    b. *Because her sister told her that she saw him with someone else.*
    c. *Because he always lies to her.*

    ¿ . . . hizo bien o mal contándcle . . .? _____

    _____

    ¿Qué consejo (*advice*) le da . . . ?:

            a. No le hagas casc (*Don't listen*) a tu hermana.
            b. No salgas más con Robi.
            c. ¡Cuidado! No te fíes (*Don't trust*) mucho de Robi.

B.: Ahora bien, ¿ve Ud. al joven allí, . . . ? Pues escúchelo . . .

3. "Entonces el jefe . . . :
        -- Raúl, si tú quieres seguir . . . , no llegues . . .
        -- Pero, señor -- le contesto. --Si el ómnibus (*bus*) . . . , y yo no . . .
    Y él . . . :   Entonces, sal . . . "

    Díganos: ¿De qué se queja (*complains*) . . . ?

            a. *Raúl is always late for work.*
            b. *Raúl ought to drive a bus.*
            c. *Raúl is lazy on the job.*

    ¿ . . . la costumbre de . . . ? _____

    ¿Qué le recomienda . . . ?

            a. Busca un trabajo más cerca de tu casa.
            b. No salgas tan tarde por la mañana.
            c. El jefe te necesita No le prestes mucha atención.

    (. . .)

R.: Mire a esos niños que corren . . . por el vagón (*subway car*). Y . . .   ¿Qué . . . ?

4. " ¡Toño! ¡Manolito!   Sentaos y no hagáis . . .   Por favor, niños, no molestéis. . .
Niños, no saquéis . . .   ¡ . . . !   ¡ . . . !"

R.: ¿ . . . ? Pues evidentemente, esta señora . . .   Ahora imagínese por un momento
que . . . Vamos a repetir:

"¡Toño! ¡Manolito! Siéntense y no hagan . . . Por favor, niños, no molesten. . .
Niños, no saquen . . .   ¡ . . . !   ¡ . . . !"

Indique Ud.: ¿ . . . ?

    a. *To stop fighting with each other.*
    b. *Not to sit too near the windows.*
    c. *To stop running around and bothering people.*

La verdad, cuando Ud. tenía esa edad, ¿se portaba (*did you behave*) . . . ? _____

_____

En su opinión, ¿qué debe . . . ?

    a. Niños, portaos bien o no os llevo al parque. (Niños, pórtense bien, o no
        los llevo . . .)
    b. Niños, portaos bien o nos os doy de comer esta noche.
    c. Niños, portaos bien, o vuestro papá os mata.

B.: Estoy. . .   Es la única manera de . . .

R.: (. . .)   Dígame, ¿cuáles de estas cosas decía . . . ? O . . .   no decía ninguna?

_____

Pues bien, . . .   Ya vimos e hicimos tantas cosas. . .   Y todavía hay otros lugares

de interés, en otras partes . . .

B.: Y en . . .   Y no hay tiempo para . . .

R.: Entonces, tomemos unos momentos . . .

IV. Excursión imaginaria

Cerremos los ojos, y pensemos: "¡Vamos . . .! ¡Vamos a ver. . .!" Ahora complete
cada frase escogiendo uno de los lugares indicados abajo.

98

1. Aquí ... Granada, donde la influencia musulmana se mezcló en tiempos

antiguos ... --¡ ... ! Y esta tarde vamos a ver_____//

2. No muy lejos ... , está Sevilla, donde también se ve ... norteafricana.

Mañana, por ejemplo, subamos a _____ //

3. ¿Le interesa ...? Pues viajemos ahora a Barcelona, ... Y mañana por la

mañana visitemos _____ // (...)

 A propósito, ¿ ...? Barcelona ha sido siempre un gran puerto de mar. Así que,

vamos también a ver _____ //

4. Volvamos brevemente a Castilla ... Pero no vayamos a Madrid. Esta vez,

visitemos Segovia, ... Y veamos _____ //

No se lo va a creer. Está en ...

5. Dejemos ahora el continente europeo y viajemos a ... ¡Ya! Aquí estamos en

Buenos Aires, " ... ", con sus hermosos barrios residenciales y sus anchos

bulevares. --Y si quiere ver ... , caminemos por _____

6. Siguiendo hacia el norte, lleguemos a Caracas, ... Y esta misma tarde,

salgamos a ver _____ // el libertador ... //

7. Finalmente, cojamos un vuelo para México, D. F. ¿ ...? _____

_____ Pues primero demos un paseo por _____

_____// Y después, sin falta, hagamos una visita a

_____ , la santa patrona ...

R.: ¡ ... ! Sigamos, ¿quieren?

B.: Otro día... Porque ya llegamos. . Bajemos (*Let's get off*) ... , crucemos al otro
andén, y ... estamos de vuelta (*back*) en ...

R.: Hemos hecho (*We've done*) ...

B.: (...) Así que, hasta ... Descanse... , disfrute (*have fun*), y ...

I. Monumentos y Museos de Madrid

• Plaza Mayor

* Metro: Sol (Por la Calle Mayor)
* Bus: 3, M-4

Plaza porticada construida entre 1617 y 1619. Totalmente rectangular, tiene una longitud de 435 pies. Esta plaza ha sido el escenario de eventos públicos desde el siglo XVII--fiestas, recibimientos, toros, ejecuciones. En el centro está la Estatua de Felipe III.

• Palacio Real

* Calle de Bailén
* Metro: Opera
* Bus: 3, 25, 33, 39 y M-4

Construido sobre el lugar donde se erigió el antiguo Alcázar Real, incendiado en la Navidad de 1734, el palacio fue reconstruido en la segunda mitad del siglo XVIII. El edificio contiene numerosas colecciones y obras de arte, y en él se destacan especialmente el Salón del Trono y el Comedor de Gala.

• Fuente de la Cibeles

* Metros: Banco de España y Atocha
* Bus: Cibeles, 5, 9, 20, 51 y 53

Uno de los monumentos más representativos de la ciudad, cuya construcción se inició en 1777 y concluyó en 1792. Junto a Cibeles se encuentra el Palacio de Comunicaciones, sede Central de Correos y Telégrafos, que fue inaugurado en 1918.

• Monumento a Cristóbal Colón

* Metros: Serrano y Colón
* Bus: 3, 21, 74, M-4

Regalo de los nobles españoles a Alfonso XII, con motivo de su boda. La estatua del Almirante fue esculpida por Jerónimo Suñol.

• Parque del Retiro

* Metros: Serrano y Colón
* Bus: 3, 21, 74, M-4

Fue un pequeño lugar de recogimiento para el rey Felipe II. En tiempo de Felipe IV se construyó un gran Palacio con magníficos jardines. En la guerra de la Independencia desapareció la mayor parte del Palacio, quedando sólo el Salón de Reinos (hoy Museo del Ejército). Hoy día es el parque más importante de Madrid, con bellos jardines, monumentos y fuentes.

• Monumento a Cervantes

* Metro: Plaza de España
* Bus: 1, 2, C, 44, 74

Este colosal monumento, inaugurado en 1930 en la Plaza de España, representa no sólo a Cervantes mismo, sino a los personajes más insignes de sus obras. Ocupan un lugar especial Don Quijote y Sancho Panza.

Plaza de Toros Monumental

* Plaza de las Ventas
* Metro: Ventas
* Bus: 21, 38, 53, 110

Esta plaza se considera la sede Mun-
dial del arte de lidiar toros. Se
realizó en la década de los años '20.

Teatro de la Zarzuela

* Jovellanos, 3
* Metro: Banco de España
* Bus: 9, 10, 14, 27

Edificio diseñado por Jerónimo Gándara
en 1856. La planta del Teatro es una
transposición exacta de la Scala de Milán.

San Jerónimo el Real

* Ruiz de Alarcón, esquina Academia
* Metro: Banco de España

* Bus: 10, 14, 15, 19, 27, 34, 45, y M-6

Este monasterio fue una fundación Real a
principios del Siglo XVI. En 1854 fue com-
pletado en su forma actual. En él se han celebrado Cortes, coronaciones, y bodas reales.

Puerta de Alcalá

* Plaza de la Independencia
* Metro: Retiro
* Bus: 1, 2, 9, 20, 51

Construida en 1778 para celebrar la entrada
de Carlos III, esta puerta es el símbolo de
Madrid.

Casa de Lope de Vega

* Calle Cervantes, 11
* Tel.: 429 92 16
* Metro: Antón Martín
* Bus: 6, 26, 32, 57 y M-9
* Horario: Martes y jueves 10 -14
  Cerrado: del 15 de julio al 15 de septiembre
* Entrada: 50 Ptas.

Casa en la que vivió Lope de Vega desde que
se instaló en la Corte en 1610 hasta su
muerte en 1635.

Congreso de Diputados

* Plaza de las Cortes s/n
* Metro: Banco de España
* Bus: 9, 34

Acabado en 1834, es la sede actual del
Congreso.

Itinerario:

Supongamos que Ud. y sus amigos tienen sólo un día que pasar en Madrid. ¿Puede Ud.
recomendarles un itinerario que incluya algunos de estos sitios monumentales?
Haga sus planes, señalando las vías de transporte que van a utilizar, en qué estación
o parada van a bajar, y cuánto tiempo van a pasar en cada lugar.

•A propósito, no se olvide de visitar el Museo del Prado (Paseo del Prado, s/n; Metro:
Atocha; Bus: 10, 14, 27, 34, 35 y M-7. Horario: 10 - 18 verano; 10 - 17 invierno.
Domingos y días festivos, 10 - 14 todo el año.)

_____   _____

_____   _____

_____   _____

II. Turista en México

Aquí tiene Ud. un mapa de la Zona Rosa, uno de los sectores más populares del Distrito Federal. Con sus numerosos hoteles, restaurantes, teatros, tiendas y galerías de arte, es un lugar perfecto para comenzar nuestro paseo por la ciudad.

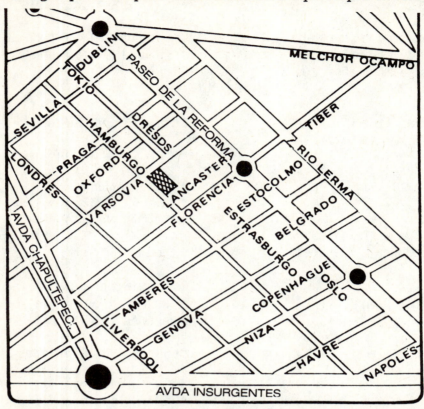

1. Dado el carácter internacional de la Zona Rosa, ¿puede Ud. encontrar los nombres de 20 ciudades extranjeras en este mapa? (Hay 22.) ¿Y en qué país está cada una?

   Inglaterra • Alemania • Francia • España • Checoslovaquia • Italia • Suecia •
   Yugoslavia • Irlanda • Noruega • Dinamarca • Bélgica • Polonia • Japón
   ----

   _____

   _____

   _____

   _____ (*Respuestas en la página 108.*)

2. Imagine Ud. que quiere caminar desde la Calle Liverpool hasta Dublín. ¿Cuál es la ruta más corta para llegar hasta allá? ¿Por qué calles o avenidas va a pasar?

   _____

   _____

   _____

Aplicaciones

I. Amplíe su vocabulario

A. ¿Cómo se dice?

1. *little*

   * pequeño *little, small* (in size --opposite of *grande*) : Era una casa muy pequeña, pero bonita.

   * poco (adj.) *little* (in amount); *not much;* (pl.) *few, not many* : Tenía poco tiempo para divertirse. -- Y pocos amigos.

   * poco (adv.) *little, not much* : Sabía mucho, pero hablaba poco.

   * un poco de (n.) *a little (bit of)* : Con un poco de suerte, todo se resolverá.

2. *short*

   * bajo *short* (in height); *low* : ¿Es alto, bajo o de estatura mediana? -- Muy bajo.

   * corto *short* (in length -- opposite of *largo*): Le voy a contar una historia corta.; El tiempo era corto, y la distancia, larga.

   * breve *short, -- in length or time; brief, succinct* : Mandémosle una carta muy breve (corta).; Estuvo muy breve con nosotros ayer. -- ¿Por qué?

   * alto *short (a skirt, pants, or dress*) : ¿No te parece un poco alto el vestido?

3. *to know*

   * saber (sé, sabes) *to know* (something, a fact, etc.); *to know* (by heart or thoroughly); *to know how to* (do something): ¿Sabes su dirección? -- No. Pero sé llegar a su casa.

   * conocer (conozco, conoces) *to know* (a person or a place); *to be familiar or acquainted with* : ¿Conoce Ud. a ese señor? -- No, pero conozco su obra.

Palabras en uso

   A. *Complete, expresando en español las palabras "little" o " short"*

   1. ¿Ud. habla italiano? -- Hablo _____ de italiano y _____

   francés. El verano pasado tomé un _____ curso de idiomas, pero

   aprendí _____ . --Pues claro. El tiempo era demasiado _____ .

   2. Présteme _____ de atención: Una carta _____ tiene más

   impacto que una carta larga. -- ¿Y una clase _____ ?

3. ¿Hay mucha diferencia de edad entre Uds.? -- No, muy _____ . Menos de

un año. ¡Y éramos _____ cuando nos conocimos.   4. Durante un

período _____ , había una _____ iglesia en la esquina. --Ah, sí?

   B. Complete traduciendo al español el verbo "to know":

1. ¿Ud. _____ la poesía de Lope? -- La _____ muy bien. En efecto,

hay dos poemas que (yo) _____ de memoria.   2. Para _____ de

verdad una ciudad, hay que ver sus barrios ricos y sus barrios pobres. -- Y

_____ algo de su cultura.   3. Tú _____ tocar la guitarra, ¿verdad?

-- Un poco. Pero _____ bastante la música hispana.

B. Extensiones

   Basándose en estas palabras familiares, ¿puede Ud. contestar las preguntas?
   ----
        ciudad • calle • atravesar • guía • vecino • cine • cruzar
   ----

   1. ¿De qué país es Ud. ciudadano (-a)? _____

   2. ¿En qué partes de una ciudad se encuentran pandillas (*gangs*) callejeras?

   _____   3. Si un barco hace una "travesía" entre Lisboa y

Nueva York, ¿qué océano cruza? _____   4. Si uso una cámara

cinematográfica, ¿qué tipo de películas saco? _____

   5. Si no hay negocios en cierta vecindad, ¿cómo se puede describir ese barrio?

_____   6. Si uno desea guiar su coche en los caminos de

una ciudad, ¿qué documento necesita? _____

II. Ejercicios suplementarios

#15. Giving commands to *Ud.* and *Uds.*

   A. ¿Cuál es la conclusión más lógica?

   1. -- No puedo ver nada. El cuarto está muy oscuro.
      -- Pues . . .
           a. encienda las luces.   b. apague esa lámpara.   c. no te molestes con eso.

2. --No sé si el Prado está abierto hoy.
   --Pues
            a. tome un taxi y vaya allí.   b. llámelos en seguida   c. consulte el
            almanaque

3. --Vamos a hacer un viaje a México
   -- ¡Maravilloso! Entonces
            a. no se olviden de ver la Giralda   b. visiten las antiguas pirámides
            aztecas   c. vayan a ver las ruinas romanas

4. --¿Dónde consigo el autobús Número 30?
   -- Aquí mismo.
            a. Pase al otro andén.   b. Cruce con la luz roja.   c. Espere aquí en
            la parada.

B. Haga negativos estos mandatos:

   1. Consúltelo. _____   2. Avísela. _____

   3. Recomiéndelos _____   4. Pídamelas. _____

   5. Sáquenlos. _____   6. Póngansela. _____

   7. Dénnoslo. _____   8. Tráiganmela. _____

C. Según el caso, exprese estos mandatos en forma afirmativa o negativa:

   En la calle: (Ud.)   tener cuidado _____ ; cruzar en la

   esquina _____ ; atravesar cuando la luz está roja

   _____ ; ir siempre a la terminal a

   tomar el bus _____ ; familiarizarse con el

   sistema del metro _____

   En un locutorio telefónico (*una cabina telefónica*): *(Uds.)* meter la moneda al

   oír la señal _____ ; para pedir ayuda a la

   operadora, marcar 0 _____ ; si no sabe el

   número, buscarlo en el directorio _____

#16. Negative commands to *tú* and *vosotros*

   A. Cambie a mandatos las frases siguientes:

   1. No lo metes allí. _____   2. ¿No les hablas?

105

_____ 3. ¿No las repites? _____

4. ¿No vuelves con nosotros? _____ 5. ¿No

te sientas todavía? _____ 6. ¿No sales ahora?

_____ 7. ¿No vas nunca? _____

8. ¿No me mientes? _____ 9. ¿No lo dices?

_____ 10. ¿No los conoces? _____

11. ¿No escucháis? _____ 12. ¿No os acostáis? _____

_____ 13. ¿No os casáis? _____

14. ¿No coméis con ellos? _____ 15. ¿No lo ponéis allí?

_____ 16. ¿No lo hacéis así? _____

B. ¿Qué mandatos da Ud.?: Expréselos afirmativa o negativamente, según el caso.

En el autobús: (tú)   hablar con el conductor _____

sentarte en el fondo _____ ; hacer mucho

ruido _____ ; impedir el paso a otras personas

_____ ; apretarte demasiado contra

la puerta _____ ; ofrecer tu

asiento a una persona muy anciana _____

_____ ; al subir, tener la moneda exacta en la mano _____

_____ ; hacerle al chofer cambiar

un billete (_bill_) muy grande. _____

Ahora exprese en la forma de _vosotros_ 5 de los mandatos de la última categoría
de arriba:

_____

_____

_____

_____

_____

#17. Commands to "nosotros": *Let's . . . Let's not . . .*

A. Nos encontramos de turistas en una ciudad "nueva". ¿Qué mandatos afirmativos o negativos da Ud. para todos "nosotros"?

comprar una buena guía turística _____

_____ ; pedirle un mapa al conserje _____ ;

dirigirnos a todo el mundo para información _____

_____ ; salir temprano por la mañana _____

y aprovecharnos de las oportunidades _____

_____ ; comer de todo lo que ofrecen los

vendedores callejeros _____

ir a todas partes en taxi _____ ; ver todo lo

que hay de interés _____

B. Exprese en español:

1. Ask a friend to do you a favor .. to go somewhere . . . to bring you something.

   _____

   Also tell him or her not to get lost on the way (*camino*) and to come right back.

   _____

2. Tell some Spanish friends to come and visit you, but not to tell anyone about it.

   _____

   _____

   (Now give the same instructions to some Latin Americans.) _____

   _____

   _____

3. You're visiting an Hispanic city. Make three suggestions to your friends about what you-all should do today. ("Let's . . .") And three more about what you shouldn't do. ("Let's not . . .")

   _____

   _____

   _____

107

III. Composición creativa

A. Guía de turismo

Imagine Ud. que consiguió para el verano un trabajo como guía turístico (-a) en su propia ciudad. O si prefiere, aquí mismo en la universidad. Prepare Ud. la excursión en la forma siguiente:

1. Haga una lista de los lugares de interés. (Mínimum: 5)

2. Haga un mapa sencillo indicando dónde están situados y en qué orden los vamos a visitar.

3. Busque información sobre su historia, el año de su inauguración o construcción, y otros detalles sobre su aspecto físico.

4. Prepare una lista de adjetivos que pueda usar para describir de una manera atractiva los diversos lugares.

5. Escriba un párrafo corto sobre cada lugar, incorporando toda esta información en un pequeño folletín (*booklet*), y añádale una foto interesante.

6. Póngale un nombre atractivo a la excursión, y si conviene, fíjele un precio.

B. "He aquí. . ." (*Here is* . . .)

Busque Ud. información sobre algún lugar de interés en cualquier ciudad de nuestro país o del exterior. No importa que sea histórico o moderno. Sólo importa que Ud. nos indique dónde está situado, qué importancia tiene, y algo sobre su pasado o presente.

C. Viñeta (*Vignette*)

Ud. está en el metro o en un autobús, y oye la conversación de dos personas que están sentadas detrás de Ud. Aunque no las ve, Ud. se figura cómo son -- su edad, su aspecto físico, la relación que existe entre ellas, etc.

Pueden estar conversando sobre algo agradable, o en cambio, pueden estar discutiendo acaloradamente (*heatedly*). Pueden ser esposos, novios, compañeros de trabajo o de escuela, amantes, hermanos, padre o madre e hijo (hija), etc. Pueden hablar de algo personal entre ellos, o simplemente de algo que pasó hoy -- en su trabajo, en la clase, en casa, en el mundo. . . Reproduzca Ud. alguna parte de su conversación, y describa después quiénes son.

● Respuesta a la pregunta sobre el mapa de la Zona Rosa. p. 102 . Las ciudades son:

Amberes (Bélgica), Belgrado (Yugoslavia), Copenhague (Dinamarca), Dresde (Alemania), Dublín (Irlanda), Estocolmo (Suecia), Estrasburgo (Francia), Florencia (Italia), Génova (Italia), Hamburgo (Alemania), Havre (Francia), Lancaster (Inglaterra), Liverpool (Inglaterra), Londres (Inglaterra), Nápoles (Italia), Niza (Francia), Oslo (Noruega), Oxford (Inglaterra), Praga (Checoslovaquia), Sevilla (España), Tokio (Japón), Varsovia (Polonia)

LECCION SEIS : *Vamos de compras*

Experiencias auditivas

I. Tienda de artesanía (*handicrafts*)

L.: ¿ . . . ? _____

J.: A que (*I'll bet*) no nos . . (. .) Hicimos el viaje juntos . . . ¿Ahora . . . ? _____
Pues quiero que sepas que no nos olvidamos . . .

L.: En efecto, hoy pensamos. . . Y queremos que nos acompañes. ¿ . . . ? Te
extrañamos. (*We miss you!*)

J.: Por favor, ¿ . . . ? _____ Bueno, aquí tenemos la Artesanía Plaza. Es una . . .

L.: Y mira ese escaparate (*store window*). Hay cosas de . . .

¿Cuántas de estas cosas puedes identificar? Escucha, y después escribe el número
que le corresponde a cada una.

una . . . _____ ; . . . de porcelana _____ ; . . . de "charro" (el vaquero

. . . _____ ; objetos de . . , como . . . _____ ; artículos de . . . _____ ;

un collar . . . _____ ; . . . de "china poblana" _____ ; un muñeco de . . .

flamenca y . . . de torero _____ ; una guayabera . . . (¡ . . . !) _____ ; un . . .

con huaraches . . . _____

109

J.: ¡Ojalá que los precios no sean ...!

L.: Estoy segura de que ...

J.: Entonces, ¿...? Quiero que me ayuden a escoger ... Primero, para ...
¿Qué recomiendas, ...? ¿Que le compre ... o alguna joya (*piece of jewelry*) ...?

Tú: _Recomiendo que le compres_

L.: Definitivamente, que ... Es ...

J.: Entonces, ¿es mejor que le lleve ..., un brazalete, o pendientes (*earrings*)?

L.: A mí ... Dime, mi estudiante, ¿qué le aconsejas (*advise*) ...?

Tú: _Le aconsejo que le lleve_

J.: (...) Voy a ver cuánto vale. Ahora, ... Ella siempre me ruega que le traiga ...

L.: Pues depende. ¿...?

J.: (...)

L.: Entonces, de todas las cosas ..., ¿cuál prefieres tú que Jorge le compre?

Tú: _Prefiero que_

J.: ¡Ojalá que le guste! (...) Ahora, tú, Lidia, ¿... unos regalos?

L.: (...) Algo para ... Tal vez ..., o ... ¿Qué sugieres (*do you suggest*)
... le regale ...?

Tú: _Sugiero que le regales_

L.: (...)

L.: Ahora, para ... ¿Qué dices? ¿Que le compre ... o un par de ...?

Tú: _____

J.: En mi opinión, que le compres ... No son nada (*at all*) caras.

L.: Y para ..., ¿recomiendas que le dé ..., o ...?

Tú: _Recomiendo que le des_

L.: (...) Perdona que te moleste con ...

J.: Que te molestemos. (...) En fin, me imagino que tú quieres ... ¿...? _____
Pues, ¿quién ...?

Tú: _____

J.: ¿Es posible que le guste. . . ?

Tú: _____

J.: ¿. . . que a ti te guste . . . ?

Tú: _____

L.: ¿ . . . ? _____ Entonces, ¿ . . . ?

II. "¡Saldos!   ¡Liquidación!"

J.: Espera, . . . ¿Por qué tenemos . . . ? Tal vez si . . . , y comparamos los precios . . .

L.: (. . .) En efecto, ayer vi . . .   que hay saldos . . .

J.: Y . . . , los anuncian (*advertise*) . . .   Miren. Estoy seguro de que en este mismo instante . . . en mi radio portátil. (. . .) ¡Ajá! ¿No se lo dije? (. . .)

¿Qué tiendas anuncian?

¿una librería? // ¿una zapatería? // ¿una mueblería? // ¿una perfumería? //
¿un gran almacén "de departamentos"? //
----

(1) " . . . de un solo día. . .   Siento que no podamos . . .   Solamente una vez
en la vida se presenta . . .   Y les ruego que no la dejen pasar. Juegos (*sets*) . . . ,
y sillones."

L.: Dime, ¿qué clase . . . ? _____ ¿Y qué . . . ? _____

_____ // _____//

Francamente, a mí no me interesa . . .   ¿. . . que vayamos? _____

_____

(2) " . . . , si deseáis . . . os admiren. os busquen y . . . , venid a "Aire de Romance".
. . . , donde os espera un surtido (*selection*) completo de . . .
que conducen . . . Y esta semana todos están en rebaja (*sale*). Sólo en . . . ,
en la Avenida Serrano, . . . "

L.: ¡Ay, no resisto (*I can't stand*) . . . ¿Qué se creen? ¿Que . . .   tontas? (. . .)

" Mujeres // si desean que los hombres las admiren// las busquen// las amen//,
vengan a "Aire de Romance".// '. . . "// donde les espera un surtido. . . // de
. . . exóticas// que . . . // Y esta. . . // . . . en rebaja // sólo en . . . // en la
Avenida . . . //

L.   ¡ . . . !

J.: ¿Qué te parece? ¿ . . . ? _____ ¿ Te interesa que

vayamos . . . ? _____

¿ . . . ? _____

Bueno, todavía . . .   A ver . . .

(3) " . . . ,   poesía, obras de . . . ,   programas . . . ,   materiales para . . .   ¡Lo
último (*the latest*) en la lectura. ¡Y todo en . . . , a la mitad del precio. (. . .)
Tarjetas de crédito . . . "

L.: ¿No te dije . . . "en especial"?   Pues, ¿ . . . ? _____

¿ . . . comprar algo . . . ? _____ A propósito,

. . . , ¿cuáles te interesan . . . ? _____

J.: Bueno, ya comienza . . .   ¿ . . . ? _____

(4) " . . . , seis pisos . . . , para . . .
      Cámaras, equipos (*equipment*) deportivos, . . .   Y si Uds. vienen entre . . . ,
      van a encontrar gangas . . . , ¡de sorpresa!   Recuerden, esta liquidación
      anual . . .   y acaba . . . "

J.: ¿Oíste? Pues, ¿ . . . ? ¿ . . . ? _____ ¿Quieres que le

hagamos . . . ? _____

L.:   Yo sí . . .

III. En el Gran Almacén Reina

(*Voces.*)

Ascensorista: " . . . Piso primero . . .   (. . .)   Pieles y cuero.   Piso segundo . . .
      Juguetes (*toys*) y equipos . . .

L.:   . . . , por fin estamos . . .

J.: "Donde cada cliente reina (*rules*)".

L.: Pues según (*according to*) . . . que acabo de oír, . . .   Escucha . . .

¿De qué están hablando?

Como siempre, indica las respuestas correctas.

(1) Dependienta: ... Es lástima que no tengamos ... Pero, ¿quiere que le diga
... ? Pues a mí ..., confidencialmente, que ... no va muy bien ...

Cliente: ¿ ... ?

Dependienta: No hay duda, ... Me da pena que ... como los suyos tengan
que competir ... Ahora bien, esta ...

J.: ¡ ... ! Yo creo que conozco ... ¡Ya me vendió ... violetas! En serio, dime:

¿Qué problema se presentó ... que el cliente pidió?

    a. She brought him the wrong size.
    b. The price was not what they advertised.
    c. They were out of blue ones in his size.

¿Qué dice la vendedora para convencerla ... ?

    a. That the shirt he wants is out of style.
    b. That a blue shirt would detract from his lovely blue eyes.
    c. That green is the "in-color" this year.

L.: ¿Qué piensa Ud.? ¿ ... la camisa verde, o la va a dejar? _____

_____ ¡No lo creo! Pero oigan. ¿Qué ... ese otro

departamento?

(2) Dependiente: " ... No es posible que ... llegue ... En efecto, dudo
que lo tenga ...

Cliente: ..., hace tres meses ...

Dependiente: Pero eso ... la huelga (*strike*).

Cliente: Entonces, que me devuelvan ...

Dependiente: (...) Todas las compras en ...

Indica: ¿ ... se le presentó esta vez ... ?

    a. The dress she ordered three months ago has been sold out.
    b. They can't take her order because of the strike.
    c. The coat they promised her won't come until May.

Entonces, ¿ . . .   devolver el dinero?

    a. Because all purchases of sale items are final.
    b. Because she let three months go by.
    c, Because the refund office is on strike.

J.: En tu opinión, ¿quién tiene . . . ? _____

L.: . . . , la cliente la tiene. . .   En fin, aquí . . .   Pero, ¿qué . . .?
    ¿Otra . . . ?   Dime, ¿ . . . ?

    (3) Dependiente: Cómo no, . . .   Es posible que Ud. encuentre este artículo . . .

    Cliente: ¿ . . . ? ¡ A la mitad . . . !

    Dependiente: Pero no creo que encuentre . . . calidad (*quality*).

    Cliente: ¿ . . . ? Mire Ud. ¡ . . . mercancía (*merchandise*) es defectuosa!

    Dependiente: . . . , dudo que Ud. encuentre . . . cortés, una atención . . .
       (Gritando a otra persona) ¡ . . . ! ¡ . . . ! Que me manden alguien para
    . . . ,   ¿está bien? (*Volviendo al cliente*) (. . .)

    ¿Cuál es la respuesta correcta?: ¿Qué quejas (*complaints*) . . . ?

    a. That the prices are high and the quality is low.
    b. That the service is poor.
    c. That the salespeople are rude.

    ¿Cómo demuestra el vendedor (*does the salesman demonstrate*) . . . de ese
    almacén?

    a. He calls the customer an idiot.
    b. He apologizes profusely.
    c. He sends the other salespeople away.

J.: En tu opinión, ¿se atiende mejor . . . ? _____

_____   (. . .) Y ahora, . .

Dependienta: Buenos . . .   Ah, ¿qué digo? Muy . . . ¿Les puedo servir . . . ?

J.: ¡Cuidado, . . . ! Esa es . . . vendió la camisa verde en lugar . . .   ¿ . . . ? _____
   Bueno, ya que (*since*) estamos . . . , respóndele que quieres ver cierta cosa. Tal
   vez un suéter, o . . .

Tú : _____

Dependienta: (. . .) ¿Y qué . . . desea ?

Tú : _____

114

Dependienta: ¿Y su talla (*size*) . . . ?

Tú: _____

Dependienta: (. . .) ¿Me perdona . . . ? En seguida vuelvo.

J.: ¡Qué . . . ! ¡Qué cortesía! Realmente, me sorprende.

Dependienta: ¡Ya! . . . Ahora, ¿Ud. pedía . . . ?

J.: Dile . . . lo que querías, con . . . , el número, etc.

Tú: _____

Dependienta: ¡Preciso! Y aquí le traigo casi . . . En otro . . . , por supuesto. Y en una talla . . . Pero, dígame, ¿Ud. cree . . . que le favorezca (*looks good on you*) ese estilo?

J.: Dile . . . que te favorece.

Tú: *Sí, creo que* _____ .

Dependienta: ¡ . . . ! Por favor, déjeme mostrarle . . . que le va a quedar mucho mejor (*look much better on you*).

J.: Dale las gracias . . . Y dile que tal vez . . .

Tú: _____

L.: Y rápido, ¡ . . . ! Yo sé que hay . . . que éste.

J.: . . . , y de primera (*first rate*). En serio. Pero por el momento, basta de (*enough*)

. . . ¿Qué les parece . . . mercado popular? _____

L.: Me fascinan . . .

IV. Nos llevamos una ganga (*We get a bargain*.)

(*En el mercado popular. Voces de distintos vendedores.*)

Vendedor: Buen día, patrones . . .

L.: . . . , se nos está acercando . . . (. . .) A ver cómo sales por tu propia cuenta (*how you fare on your own*).

Vendedor: (. . .) ¿ . . . ? _____

¿ . . . ? , se me figuraba. (*I thought so*.) Yo tengo . . . ¿Ud. conoce . . . ?

_____

115

Pues aquí le muestro una tarjeta . . .   ¿Ya ve? Escrita . . .   ¿ . . . , es su

primera vez . . . ?_____

_____ ¿ . . . ? _____   . . . , si se quiere llevar
un buen recuerdo (*souvenir*), . . . una ganga que . . .   Mire Ud. este anillo
. . . Una hermosura . . .   Pues, ¿ . . . cuánto vale en las joyerías (*jewelry
stores*)? ¡ . . . , más (*plus*) el impuesto!   Ahora, quiere que le diga . . . ?

Tú: ¿Por cuánto me _____?

Vendedor: ¡ . . . ! ¡Y está regalado (*it's a steal*)! ¿ . . . ?

J.: Dile . . .

Tú: _____

Vendedor: ¿ . . . ?

J.: Todavía . . .

Tú: _____

Vendedor: ¿ . . . ? Y pierdo . . .

J.: . . . que negocies . . .

Tú: _____

Vendedor: ¿ . . . que vale? Dígame . . . y . . .

Tú: _____

Vendedor: ¡Ay, joven!, ¿ . . . un poquito . . . ? Para . . .

J. : Bueno, ofrécele . . .

Tú : _____

Vendedor: (. . .) Se lo dejo (*I'll let you have it*) en ese . . . , sólo porque quiero que se
lleve . . . nuestro. (. . .) Ahora, ¿Ud. me permite mostrarle . . . ?
J.: (. . .)

Tú: _____

L.: Muy bien, hecho, . . . Realmente, . . . valió la pena.

J.: . . . , a veces se hace una buena compra . . . Pero, por lo general, ¡ . . . !   Yo . . . ,
donde no se puede regatear (*bargain*).

L.: Y donde el trato (*treatment*) . . . Pero gangas, . . .   En fin, tú ya tienes . . .
Y fue para nosotros . . .
J.: Espero que volvamos a vernos . . .   Hasta entonces, . . . Y que tengas . . .

I. "OFERTAS ESPECIALES"

REGRESO A LA ESCUELA

Ahorre 40%

(ya marcado en la etiqueta)

**En toda la línea de ropa escolar
para niñas, niños, jovencitas,
y jovencitos. Tallas 4 a 16.**

Ahorre 30%

**En la línea de calzado escolar y
deportivo de niños y jovencitos.
T. 17-25**

Ahorre 25%

**En dos modelos de Mochilas escolares
Amplia capacidad para libros y papeles**

50% de descuento

**En toda la existencia de
Bolsas y Maletines**

Ahorre 5.000p.

**En la compra de una Blusa o Camisa
T. Junior de nuestra línea regular**

Su completa satisfacción o la devolución de su dinero

PRECIOS VIGENTES HASTA 29 AGOSTO O AGOTAR EXISTENCIAS

Adivina por el contexto

1. Si estos saldos celebran el *regreso* a la escuela, ¿es el comienzo o el fin del año
   escolar? _____

2. Si la *etiqueta* de un artículo indica un precio original de $150, y nos dan un
   descuento del 50%, ¿cuánto dinero *ahorramos* en esa compra?_____

3. Si hoy estamos a 15 de agosto y los precios están *vigentes* hasta el 29, ¿cuánto
   tiempo nos queda para aprovecharnos de las gangas? _____

4. Si *se agota la existencia* de cierta mercancía, ¿la podemos comprar en este
   momento? ¿Por qué? _____

5. Si la tienda promete la *devolución* del dinero, ¿qué se hace si el cliente no está
   satisfecho? _____

6. Finalmente, si la *mochila escolar* se usa para llevar los libros y papeles del niño,
   ¿para qué se usa una *mochila* en el camping? _____

II.

TeVe Guía y **"Elegante"** te invitan a participar en este tremendo concurso para novios que se piensen casar próximamente, donde se seleccionan cada 16 semanas una pareja de novios, a la cual se le regalará una fabulosa oferta de bodas que incluye:

- **Vestido de novia**
- **Las fotografías de boda**
- **Las flores**
- **El tuxedo o "smoking"**
- **Cientos de regalos más . . .**

¡Hasta una maravillosa **Luna de Miel**!

Participa en este concurso solamente llenando el cupón o facsímil, con los nombres de le los novios y la fecha en que piensan casarse, y envíalo a **TeVe Guía** o pasa personalmente por **"Elegante"** , situada en:
Ave. Torre Eliseo 193
Santurce, Puerto Rico
Ponce de León 787
Río Piedras, Puerto Rico.

En adición, **"Elegante"** va a regalar $2,500 en certificados de compras valorados en $50.00 cada uno a las primeras 50 parejas de novios que nos escriban todas las semanas.

¡Envía tu participación hoy para que empieces a ganar!

Explícanos:

1. ¿Para quiénes es este concurso? _____

2. ¿Con qué frecuencia seleccionan a los ganadores? _____

_____ 3. ¿Cuáles son los mejores regalos

que se les dan? _____

4. ¿Qué van a recibir cada semana las primeras cincuenta parejas que les escriban?

_____ 5. En tu opinión, ¿cómo

beneficia este concurso a sus promotores? _____

Aplicaciones

I. Amplía tu vocabulario

A. ¿Cómo se dice?

to look

- parecer (parezco)   *to look, appear* (superficially), *seem to be* : Parece que va a llover.; Pareces cansada. --Sí, estoy muerta .

- estar   *to look, seem, be*

  Although English often translates *estar* as "*to look*", it actually is just making a subjective statement about what condition the subject is in, and not about its outward appearance:

  Estás muy bonita esta noche (*You look , happen to be . . .*). -- Ah, gracias.

  Parecer would not work in this case!

- mirar   *to look at (someone or something*) : Quiero que lo mires bien antes de comprar. --No me mires así.

- buscar   *to look for* : Mamá, ¿dónde está mi mochila? -- No sé. Búscala. (Remember that the English "for" is included in the Spanish verb!)

- parecerse a   *to look like, resemble*   : Se parece a su abuelo, ¿no crees? -- Al contrario. Se te parece a ti.

- verse bien o mal   *to look good* or *bad (often, but not necessarily, with regard to health*): ¿Qué le pasó a Jaime? Se ve mal. -- Es que estuvo enfermo.; No hagas eso. ¡Se ve muy mal para los vecinos!

Palabras en uso

Completa expresando en español el equivalente del verbo *"to look"* .

1. ¡ _____ Ud.! Allí hay algo interesante. --¿Dónde?   2. Si tus papeles no están aquí, sugiero que los _____ en tu escritorio. -- Yo no sé. _____ que todas mis cosas se pierden.   3. ¡Ojalá que el niño _____ a su padre! -- ¿En el aspecto físico o intelectual?   4. ¿Bajaste de peso (*did you lose weight*)? (Tú) _____ muy delgada. -- Con este vestido (yo) _____ más delgada, pero en realidad, no lo estoy.   5. Acabo de ver a Neli y _____ maravillosa. -- Sí, _____ muy joven todavía.   6. Este almacén _____ más caro que los otros. -- Lo es.

119

B. Asociaciones

Llena los blancos usando siempre una palabra derivada de las palabras indicadas:

1. Si vivo en mi *propia* casa, yo soy (el, la) _____ de esa *propiedad*.

2. Si el *coste (costo)* de algo es muy alto, la cosa es muy _____ . -- Sí,

   _____ mucho.

3. Si un almacén anuncia *rebajas,* el coste va a ser más _____ que antes.

   Desafortunadamente, las tiendas no _____ frecuentemente los precios.

4. Si una cosa vale mucho, es muy _____ . -- Sí, tiene mucho _____

5. Finalmente: *largo* es a *alargar* como _____ es a *acortar,* como _____ es

   a *aflojar,* como *angosto* es a _____ , y como _____ es a ensanchar.

II.   Ejercicios suplementarios

#18. The first concept of subjunctive: indirect command

A. "Yo no. ¡Que otra persona lo haga!"

   Responde según las indicaciones. Por ejemplo:

   Vaya Ud. en seguida. --*No, que vaya Martín*.

   1. Sal ahora. -- *No,* _____ *ellos.*   2. Hagamos rebajas. -- *No,*

   _____ *nuestros competidores.*   3. Regálaselo. -- *No,*

   _____ *su novio.*   4. Anúncienlo Uds. -- *No,* _____

   _____ *todos nosotros.*   5. Dile lo que pasó. *No,* _____

   _____ *otra persona.*   6. Alárguelos. -- *No,* _____ *él mismo.*

B. Imagina que eres dueño (dueña) de una tienda. ¿Cuáles de estas cosas quieres
   que ocurran, y cuáles, no?

   Por ejemplo: Quiero que . . .   o   No quiero que . . .

   1. La clientela va a otra tienda. _____

   2. La demanda sube. _____   3. Los precios

   bajan. _____   4. Hay una depresión económica.

_____ 5. Se abren

otras tiendas más baratas junto a ésta. _____

_____ 6. Los mayoristas (*wholesalers*) nos cobran más.

_____ 7. El gobierno nos cobra menos

impuestos. _____

#19. The second concept of the subjunctive: Emotion

Imagina que tú eres empleado (empleada) del Gran Almacén Reina. ¿Cuáles de estas cosas esperas que ocurran? (*Espero que* . . . *¡Ojalá* . . *!*) ¿Cuáles te molestan que pasen? ¿Cuáles te gustan que ocurran? . . . Responde expresando emoción con respecto a cada cosa:

1. Los propietarios nos alzan los salarios. _____

_____ 2. Los dueños nos hacen trabajar hasta

más tarde. _____ 3. La tienda estará

cerrada los sábados. _____

4. Nos van a abreviar las horas del almuerzo. _____

_____ 5. Hay oportunidad de ser ascendido (*promoted*).

_____ 6. Permiten

más horas de descanso para los empleados. _____

_____ 7. No se dan cuenta de nuestros errores.

_____

#20. The third concept of the subjunctive: "Unreality"

Imagina que tú eres cliente de ese mismo almacén. ¿Cómo expresas estas ideas?

You ask if it is possible to get (*a certain item*). The clerk says he doubts that they have it in stock, but he thinks that they're going to have it soon. It's probable that you may have to wait a few days, but he's sure there's no problem.

_____

_____

_____

_____

Ahora, ¿cómo continúas tú la conversación?

III. Composición creativa

Campaña publicitaria

1. Si crees que estás muy civilizada,
vuélvete salvaje con la provocativa
y seductiva fragancia "_____"
Atrévete con "_____",
y _____

2. Mucho más que para escribir sus ideas,
"_____" describe su buen gusto.
Un precioso regalo que impone su estilo.

¡ _____ !

3. ¡EL REGALO PERFECTO PARA ESTA NAVIDAD!

* Porque "_____" captura toda la alegría de la juventud
* Porque con ella obtendrá fotos claras, brillantes y llenas de color
* Porque _____
¡Porque cada retrato es un relato!

4. Con la moda y la variedad . . .

"_____", donde está la calidad.
¡Tus pies en la tierra, tus zapatos en
_____!"

¡ _____ !

5. Para conservar tu belleza . . .

"_____" es para tus labios humedad.
"_____" es para tu piel protección.
"_____" es para tu cara color y belleza.
_____

==

(1) Dale un nombre a cada producto. Decide a quién se va a dirigir la campaña -- sexo, edad, medios económicos, nivel de educación -- y qué medios publicitarios vas a usar para realizarla -- revistas, televisión, escaparates de tiendas, etc. . . . Ahora añade por lo menos una frase más a cada anuncio . Y si quieres, indica qué colores vas a emplear y qué foto, diseño o ilustración lo va a acompañar.

(2) Prepara un anuncio original para algún producto o alguna tienda, usando el subjuntivo por lo menos tres veces.

Experiencias auditivas

I. Telenovela

Toni: (. . .) ¿ . . . ? _____ Oiga, le quiero . . .   ¿Qué tal (*How about*)

si no trabajáramos . . .? ¿ . . . ? -- *Sí, me gustaría (No, no me gustaría)* _____

_____ ¿Y si viéramos . . . ? _____

_____ ¿O si fuéramos . . . ? _____

_____

Marina: ¡Vaya! (*Come on !*) Dígalo . . . entusiasmo. "Me encantaría que . . . " //
   Y que . . . // Y . . . // ¡Mejor!
T.: ¡Ole, . . . !

M.: Así . . .   ¡Hay que (*You have to*) vivir con signo de exclamación! En fin,
   pongamos la tele . . .   A ver . . .   (. . .) ¡Espere!   Yo . . . esta telenovela.

M.: Mire Ud., este . . .   Y esa . . .   Bueno, use Ud. la imaginación, . . .

  ¿ . . . ? _____ ¿Cuántos. . . ? _____

_____ ¿ . . . ? _____

Pues, ello es que entre ellos existía . . .   Chiss. Se lo digo . . .

Anselmo: Estamos . . . un ser (*persna*) que te importa. . .   Estamos . . .
       de Eugenia, . . .
Constitución: (. . .) Yo soy . . . Mira, yo estoy . . . Voy a . . . (. . .)

M.: ¿ . . . ? _____   Pues, ¿de quién . . . ? _____

_____ // _____ // Pero Anselmo

quiere que ella piense . . . ¿En quién . . . ? _____

_____ // Sobre todo ahora, porque . . .   va a morir pronto.

Constitución: ¿Qué estás . . .? ¿ . . . ?   Y eso me duele. . .

M.: Es tan . . .   Mañana vamos a saber . . .

T.: ¡ . . .! ¡Qué complicaciones . . .! Dígame: ¿Así . . .? _____

_____ ¿ . . .? _____

En fin, . . .

II. Mundo deportivo

" Faltan contados (*just a few*) segundos para el silbato (*whistle*) final. Se
cuela Pedernera (*Pedernera slips through*), se enfrenta al "Caimán"
("*Alligator*") Sánchez, totalmente descolocado (*out of position*). ¡Shoota
(*Shoot*)! Potente (*hard*), templado (*well placed*). . .¡Go-o-o-o-o-1!"

T.: ¡ . . .! ¿Lo vieron . . .? _____ ¿Saben? Me fascinan . . .   ¿ . . . ?

_____ Pues, ¿ . . . ? _____

_____

M.: ¿Lo juega . . . ? _____ A propósito,

¿ . . . ? _____

T.: Pues oiga, aquí tenemos . . .   Escuche bien, y . . .

¿De qué deporte se trata?

----
béisbol • fútbol (sóquer) • ciclismo • baloncesto (básquetbol) • tenis
----

(1) " Florencia.   El primer clasificado *(seed)* Andrés Gómez . . .   aprovechó . . .
del sueco (*Swede*) . . ., para derrotarle por . . .,   ganando el Torneo Gran
Prix con . . .   en premios.

¿ . . . ?_____ // ¿ . . . ?_____

(2) "Mientras tanto, en la Liga . . ., los Medias Rojas ganaron a los Indios
por . . .   Rivera jonroneó y . . . bateó un par de sencillos. " ¿ . . .?

_____ // ¿ . . . ?_____

124

(3) "El jueves pasado . . . , los 76 . . . cortaron la cadena (*string*). . . en su cancha (*home court*). Se enfrentaron . . . anoche, pero la situación . . . , ya que los . . ., conducidos por . . ., quien encestó 31 puntos, les ganaron a sus más cercanos rivales. "

¿ . . . ? _____// ¿ . . . segundo partido?

_____ //

(4) Ahora, volviéndonos a . . . ,: Con gol de Antonio Arias, . . . venció a la Central . . . en el primer encuentro . . . ayer.

¿ . . . ? _____ // A propósito, ¿era ése un encuentro

de equipos . . . ? _____

Locutor: Y con esto . . .

T.: Bien. Eso . . . Y ahora, ¿ . . . ?

M.: Cualquier cosa. (*Anything at all* .) Por ejemplo, . . .

III. "Secretos de las Estrellas"

M.: Comenzó hace un rato (*a while ago*), pero . .

Olivia: Si Uds sintonizaron (*tuned in*) . . ., estamos hablando hoy con . . . , ¡Luzmila Ponce.! (*Aplausos*) Entonces, . . . tú estás casada . . .

Luzmila: Con Eduardo Pilar.

Olivia: ¿ . . . ? Pero yo creía . . .

Luzmila: ¿Gregorio Lara? Ése fue . . . Pero, te voy a decir . . . , con tal que (*provided that*) no se lo digas . . .

Olivia: Tus confidencias están seguras (*safe*) . . . ¿No es así, . . . ? (*Aplausos*)

Luzmila: Bueno, a veces . . . para mí (*to myself*): ¡Ojalá que estuviera . . . ! ¡Ojalá que él y yo pudiéramos . .

Olivia: Pero, entonces, ¿por qué . . . ?

Luzmila: Porque para . . . de mi categoría, un hombre . . . , ¡a menos que tenga poder (*power*) . . . ! ¿ . . . ?

Olivia: (. . .) Pero hoy leí . . . acaba de tener un gran éxito . . . ¡Su . . . es una bomba de primerísima (*smash hit*)!

Luzmila: Entonces, si te comunicas con él, . . . de mi parte (*from me*) . . .

Olivia: (. . .) Y . . . por compartir con nosotros tus "Secretos de las Estrellas".

125

Luzmila: Fue un gusto. (. . .)

Olivia: Y ahora, . . . , nuestro próximo huésped es . . . el gran productor . . . ,
¡ don . . . ! (*Grandes aplausos*)

Eduardo: (. . .) Ah, Luzmila, . . .

M.: ¡ . . . ! Pues indíquenos:

(1) ¿Qué . . .?   *a. That she is still in love with her third husband*
            b. That she actually is married to Eduardo Pilar
            c. That Gregorio Lara wants to marry her

(2) Pues, si amaba todavía . . . ,   ¿ . . . ?

         a. Because love is more important than fame.
          b. Because a star of her quality needs a rich and famous man.
         c. Because he left her for another woman.

(3) ¿Qué buena noticia . . . ?

      a. That Gregorio has just had a big success abroad.
      b. That her newest film is a smash hit.
      c. That she will soon be starring in London.

(4) ¿Quién es . . . ?   *a. Her husband*
                b. Her ex-husband
                c. Her producer

T.: ¡ . . . !   Simplemente, . . . Díganme, ¿seguimos . . . ? _____
M.: (. . .)   Hay tantas cosas . . .

IV. Canta Rosario Andrade

T.: Pero, ¡qué voces . . . !   ¿ . . . Plácido Domingo?

M.: (. . .) Y éstos son fragmentos   . . . que grabaron (*they recorded*) . . .   Parece . . .

Locutor: (. . .) Es un placer . . .

M.: Rosario comenzó . . . ,   que murió joven, pero que fue . . .   su carrera.
Después habló de . . .   --en Europa, en el Japón, . . .   Y acabó . . . ,   y de . . .

Locutor: Además de ser . . . ,   Ud. tiene especial predilección por . . .
        ¿Por qué no nos cuenta   . . .   faceta suya?

Rosario: De mi país que me gusta . . .   -- las canciones . . . ,   las rancheras
        (*folk songs*).   Yo antes . . . Además, de niña (*as a child*) de primaria,
        me atreví a concursar (*enter contests*) . . .   Y curiosamente, gané
        lugares (*I won prizes*) . . .   Cantando "La malagueña", . . . "La
        paloma" (*The Dove*), y " La dejada" . . .   Son tan . . . ,   tan
        especiales nuestras. Aún (*I still*) las canto . . .

M.: Al final, el locutor le pidió ..., y nos cantó "Muñequita linda". Aquí ...

    Locutor: Le deseamos ... Y fue un verdadero placer haberla tenido ...
    Rosario: (...)

M.: ¿ ... ? _____ Pues díganos ... : ¿Quién inspiró ... ? _____

_____ // (...) ¿Con qué famoso artista ... ?

_____// Tal vez el tenor ... Finalmente,

¿qué clase ..., además de la operática? _____//

Sobre todo, ... // ¡ ... ! Y ahora, para completar ...

V. "¡Gane o pague!"

    Rufino: " ..., con Graciela Delmar. Y bienvenidos a " ... "! Nuestros
            primeros ... Benito y Mónica Salcedo, de ... (...) Bueno, ..., Uds.
            escogieron la categoría ..

Ella y Él: (...)
Rufino: Pues, ¿están listos ... ? (...) Muy bien, dígannos.: ¿En qué año fue
            descubierto ... ?

Él: (...)
Ella: ¡ ... Cristóbal Colón!

Rufino: En ..
Ella: (...)

Rufino: cuatro ..
Ella: Ah, en mil ...

Rufino: ... no--
Él: ¿ ... ? ¿ ... trescientos?

Rufino: (...)
Ella y Él: ¡Ya! (...)

Rufino: ¡Ya lo dijeron! ¡ ... ! ¡Felicitaciones! Uds. son eligibles ...
            si pueden contestar ... ¿Están listos?

Ella y Él: ¡ ... ! ¡Venga (*Bring on*) ...

Rufino: (...) Todavía sobre el tema de ... : Dígannos en diez segundos:
            ¿Cuáles eran los nombres de todos ... ? ¡En orden alfabético!

Él y Ella: (...) Almagro, Ardilla, Azuela, Barrezueta, Campos, Cánovas,
            Carrión, Carranza ...

(*Suena una campana.*)

Rufino: (...) Pero "Carranza" viene antes de Carrión. Así que, en lugar de que nosotros les paguenos..., Uds. nos deben...

Ella: Ay, Benito. ¿No te dije que escogiéramos "ciencia"...?
Él: Pero, Mónica, si no fuera por...

Ella: Yo te dije antes...: En caso de que nos llamen, tomemos...
Él: A menos que incluyera astrofísica. Tú sabes que yo...

Rufino: Bueno,.. Es lástima que Uds. perdieran... Pero Uds. no... con las manos vacías. ¡...! Mónica..., Uds. se van a llevar consigo, ¡para siempre!, los mejores deseos...

Graciela: Y una entrada gratis para la playa pública..., ¡válida cualquier día durante...!

Rufino: (...) Y ahora,..., nuestros televidentes (*viewers*) van a tener la oportunidad... Para aquellos que no conocen nuestro sistema: Si nosotros..., y Ud... en diez segundos, un millón...

T.: (...)

Rufino: Bueno, ya le pedimos... que marcara el primer número. (...) Y nuestro próximo...

(*Nuestro teléfono suena.*)

T.: ¿...?

Rufino: Aquí habla... ¿...?

M.: ¡Ea! (*Hey!*) ¡Nos llamaron...! (Contéstele Ud. Dígale...)

Ud.: _____

Rufino: (...) ¡Y mucha...! Bueno,...

(1) ¿Qué pueblo indígena ... construyó su ciudad capital sobre un lago?

☐ los incas ☐ los aztecas ☐ los caribes _____ //

(2) La primera isla (*island*) ... de Hispaniola. ¿... la ocupan actualmente?:

☐ la República Dominicana y Haití ☐ Panamá y Honduras ☐ Cuba y Chile

_____ //

(3) Dos ... en la misma fecha. ¿...? ☐ Shakespeare y Cervantes

☐ Picasso y Goya ☐ Byron y Unamuno _____ //

(4) ¿Qué escritor ...obras de teatro?: ☐ Federico García Lorca ☐ Lope de Vega

☐ Gabriel García Márquez _____ //

128

(5) ¿Cuál es . . . ? : □ El Amazonas □ El Río Grande □ el Orinoco _____ //

(6) ¿Qué patriota hispano se conoce . . . ? □ Simón Bolívar □ Benito Juárez

□ Pancho Villa _____ //

(7) ¿Qué gran pintor . . . ? □ Velázquez □ Goya □ El Greco _____ //

Rufino: Bueno, ¿cuántas . . . ? _____ ¡ . . . ! Si Ud. supiera una
sola . . . En fin, nosotros ganamos, y . . . ¿Cuánto . . . ?
Graciela: Sólo cien mil . . .

Rufino: (. . .) Mándenos su cheque, y gracias por . . .

M.: ¿ . . . ? Oiga. Apague Ud. . . . y no le pague . . . Vamos a salir . . .

T.: (. . .) Iremos . . . Allí no nos encuentra . . .

VI. Cine: "NOCHE TRAGICA DE AMOR"

M.: ¡Ya! (. . .) "Noche . . . " A ver de qué trata . . .

(*En la pantalla, dos amantes hablan.*)

Él: Mi cielo, mi reina, mi estrella, mi flor.
Ella: Mi sol, mi luna, mi paraíso, mi amor.

T. : ¡Válgame Dios!.
M.: Por favor, Toni, déjame oír . . .

Él: No te dejaré escapar nunca . . .
Ella: ¡Qué feliz tristeza! ¡Qué triste felicidad!
Él: ¿ . . . , mi alma? ¿No estás contenta . . . ?
Ella: . . . , mi corazón. Pero tengo miedo . . . El me dijo que no te viera . . .
Quería que me casara con Rodolfo, y que me olvidara . . .
Él: No te preocupes. Yo te protegeré.
Ella: ¡Mi vida! (*Oh, darling!*)
Él: ¡Querida!

(*Se besan largamente.*)

T.: Menos mal (*OK*). En vez (*instead*) de . . . , era mejor que se besaran, ¡ . . . !

M.: No seas tan cínico, . . . Además, . . . Yo no creía que existiera . . .

T.: (. . .) Entonces, . . . , que él te lleve al cine. . . Yo jamás he oído diálogo . . .

¿ . . . ? _____ Pues diga Ud.:

129

Él: No te dejaré . . .// . . . //
Ella: ¡ . . . tristeza! // ¡ . . . ! //
Él: ¿ . . . , mi alma?// ¿No estás . . . ?//
Ella: . . . , corazón. // Pero tengo . . . //   El . . . // que no te viera . . .//
     Quería . . . con Rodolfo,// y que me olvidara . . . //
Él: No te . . . , cariño.// Yo . . . //
Ella: ¡ . . . ! //
Él: ¡ . . . ! //

M.: (. . .)   La escena ha cambiado. Se ve ahora . . . Un hombre mayor de edad . . .

    Padre: ¡Tonto! ¡Imbécil! Te mandé que la vigilaras . . . , que la tuvieras
           encerrada (*locked up*).
    Secretario: (. . .)
    Padre: ¡Idiota! ¡ . . . ! ¿No te dije que la siguieras . . . ,   y que me llamaras . . .
    Secretario: (. . .)
    Padre: Pues, ya no hay más remedio. Tengo que vengar (*avenge*) . . . Vámonos,
          don Necio (*dummy*).. ¿ . . . , piensan ellos? ¡ . . . de tragedia será!

T.: ¡ . . . ! Esta película entera . . .
M.: Ríete tú (*Go ahead and laugh*) . . . A mí . . .

T.: ¿En serio, . . . ? (. . .) Pues dígame Ud. . . .: ¿ . . . ? _____

    _____ Por lo general, ¿prefiere . . . ?

    _____ ¿ . . .

    o de "horror"? _____ (. . .)

    (Se oyen gritos, disparos, sirenas.)

T.: ¡ . . . ! Ahora, ¿ . . . ?

M.: Creo que los mataron.

T.: ¿ . . . ?

M.: (. . .) Mientras Uds. estaban hablando, de repente hubo mucho . . .
    Y los mataron. ¡ . . . ! Dígame, . . . , ¿qué . . . ? ¿Quiénes . . . ? ¿ . . . , o los

    amantes? _____ Espere. Ahora . . .

    (Música celestial)

    Bueno, ahí están. ¿ . . . ? Entre las nubes. Y les oigo . . .

    Él: Solos, por fin, mi luna, mi sol.
    Ella: Contigo para siempre, mi luz, mi farol.

T.: ¡ . . . , mis compañeros! Basta de "disfrutar". A veces, . . . , ¡me gusta más . . . !
M.: Y a Ud., . . . , como siempre, . . .   Y un cariñoso . . .

A.

Aquí tiene el horario del Canal 11 de la Telecadena Pérez Perry de Puerto Rico. Mirándolo sin más información que ésta, ¿cómo interpreta Ud. la programación? Por ejemplo:

1. ¿Qué telenovelas hay?

_____

_____

2. ¿Qué noticiario encuentra?

_____

3. En su opinión, ¿cuáles son programas de variedades?

_____

_____

4. ¿Cuáles cree Ud. que se dedican a los jóvenes?

_____

_____

5. ¿A qué horas comienzan los programas de deportes?

_____

A propósito, ¿en qué orden están ilustrados aquí los deportes siguientes?:

tiro al arco _____
la natación _____
levantamiento de pesos _____
el box (o boxeo) _____

6. ¿Qué tipo de programa será "Viaje a las estrellas"?

_____

¿Y "Pa (Para) arriba, nene"?

_____

131

B. Hoy en el cine

Vuelven a estrenar "2.001: Odisea del Espacio"

No importa que no haya obtenido premios de gran importancia. Con ellos o sin ellos, "2.001: Odisea del Espacio" (producido en 1968) es una película especial, de las que sacuden violentamente la imaginación, de las que tienen que quedar en el recuerdo. Así es que, acercándose pronto aquel año, los productores de ese mágico film lo han vuelto a estrenar.

En esta cinta no hay nada de las aventuras estupendas que suelen usar en los relatos ya convencionales de la "ciencia ficción". El viaje, por ahora fantástico, pero ya posible, no se emplea sólo para poner en pantalla dos horas y media de mero entretenimiento. Por encima de la aventura de los astronautas se impone un sentido mucho más trascendente. Sirve para plantear un enigma, para buscar respuesta a una pregunta que obsesiona al hombre desde que tuvo conciencia de su propio ser: "¿De dónde vine? ¿Adónde iré?" . . .

Es eso precisamente lo que hace que "2.001" sea al mismo tiempo un magnífico espectáculo y una película hecha para preocupar al que la ve.

Todo esto se va desarrollando en un tratamiento técnico magistral. Los efectos especiales son de una inteligencia y de una realización extraordinarias. A los pocos minutos de comenzar el viaje, uno se olvida de que esto es una fantasía, y cree estar viviendo la aventura de los astronautas, viviendo, sufriendo, y muriendo con ellos.

Los actores cumplen seguros su cometido, y el tratamiento de la fotografía y de los colores debe ser elogiado totalmente. En suma, "2.001" es una obra maestra del arte fílmico, una de las mejores películas que hayan salido bajo el sello de MGM. Aplaudimos a sus productores por traerla de nuevo a la pantalla

(*Adaptado de La Capital, Rosario, Argentina*)

Impresión general

1. ¿Es más bien favorable o negativa esta reseña (*review*) del film "2.001"? _____

_____

2. ¿Cuándo se estrenó por primera vez? _____ ¿Por qué

conviene ahora presentarla de nuevo? _____

3. En pocas palabras, ¿cuál es el asunto (*plot*) de la película? _____

_____ ¿Qué factores contribuyen a su éxito?

_____

Comprenda por el contexto

Es muy probable que Ud. no conozca algunas de las palabras que se emplean en esta reseña. Sin embargo, dentro del contexto, se pueden explicar por sí solas. Estudie por un momento cada frase, y después conteste:

1. Los actores *cumplen seguros su cometido*, y su actuación debe ser *elogiada* totalmente. . . a. ¿Hicieron bien o mal sus papeles los artistas? _____

_____ b. Si uno realizó su *cometido* en la vida, ¿tuvo éxito o fracasó?

_____ c. Y si lo *elogiamos*, ¿hablamos bien o mal de él? _____

2. "Es una película *magistral* que *sacude* violentamente la imaginación, imponiendo encima de la aventura un sentido mucho más *trascendente*"... a. ¿Se puede llamar una obra maestra o le falta algo todavía? _____

_____ b. ¿Qué impacto emocional produce? _____

_____ c. ¿Cómo supera el aspecto aventurero? _____

_____

Aplicaciones

I. Amplíe su vocabulario

A. ¿Cómo se dice?

1. *can*

- poder   *can* (*to be able, physically capable*): No puedo levantarlo. Es muy pesado.; *may* (colloquial English -- *to be allowed to*): Mamá, ¿puedo salir?

- saber (sé, sabes)   *can* (in the sense of *to know how to*) : ¿Tú sabes tocar la guitarra?; Sabía hablar seis lenguas.

2. *may*

- poder   *may* (*to be allowed to*, just like the colloquial English "can"): Uds. pueden ver al doctor ahora.; Mamá, ¿puedo salir?

  "Poder" can also express uncertainty, either in a main clause or after "I believe," etc.: Notice that we use the indicative of *poder* here:

  Ud. puede tener razón, pero lo dudo. Creo que puede ser peligroso.

- The subjunctive of any verb can translate *may* after conjunctions of indefiniteness or uncertainty: Aunque sea brillante, a veces no lo revela.

- Es posible que..., Puede que... + subjunctive: Es posible que (Puede que) vengan (*They may come*), pero no es seguro todavía.

133

Palabras en uso

Llene los blancos expresando en español el equivalente de *can* o *may* :

1. Tú _____ jugar al ajedrez (*chess*)? -- No, pero _____ jugar muy bien a las damas (*checkers*).   2. Uds. _____ pasar al comedor ahora. La cena está servida.   3. Doctor, ¿(nosotros) _____ entrar? -- Todavía no. El paciente _____ estar dormido.   4. Yo no _____ entender esto. Es muy complicado.   5. _____ que tengan dinero, pero viven muy mal.   6. No _____ creer que ellos lo hicieran. -- Pues _____ ser que mintieran.   7. Aunque _____ mayor de edad, se ve muy joven. (*ser*)

B. ¿Cuál es la palabra intrusa?

En cada uno de los grupos siguientes, hay una palabra que no corresponde. Identifíquela, y después escriba el tema de cada agrupación.

película, pantalla, función, teatro, proyector, estadio, presentar

Tema: _____

astro, estrella, papel, palco, protagonista, ídolo, interpretar, actuación

Tema: _____

butaca, fila, asiento, éxito, palco, mezanín, localidad, pasillo, escenario

Tema: _____

documentales, noticiarios, novelas, taquilla, entrevistas, deportes, variedades

Tema: _____

entrada, jonrón, receptor, lanzador, meta, batear, vencer, empatar, derrotar

Tema: _____

II. **Ejercicios suplementarios**

#21. <u>Present subjunctive or imperfect subjunctive?</u>

A. Usando los verbos en paréntesis, llene los blancos.   Después, responda:

1. (*empatar*) Espero que (nosotros) por lo menos _____ .

Esperaba que _____ ¿Estaba yo segura de

134

que ganaríamos? _____

2. (*ir/ volver*) No es posible que (ellos) _____ y _____ en un

solo día. No era _____

¿Cree Ud. que se fueron muy lejos? _____

3. (*dar / ser*) Nos ruega que le _____ cualquier papel, aunque no

_____ el principal Nos rogó que le _____

_____, aunque no _____ ¿Cree Ud. que este

(esta) artista estaba en la cima (*height*) de su carrera? _____

_____

B. Frases paralelas: Expréselas en español.

1. I doubt that it will succeed.   *Dudo que tenga éxito.*

   I doubt that it succeeded.   _____

2. Oh, how I hope they lose!   *¡Ojalá que* _____

   Oh, how I wish they lost!   _____

3. They insist that we do it again.   *Insisten en que* _____

   They insisted that we do it again.   _____

4. Don't you want me to have fun?   *¿No quieres que* _____

   Didn't you want me to have fun?   _____

#22. "*If I were you...*" : Imperfect subjunctive for "contrary to fact"

A. Cambie siempre para expresar una condición contraria al hecho. Por ejemplo:

Si vamos al cine hoy, ¿qué veremos? *Si fuéramos..., ¿qué veríamos?*

1. Si llegamos tarde, perderemos el primer acto. _____

_____ 2. Si hay buenas localidades, te

las compraré. _____

_____ 3. Si la obra es una "bomba", seré feliz. _____

_____ 4. Si tienen cuidado, no tendrán

que preocuparse tanto. _____

    5. Si haces eso, estarás en peligro. _____

B. Busque la conclusión correcta, e indíquela con el número correspondiente:

1. Si tuviéramos mejores lanzadores,   _____ veremos las noticias.

2. Si el escenario no fuera tan caro,   _____ el público se escandalizará.

3. Si le da una infección del oído,   _____ ganaríamos el campeonato.

4. Si pones el telediario,   _____ las entradas no costarían tanto.

5. Si retiraran esa telenovela,   _____ es posible que se ponga sordo.

6. Si presentamos esa documental,   _____ disfrutaría más de la obra.

7. Si la localidad estuviera mejor situada,   _____ los "devotos" protestarían.

#23. <u>The subjunctive after conjunctions of "unreality"</u>

Usando las expresiones siguientes, complete cada frase dándole todas las conclusiones lógicas. (Siempre hay por lo menos dos.)

1.(a) hacer mucho frío (b) hacer demasiado calor (c) hacer buen tiempo (d) llover

El baile va a ser al aire libre (*outdoors*), a menos que _____

_____

2. (a) necesitarme (b) haber algo urgente (c) verme muy cansada

 En caso de que (tú) _____ ,
despiértame. De otra manera, déjame dormir.

3. (a) presentar (b) mostrar (c) retirar   (d) exhibir

Aunque los distribuidores _____
el film en muchos teatros el mes pasado, la obra fue un fracaso.

4. (a) ser difícil   (b) llegar tarde   (c) llegar a tiempo   (d) costar mucho dinero

Aunque _____ ,
voy a tratar de asistir.

5. (a) evitar la necesidad   (b) no hacerle daño a nadie (c) ser de alguna ayuda

Aunque no me gusta, lo haré con tal que _____

III. Composición creativa

A. Reseña (*Review*)

Imagine Ud. que trabaja para un periódico de habla española en su pueblo. ¿Su campo? Cine y teatro. Y ayer Ud. fue a ver . . . (*Ud. dirá.*) Usando como modelo el artículo sobre "2.001: Odisea del Espacio", prepare una crítica objetiva de la obra que vio.

- Comience indicando el título de la . . . ¿película? ¿obra de teatro?, cuándo fue presentada y por quién(es), quiénes interpretan los papeles principales.

- Explique qué tipo de obra es (si es una comedia, un drama, una comedia musical, una obra de misterio o de terror, una obra histórica, o de ciencia ficción, etc.)

- Haga un breve resumen de la obra (no más de dos párrafos, y trate de limitarse a uno).

- Comente sobre la actuación de los artistas principales, la escenografía, el diálogo, y la dirección, y acabe recomendándola o no recomendándola a sus lectores.

B. El "Show de las Celebridades"

Imagine Ud. que tiene la oportunidad hoy de entrevistar a una gran celebridad, de cualquier campo o nacionalidad. Pero antes de presentar a este individuo en su programa, Ud. tiene que preparar una lista de preguntas provocativas que le va a hacer.

- Tráiganos por lo menos doce preguntas interesantes sobre diferentes aspectos de su carrera o de su vida.

- O si prefiere, tráiganos solamente 3 preguntas, pero con las respuestas que Ud. cree que la "celebridad" le va a dar.

C. "Página deportiva"

Ud. escribe una columna diaria en la sección deportiva de su periódico favorito. Prepare para hoy una de las cosas siguientes:

a. Un reportaje sobre los eventos deportivos más notables del día
b. Un comentario sobre algún equipo deportivo -- sus éxitos o sus problemas
c. Una entrevista con una figura importante en el mundo de los deportes.
   (Mínimum: seis preguntas, con respuestas completas)

LECCION OCHO: *¡Vámonos de excursión!*

Experiencias auditivas

I. ¿Alquilamos un coche?

Lidia: (. . .) _____ ¿ . . . ? Parece mentira. (*I can't believe it!*) Parece que sólo ayer comenzamos . . .   ¿Te acuerdas? Fuimos . . . , y tú no sabías siquiera . . .   ¡Había que ver (*You should have seen*) tu cara cuando . . . ! Y compramos el pasaje, y . . .   Y por fin . . .   Y fíjate. El tiempo ha pasado, y . . .   ya está para (*about to*) . . .

Jorge: Pronto, . . .   Pero todavía nos queda tiempo. . .   Tal vez, una pequeña excursión al campo, o . . .   Si tuviéramos . . .

L.: Pues . . .   Lo alquilamos, y damos una pequeña vuelta (*we take a little ride*) . . .

¿ . . . ? _____   A propósito, dime, ¿tú sabes . . . ? _____

_____

J.: ¿A qué edad dan . . . ? _____
Aquí, . . . creo que . . .

L.: En fin, ¿ . . . ? _____   ¿ . . . ?

_____

J.: Oye, ¿ . . . soñar? Pues si tú pudieras tener cualquier . . . , ¿cuál escogerías? _____

_____   ¡Hombre!

L.: Entonces, ¿estamos decididos? ¿ . . . ? _____

_____   Pues aquí anuncian . . .   Toma. Léelo . . .

Conducir en RenteCar es un buen manejo *("move")*.//

Desde que Ud. llega a RenteCar,//recibe el servicio y la atención// a los que está acostumbrado.// Cortesía// rapidez //y eficiencia// son las características// de nuestro personal (*personnel*) **especializado.//**

Pertenezca al selecto grupo // de la Tarjeta Dorada// y reciba un descuento // en cualquiera de nuestras oficinas. //

Reservaciones: 528 // 62// 64.

J.: ¿ . . . ?

L.: ¡ . . . !

II. En la Agencia RenteCar

J.: Bueno, aquí . . .   Por favor, . . . y explícale lo que queremos.

Tú: _____

Agente: Para servirle. Ahora bien, ¿Ud. desea . . .?

Tú: _____

Agente: (. . .) Ahora, . . . tamaño normal o . . .?

Tú: _____

Agente: ¿Qué tal le parecería (*How would you like*) . . .?

Tú: _____

L. (Oye, pregúntale si . . . deportivo.)

Tú: ¿_____?

Agente: (. . .) Pero si no tienen . . ,   puede (*it may be*) que lo tengamos . .

L.: Lástima. (. . .)   En fin, . . . si cobran al día (*per day*) o . . . millas?

Tú: ¿_____?

Agente: (. . .)   Les . . . una cuota diaria, según la marca (*make*) y . . . ,   y
también . . . kilometraje.

L.: ¿No es un poco caro . . . ?   (Oye, . . . está incluida.)

Tú: ¿_____?

Agente: (. . .) Y los seguros (*insurance*) por robo.   Si Uds. quieren comparar . . .
con las de nuestros competidores. .

J.: No creo que sea . . .   La verdad es . . .

Agente: (. . .)   Entonces, ¿. . . manejar? ¿Ud., por si acaso (*by any chance*), tiene
. . . de chofer?

Tú: _____

J.: (. . .) Pero se me olvidó . . .

L.: No importa. (. . .) Yo seré . . .

Agente: (. . .) Entonces, si . . . de firmar . . .   En un momentito, . . . en
camino (*on your way*).

L.: (. . .)

J.: ¡Adelante! (. . .)

III. ¡Caray! ¡Qué lío!

Distintas voces: "¡ . . . ! ¿Este tráfico . . . ? " "Cinco veces cambió la luz a verde y . . . "
"¡ . . . ! Si no . . . , quítate de en medio (*get out of the way*)."
"Estamos atrancados (*stuck*) . . . " "Esto es el colmo (*limit*) . . . " "¡ . . . !"

L.: ¡Ay, . . . para dar una vuelta!

J.: ¿ . . . ? Hace diez minutos que no . . .   ¿No te dije, Lidia, que tomáramos . . . ?
¿No te lo dije tres veces?

L.: (. . .)   Pero el policía . . .

J.: ¿ . . . ?   En diez horas . . .   Todo . . . se va a perder.

L.: . . . , ¿qué debo . . . ? ¿Volar encima . . . ?   Mira, . . . , ¿has visto tal (*such a*) . . . ?

Si, he visto _____   (*No, no he visto*) _____

L.:   Aquí . . . en el medio. ¿Ves . . . ? _____

Ahora, ¿cuántos . . .   alrededor (*around us*)? _____

_____   (¡ . . . !) Ahora, ¿tú crees que haya

manera (*any way*) . . . ? Díselo a Jorge. _____

_____

J.: Pues mira, Lidia. ¿ . . .   si tomáramos la pista de la derecha (*right lane*) . . . ? Yo
te voy a decir . . . ¡Así! ¡ . . . ! ¡Anda! (*Go!*) (*Ruido de frenos*)
¡ . . . ! Ahora está mejor la pista . . . (. . .)   ¡¡ CUI-DA-DO !! ¿No viste ese . . .   ?
Lidia, ¿ . . . ?

L.: (. . .)   Por poco chocamos (*We almost hit*) con . . . lleno de niños. ¡Mira! El
hombre está bajando (*opening*) . . .   Nos quiere . . .

140

Hombre: (*furioso*) ¡ . . . ! ¿Nos quiso matar?   ¿Cuándo le dieron . . . ?

Tres niños del otro carro: "¡Tontos!"   "¡ . . . !"   "¿ . . . ?"

Mujer: ¡ . . . ! Hoy día sólo hay . . .

J.: ¿Ah? ¿ . . . está metida en el asunto (*has gotten into the act*) ?

L.: No. Hay . . . en el asiento de atrás. (1 sec.) Pero . . . , la culpa (*fault*) era tuya.

J.: ¿ . . . ?

L.: (. . .) Tú . . . que cambiara de pista (*to change lanes*). ¿ . . . ? _____

J.: Yo te dije . . .   si pudieras. No te dije . . .

    (*Se oye un golpe por atrás.*)

L.: ¡ . . . ! Ahora nos golpearon (*hit*) . . .

J.: El tipo ese (*that guy*) . . . Hoy día sólo . . .   Bueno, yo voy a bajar (*get out*),
    . . . qué daños (*damage*) hay.   Esperen Uds. . . .

L.: No te preocupes, Jorge. Con . . . , no vamos a ninguna parte.   (. . .)

IV. En la Mecánica Jerónimo

L.: Bueno, la idea de . . . no estuvo mal.

J.: Si no fuera por ese bendito (*awful*) . . .   ¿Te pasó . . . ? _____

_____

L.: Y ahora, el único lugar . . . ,   es un taller de reparaciones.

J.: ¡Caramba!   Sería mejor si nos robaran . . .   A lo menos, . . . estábamos
    asegurados (*insured*).

L.: Con calma, . . . Los parachoques (*bumpers*) no pueden . . .   Además, todo el mundo
    . . . de vez en cuando (*now and then*). A ver . . .

    ¿Qué están diciendo?

    (1) " ¿ . . . puede ser . . . ?   Hace . . .   Estuve de viaje . . .
        Pues anoche . . .   Y esta mañana, cuando quise usarlo, . . . no prendió.
        Ni . . . se encendieron . . .   No lo entiendo. El carro . . ."

L.: ¿Ya ven Uds.? Pues, ¿ . . . ?

    a. *Her car was old and simply gave out.*
    b. *She was away for a month, and now her car won't start.*
    c. *When she returned from a trip, she found the headlights smashed.*

En tu opinión, ¿ . . . ? ☐ los frenos (*brakes*) ☐ la batería ☐ el carburador

_____ // Porque si fuera, . . .

L.: (. . .)

(2) " Yo estaba manejando   . . .   En efecto, hacía . . . que
     andaba así,   . . . ,   cuando de repente, ¡se me paró . . . ! Tuve que ser
     remolcado (*towed*) . . .   De otra manera, estoy todavía (*I'd still be*) . . ."

   ¿ Ya ves . . . ? Pues . . . , ¿cómo se le presentó . . . ?

       a. *He was driving for hours without rest and he fell asleep at the wheel.*
       b. *He was being towed away when they were hit by another car.*
       c. *He had been driving for six hours straight when his car suddenly stopped.*

   ¿ . . . ? ¿ . . . le faltó . . . ? ☐ aceite y engrase ☐ gasolina ☐ el acelerador

   _____ //

L.: (. . .) Ahora, . . . lo que está contando . . .

   (3) " . . . en la autopista (*expressway*), siguiendo la velocidad. . . -- bueno,
        . . . --   cuando oí . . .   Era como . . . por un lado . . .
        Pues, . . . a virar (*swerve*), y por poco pierdo (*I almost lost*) . . .
        Por suerte, . . .   Pero, . . . ¡qué susto (*what a scare*) . . . !"

   ¿ . . . ? Pues indíquenos: ¿ . . . ?

       a. *He was driving at exactly the speed limit when his car skidded.*
       b. *He was driving quite fast when he had a blowout.*
       c. *He lost control of the car because the steering failed.*

   ¿Qué . . . le falló (*failed*)?

   ☐ una llanta   ☐ el volante (*steering wheel*)   ☐ el motor

   _____ // _____ //

L.,: . . . fácil de arreglar (*to fix*). A propósito, ¿ . . . ,   o un desinflado, . . . ?

_____

J.: ¿ . . . ? _____ Puede resultar útil.   (. . .)

(4) "Yo me acercaba . . .   Y había gente. . .   Afortunadamente,
     . . .   Porque cuando traté de parar, . . .   Apreté otra vez el pedal, . . .
     Hasta que   . . .   adelante. Gracias a Dios, . . .   como pudiera."

   ¿Qué . . . ? a. *She passed a red light and almost hit a pedestrian.*
              b. *She was crossing an intersection when she was hit on the side.*
              c. *She couldn't stop her car and hit another from the rear.*

142

¿A qué atribuyes . . . ?

☐ los frenos.   ☐ las ruedas   ☐ los amortiguadores (*shock absorbers*)

_____ //

J.: Ya. Pero mira. (. . .) Por ejemplo, aquella joven . . .

    (5) " Bueno, tengo que admitir . . . Mis amigas   . . .   la "Reliquia" (*relic*).
        (. . .) Es mío. En fin, ayer , . . .   Y algo debajo   . . .   que la
        gente. . : -- Ea (*Hey*) chica, si no . . . ,   nos volvemos sordos (*deaf*). . .--
        Así que, . . .   ¿Me lo puede . . . , barato?"

    Bueno, indica . . .

    a. Her car was making so much noise that even passersby yelled at her.
    b. She has decided to trade in her old jaloppy for a new car.
    c. Her car was so old that something underneath fell out onto the road.

    Ahora, en tu opinión, ¿qué . . . ?

☐ el silenciador (*muffler*)   ☐ las bujías (*spark plugs*) ☐ los faros (*headlights*)

_____ // _____ //

L.: Así que, ¿ . . . ? No somos los únicos.

J.: (. . .) Pero ésta fue . . . de hacer una pequeña excursión . . .   Y ahora, . .

L.: ¿ . . . ?

L.: Sólo hay tiempo para ir . . . , a confirmar . . .

L.: Lástima. Pero así es . . .

IV. En la agencia de viajes

Varias voces: "Entonces, ¿está confirmado . . . ? -- Lo siento. . , Pero . . . ha sido
           cancelado."

        " Uds. van a hacer escala . . . -- Pero, ¿ . . . directo?"

        " Ahora bien, . . . marbetes (*baggage tags*). Si . . . cualquier cosa . . "

J.: Parece que . . . mala hora. La agencia . . .

L.: No hay más remedio. *(There's no other choice.*) . .   Y mientras tanto, ¿quieren
    . . . folletines (*brochures*)? Tienen . . .
    Mira , . . . Hay viajes a . . .   A distintos países, y . . .

J.: (. . .) Por ejemplo, aquí anuncian . . . ,   con un mapa de los lugares . . .

143

J.: ¿ . . . ? _____ Pues míralo . . . , con más atención, y . . .

1. Si la excursión comienza . . . , ¿cuál es . . . ? _____ ¿ . . .

   está al este o . . . ? _____ // En realidad, . . . nordeste.//

2. Siguiendo el itinerario, ¿ . . . ? _____ ¿ . . .?

   _____ // En la Costa Azul, o . . . //

3. Continuando . . . , y cruzando la frontera , encontramos . . .   Dinos, ¿ . . .

   Torre Inclinada? _____ ¿Cuál . . . ? _____

   _____ ¿ . . . el Coliseo y . . . ? _____ (. . .)

   ¿ . . . pintor Miguel Angel? _____ // (. . . al mapa.)

4. Partiendo de Venecia, ¿en qué dirección queda . . . , al noroeste o . . . ? _____

   _____ //

5. Por fin, . . . ,   se va a . . . , y se acaba . . .   A propósito, de todas . . .

   mencionadas, ¿ . . . ? _____ //

L.: Ah, . . . , un agente está libre . . .   Mira, . . . guarda (*keep*) este folletín . . .
    Y esta vez, déjame a mí . . .   "Aquí, señor . . ."

Agente: (. . .) Pues no creo que haya . . . Su viaje ha sido . . . , y los pasajes fueron . .
        (. . .)

J.: Pero si eso fue . . . ¡Qué . . . !
L.: ¡ . . . !   ¡ . . . !   Como dijeron . . . en la película: "¡Qué triste . . . ! ¡Qué feliz . . . !"

J.: (. . .) Porque pasado mañana, . . . de regreso. ¡Y ya! ¡ . . . !
L.: ¡Ojalá que podamos   . . . !   Mientras tanto, . . . sigue revisando (*looking at*) el
    folletín . . .   Y . . . (. . .)

Experiencias visuales

I. **"Gran Tour a Europa"** (Éste es el folletín que nos dieron en la Agencia.)

Inglaterra • Francia • Suiza • Italia • España

Día 1. Junio 30. Salida a bordo de aviones jet de lujo, a las 6:45 P. M. Servicio a bordo de cena y desayuno.

Día 2. Julio 01. Llegada a Londres por la mañana. Bienvenida y traslado a su hotel.

Día 3. Julio 02. Tour de la ciudad de Londres de medio día, visitando sus lugares más interesantes.

Día 4. Julio 03. Salida en autocar hacia Dover, donde se embarcará en el ferry para cruzar el Canal de la Mancha en dirección al Puerto de Calais. Traslado en autocar a París.

Día 5. Julio 04. Tour de la ciudad de París por medio día.

Día 6. Julio 05. Día libre. Visita opcional al famoso Palacio de Versalles.

Día 7. Julio 06. Después del desayuno, salida por la autopista hacia la frontera suiza. Llegada a Zurich.

Día 8. Julio 07. Tour de la ciudad de Zurich y sus alrededores.

Día 9. Julio 08 Desayuno y salida en autocar cruzando los Alpes, donde contemplarán unos sorprendentes paisajes en su ruta a Venecia.

Día 10. Julio 09. Visita a pie de la ciudad de las 118 islas. Plaza de San Marcos, Palacio Ducal, etc. Por la tarde, viaje en autocar a Florencia.

Día 11. Julio 10. Visita de la ciudad de Florencia, donde se podrá admirar la Catedral y las estatuas de Miguel Angel. A medio día, salida para Roma.

Día 12. Julio 11. Por la mañana, visita de la ciudad, en la que se incluyen el Foro Romano, Coliseo, etc. Tarde libre

Día 13. Julio 12. Visita al Vaticano para recibir la bendición del Papa. Después, por la autopista hacia Pisa (breve visita). Continuamos por la autopista y atravesamos la frontera italiana hasta llegar a Niza, en Francia.

Día 14. Julio 13. Salida hacia la frontera española. Llegada a Barcelona.

Día 15. Julio 14. Breve visita a la ciudad de Barcelona. Se continuará a Zaragoza, y desde allí a Madrid.

Día 16. Julio 15. Tour de la ciudad de Madrid por medio día. Palacio Real, etc.

Día 17. Julio 16. Excursiones opcionales a Toledo, Segovia, El Escorial, etc.

Día 18. Julio 17. Viaje de regreso.

Pasaje de Ida y Regreso, Traslados, Hoteles, Desayunos, y Propinas Incluidos

1. En su opinión, ¿qué ventajas (*advantages*) ofrece este viaje? _____

_____ 2. ¿ Cuáles son sus

desventajas? _____

3. Cómo se conoce en inglés "El Canal de la Mancha" (entre Inglaterra y Francia)?

_____ ¿Y dónde se recibe la "bendición del Papa"? _____

145

II. Auto-Test : ¿Sabe Ud. conducir?

1. **Sabiendo que muchos accidentes ocurren porque los conductores no vieron el otro coche, Ud. decide comprar un auto**
   a. blanco, con techo lustroso de vinilo negro
   b. rojo, como carro de bomberos
   c. amarillo brillante

2. **La mejor manera de evitar un choque "en cadena" por la parte de atrás es:**
   a. seguir al auto que va por delante a no menos del largo de su propio coche por cada 10 millas por hora de velocidad
   b. seguirlo guardando un intervalo mínimo de cuatro segundos
   c. estar atento al carro que va inmediatamente delante de Ud.

3. **Aunque las condiciones del camino sean difíciles, Ud. puede manejar con más seguridad si:**
   a. no excede por más de 5 mph el límite de velocidad permitido.
   b. maneja a una velocidad un poco menos del límite.
   c. imagina que el camino está mojado y resbaladizo (*wet and slippery*), y maneja con extremada atención.

4. **Si se siente muy cansado (–a) y tiene sin embargo que conducir, Ud.**
   a. maneja un poco más despacio, abre una ventanilla y escucha un programa de conversación en la radio.
   b. maneja a su velocidad normal, con una temperatura agradable y escuchando música dulce
   c. antes de salir, come algo vigorizante, como una pastilla de chocolate, y bebe una taza de café fuerte

5. **Dando un paseo en coche, Ud. decide pasar a un lento camión rural. Para hacer eso, su velocidad debe exceder la del camión aproximadamente en**
   a. 5 mph   b. 15 mph   c. 40 mph

6. **Su auto se acerca a una bocacalle, y el semáforo está a punto de cambiar.**
   a. Ud. se prepara para avanzar tan pronto como cambie la luz
   b. Ud. espera un segundo antes de acelerar cuando cambia la luz, y arranca (*start up*) despacio.
   c. Ud. se fija en que cambie la luz verde del tráfico transversal, y comienza a avanzar al apagarse la luz amarilla.

7. **Cuando se detiene detrás de otro auto ante una luz roja de semáforo, Ud. debe dejar entre los dos carros**
   a. aproximadamente un metro
   b. aproximadamente un metro y medio
   c. más o menos el largo de su auto

8. **Ud. nota que varios autos delante de Ud. frenan (*brake*) bruscamente. Aunque no sabe por qué frenaron, Ud.**
   a. frena gradualmente para adaptarse a la situación
   b. cambia a otra pista o "carril" (*lane*)
   c. sigue manejando a casi la misma velocidad, preparándose para frenar o cambiar de pista si es necesario.

9. **Si un camión enorme se acerca por detrás y hace parpadear (*blink*) sus luces, y Ud. no puede cambiar a otro carril, Ud.**
   a. sigue a la misma velocidad y no le presta atención
   b. disminuye ligeramente la velocidad, aumentando la distancia entre Ud. y el auto de adelante
   c. se acerca un poco más al carro de adelante para mostrarle al camionero que no le permitirá pasar.

10. **Por lo general, la velocidad más segura en la carretera es:**
    a. la misma del tráfico
    b. más lenta que el tráfico
    c. el límite de velocidad permitida

Basado en "¿En verdad sabe Ud. conducir?" por Deborah Bird Kilmer, Selecciones del Reader's Digest, Agosto, 1987. (Respuestas en la página 147.)

1. c. De amarillo. Es mucho más visible.
2. b. Se puede calcular la distancia mejor en segundos.
3. c. Empiece a frenar más pronto y tome las curvas más despacio que de costumbre.
4. a. El efecto del azúcar en la sangre es temporal. El aire fresco y la conversación animan más.
5. b. A 5 mph tomaría demasiado tiempo. A 40 mph sería muy peligroso.
6. b. Hay que tener cuidado de otro carro que quiera ganarle a (*beat*) la luz roja en la calle transversal.
7. c. A esa distancia, Ud. puede ver alrededor del vehículo que está delante de Ud.
8 a. Siempre se debe ir más despacio cuando se acerca a cualquier situación peligrosa.
9. b. De esta manera le dará al camión la posibilidad de adelantarse.
10. c. Hay más riesgo si los vehículos van a distintas velocidades.

Aplicaciones

I. **Amplía tu vocabulario**

A. ¿Cómo se dice?

1. *country*

- país   *country, nation* ¿Cuántos países democráticos hay en el mundo?-- Pocos.

- campo   *the country* (opp. of "city"): Demos una vuelta al campo. -- Está bien.

- patria   *native land, home province, etc.*: Murió por la patria. -- Fue un gran patriota.

2. *time*

- tiempo   *a period of time; duration of time; time* (as an abstraction): El tiempo vuela. Jamás hay suficiente tiempo.; ¿Cuánto tiempo estuvo allí?

- hora   *time of day, hour; the proper or appointed time*: ¿Qué hora es? --No sé. Pero es hora de comer.
  (*Tiempo* can also be used in the sense of "time to do something".

- una vez   *a (single) time, an instance*: Ya lo he hecho diez veces. --Pues hazlo una vez más.

  "A veces" means *at times*: A veces me gusta, otras veces, no.

  "De vez en cuando", "de cuando en cuando", and even "de tiempo en tiempo" mean *from time to time*: Los veo de vez en cuando, pero nunca aquí.

- ocasión *a time, occasion*: Siempre habrá otra ocasión de hacerlo.

- divertirse (me divierto)   *to have a good time*: Descansa, ¿eh?, y diviértete. -- Gracias. Te escribiré.

147

Completa esta anécdota expresando en español las palabras indicadas:

_____ (*From time to time*) íbamos a visitarlos en su _____

_____ (*country house*). Y otras _____ (*at times*), ellos venían

a Nueva York a vernos a nosotros. Hacía poco _____ (*time*) que vivían

en este _____ (*country*). Y aunque extrañaban su _____ (*own

land*), ya se sentían más bien "americanizados". Pero recuerdo una _____

(*time*) cuando ocurrió algo curioso. Era _____ (*time*) de salir para el

aeropuerto para recoger a unos amigos ingleses. Pero de repente, por primera

_____ (*time*), tuvieron miedo de ir. ¿Por qué? Porque, ¡se les olvidó todo su

inglés! Por fin, se les pasó el miedo, y acabaron _____ (*having a

good time*), como siempre. A veces uno necesita _____ (*time*) para

acostumbrarse, hasta a las cosas buenas.

B. Palabras útiles para conductores

el acumulador, la batería   *battery*
  arreglar   *to fix*
  asiento delantero, trasero   *front
    seat, back seat*
  cajuela   *trunk*
  calaveras   *tail lights (red)*
el calentador   *heater*
  copa   *hub cap*
  desinflado   *flat tire*
el engranaje   *gears*
  espejo retrovisor   *rear view mirror*

faro, el fanal   *headlight*
  freno   *brake*
el guardafango, guardabarros   *fender*
  marcha   *starter, ignition*
el parabrisas   *windshield*
  rueda   *wheel*
  tablero   *dashboard*
  tanque lleno, vacío   *full (empty) tank*
  válvula   *valve*
el ventilador   *fan*
el volante   *steering wheel*

Díganos:

1. ¿Cuáles de estas cosas se encuentran debajo del capó -- o de la "capota" (*hood*)?

_____

2. ¿Cuáles se encuentran dentro del coche? _____

  ¿Y cuáles se encuentran afuera? _____

3. ¿Cuáles controlan directamente la conducción del auto? _____

_____ ¿Cuáles no? _____

II. Ejercicios suplementarios

#24. More about *ser* and *estar* with adjectives

A. Mini-historia: Complétela usando siempre el tiempo apropiado de *ser* o *estar*.

El otro día llegué a casa muy tarde. _____ las nueve ya. Mi coche _____ descompuesto, el servicio de autobuses _____ parado, y yo tuve que venir caminando. Créeme que _____ cansada. Aun más, _____ muerta de hambre. Pues bien, me acerqué a mi departamento, y en seguida noté algo raro. ¡La puerta _____ abierta! ¿Cómo podía _____? ¿ _____ posible que mi casa _____ robada mientras yo _____ en el trabajo? Entré. El apartamento _____ solo. Ahora bien, yo no _____ normalmente una persona muy ordenada. Pero esta vez, todas mis cosas _____ en su lugar. Y de la cocina salía un olor a (*smell of*) ...

Termina tú esta historia, explicando qué olor era, quién había estado, etc.

_____

_____

_____

B. Anuncios comerciales

Primero, complétalos usando *ser* or *estar*, y después indica qué están vendiendo.

1. " _____ difícil decir si _____ una máquina o una obra de arte. El motor de inyección _____ preciso, fuerte y dinámico. Al mismo tiempo _____ económico porque limita el consumo de combustible. Todo eso _____ envuelto en un chasis de extraordinaria belleza. La legendaria mecánica alemana _____ a su disposición. ¿No _____ eso un ejemplo de arte de vanguardia?"

   *¿Qué están anunciando?*_____ *¿De qué marca será?*_____

2. " ¿_____ Ud. músico? Sólo los músicos _____ capaces de conocer esta sensación. Esto _____ más que altafidelidad. ¡ _____ un mundo nuevo!"

   ¿Qué están vendiendo? _____ *¿Será caro o barato?*_____

149

#25. *Ser* and the passive voice

A. Invenciones y descubrimientos

Complete usando los nombres apropiados y la voz pasiva

Edison • Salk • Einstein • Galileo • Bell • los hermanos Wright • Marconi
----

1. El teléfono _____ 2. El tocadiscos _____

_____ 3. La radiotransmisión _____

_____ 4. La teoría de la relatividad _____

_____ 5. Las vacunas contra el polio _____

_____ 6. Los aviones _____

B. ¿Cuándo fueron realizadas (celebradas, fundadas, etc.) estas cosas?

1976 • 1969 • 1945 • 1992 • 1996
----

1. La primera exploración de la luna _____

2. El bicentenario de los Estados Unidos _____

3. La Organización de las Naciones Unidas _____

4. Las proximas elecciones presidenciales _____

#26. *Estar, etc.,* for an action in progress

Cambia y después contesta:

1. *He estado* cocinando toda la tarde. (seguir) _____

¿Qué platos cree Ud. que estoy haciendo? _____

2. *Estuvo* llorando amargamente. (quedar) _____

En tu opinión, ¿qué pena estaba sufriendo? _____

3. *Estábamos* manejando a 140 kph. (ir) _____

¿Estábamos haciendo algo peligroso? ¿Por qué? _____

4. *Estarán viajando* por toda Europa (andar) _____

¿Qué lenguas estarán hablando (u oyendo)? _____

_____

III. Composición creativa

A.

Imagine que Ud. está a cargo (*in charge*) de una campaña publicitaria para disminuir el número de accidentes automovilísticos causados por conductores bajo los efectos del alcohol. Su campaña va a tener tres fases importantes:

1. Una serie de anuncios similares al que vemos arriba.
   a. ¿Qué fotos usará Ud.?
   b. ¿Qué lemas (*slogans*) inventará?

2. Charlas (*Talks*) que se van a dar ante grupos de estudiantes, clubes sociales, etc., dando estadísticas sobre el número de personas que mueren cada año (o cada semana) en nuestro país debido a conductores ebrios (*drunk*).

3. Anuncios televisados de un minuto, especificando los peligros de manejar en estado de embriaguez (*drunkenness*), y maneras de evitar accidentes.

B. Plan de turismo

Esta vez imagínese que Ud. es jefe de una importante agencia turística. Para estimular el interés de los pueblos hispanos en conocer nuestro país, Ud. quiere iniciar una campaña publicitaria internacional. Siguiendo el formato de la excursión que se encuentra en la página 145, prepare su propia campaña, incluyendo:

a. un lema llamativo (*attractive slogan*), con una hermosa fotografía
b. un itinerario de lugares interesantes, con una breve descripción de cada uno
c. un mapa pequeño de los lugares que van a visitar

LECCION NUEVE: *A ganarse la vida*

Experiencias auditivas

I. Camino al trabajo (*On the way to work*)

Roberto: ¿ . . . ? _____   Espere . . .   Estoy . . . con Beatriz.
   (*al teléfono)*   Ah, cómo no. (. . .)

   ¿Sabe . . . ? Se me olvidó decirle . . .   dos días a la semana en . . .
   ¡Y le tocó (*she had to*) . . . !   Así que, ¿le importa (*do you mind*) que
   vayamos . . . ? Queda cerquita (*very close by*). Dos paradas en el metro, . . .

   Mire cómo está lleno el andén. Gente que va . . .   gente que . . .   Observe
   cómo van vestidos, qué llevan . . .   ,   y trate de adivinar:

   ¿Cuál es su oficio?

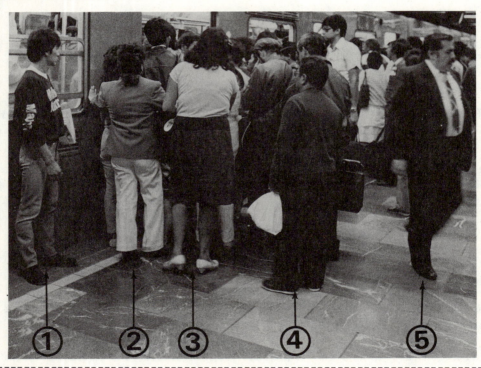

----
   oficinista//   gerente de una empresa// capataz// o ejecutivo// camionero//
   obrero u obrera de fábrica // mensajero// dependiente de alguna tienda//
----

(1) . . . , el que va vestido . . .   ¿Qué será . . . ? _____

(2) . . . de los pantalones blancos. ¿ . . . ? _____

(3) . . . a su lado, ¿cree Ud. . . . ? _____   ¿ . . . ? _____

_____   (4) . . . bajito detrás de ella, ¿ . . . ? _____

_____   (5) ¿ . . . ? _____   ¿ . . . ? _____

_____ Bueno, . . .

(. . .)

II. Agencia de empleo

B.: (. . .) _____ ¡Qué gusto . . . ! Siéntense. . . En seguida termine. . .
y estoy con Uds.

(*al cliente*)

B.: Bueno, señor, me quiere decir otra vez . . . ?
Cliente: -- Wilfredo. No. Alfredo Morales. Siempre me olvido.
B.: (. . .)
Cliente: Perales.
B.:   . . , ¿cúal es su . . . ?
Cliente: La Calle Nogales, . . .   ¡ . . . tan mala memoria!
B.: ¡ . . . ! ¿Y desde cuándo . . . ?
Cliente: ¿ . . . ?
B.:   . . . ,   Alfredo.
Cliente: Wilfredo.
B.: Muy bien, . . .
Cliente: . . . Nogales. Perales es la calle . . .   Número . . . No, . . . ,
de la Calle Morales.

B.: ¡Que Dios le ayude! Ese pobre . .   Mejor, diga Ud.: ¿ . . . ? _____

_____ ¡ Ni . . . se acuerda! Primero, dice . . . , y después,

¿qué apellidos . . . ? _____ // _____ // No

aguanto más. Oiga , ¿podría . . . con el próximo solicitante? Éste . . . será de

primera. Bien vestido, amable . .   Por favor, salúdele y . . .

Ud.: _____

Solicitante: . . . Miguel Angel Ruiz de Soto, . . .

B.: (. . .)

Ud.: ¿_____ ?

Solicitante: Un puesto ejecutivo. De supervisor . . .

B.: (Trate de averiguar . . . .)

Ud.: ¿ _____ ?

Solicitante: La mejor, si me atrevo . . .   Tengo mi bachillerato (*high school*
diploma) en . . . ,   mi grado . . en contabilidad (*accounting*), y mi maestría
(*Master's degree*) . . .

B.: (Indíquele que le impresionan ...)

Ud.: _Me_ _____

B.: (Y pregúntele ... querrá.)

Ud.: ¿ _____?

Solicitante: Cien mil pesos semanales...   Por supuesto, con aumentos mensuales .
      Seis ...,   más (_plus_)...,   ¡y mi cumpleaños! Despacho ...   Comedor ...

B.: ¿ ...?

Solicitante: ... al golf.

B.: ¡...! (... ha trabajado ...)

Ud.: ¿ _____ ?

Solicitante: En ... Ahora, ¿cuándo le conviene que ...?

B.: (Dígale que ...)

Ud.: _____

Solicitante: ... muy amable. Aquí tiene Ud. ... :   dos cuarenta y tres,
      veintiuno, treinta y seis. Pero no me llamen ...
      Me gusta echar (_take_) una buena siesta ...

B.: (Dígale que ...)

Ud.: _____

B.: (Que si algo se presenta, ...)

Ud.: _____

B.: ¡Válgame Dios! ¿Ud. oyó ...?

R.: En efecto, ... credenciales. El bachillerato en ...   ¿Ud. recuerda en qué campo

      sacó ...? _____ //   Y con maestría en ..

B.: Pero , ¿quién podrá ...? Por ejemplo, además de ..., ¿ ...? _____

      _____ Diga conmigo: Quiere ...
      semanas de vacaciones// más ... días feriados, // ¡y su cumpleaños!//
      Despacho con ...// Comedor privado.//

R.: ¡ Y los jueves libres para ...!//

B.: ¿ ...? Pues, ¿qué voy a hacer? Le prometí al cliente que le mandaría ... ¡Y sólo
      se presentaron ...

R.: ¡Pobre . . . ! ¿Y nosotros . . ?

B.: (. . .) A menos que . . . ¡ . . . ! Se me ocurre una idea genial (*brilliant*).

R.: ¿Qué se te ocurre?

B.: Pues es sencillo. Oiga, ¿Ud. quiere entrevistarse . . . ? Por favor, no necesita . . .
Y se paga . . .   Piénselo, ¿eh?, y . . .

III. Entrevista

B.: ¿ . . . -- de oficina, . . . o en una fábrica? _____

_____

R.:   Pero, Beatriz, ya sabes . .   No puede . . .   horario completo (*full-time*).

B.:   (. . .) Entonces, ¿ . . . a la semana le gustaría . . ? _____

_____ ¿ . . . al día? _____

_____ ¿ . . . ganar por hora?

_____

R.: Es poco . . . , ¿no le parece? _____

B.: En fin, díganos: ¿ . . . ? _____

R.: A propósito, ¿ . . . a máquina (*type*)? _____

B.: ¿ . . . computadoras? _____

R.: ¿Se interesa mucho . . . ? _____ ¿O se

dedicará a . . . ? _____

B.: (. . .) Ahora, ¿me puede dar . . . ? ¿El nombre de alguna persona . . . ?

R.: Yo fío (*vouch*) por . . .   Hace tiempo ya que nos conocemos, ¡y   . . .   no se
encontrará.

B.: Se lo diré . . .   ¿Cuándo podrá Ud. . . ? _____

R.: De acuerdo. Entonces, Beatriz, ¿ya terminaste . . . ?

B.: Casi. (*El teléfono suena*) (. . .) (*al teléfono*) Sí, . . .   No, . . . , ésas son las únicas
respuestas. . . Bueno, trataré . . .   En absoluto (*Not at all!*) . . .

R.: ¿Qué fue eso?

B.: Un productor de teatro que . . .   ¿Uds. vieron el anuncio que puso . . . ?

R.: (. . .)

IV. "Se busca..."

SECRETARIA—RECEPCIONISTA//
para productores de teatro//
Atractiva. //
Mecanografía – taquigrafía
20-30 años//
Escriba detalles, experiencia
y calificaciones: // Apartado 626

R.: El trabajo . . .

B.: (. . .) Pero . . . han llegado sólo cuatro respuestas. Y yo no sé . . . Por ejemplo. . .

_____

                                                            5 de junio

Caballeros:

Tomo la liberttad de solicitar el empleo de secreatira-reCEpcionitsa que
anuncian uds. en La Prensa de ayer, ya que creo reunir todas las calificaciones
       necesrias.   T engo cuatro XXXXXXX
años de experiensia travajando en varias oficinas y soy eXperta mecanografa y
taquígrafa.He aquí una lista parcial de Los puestos mas importantes que he
Desempeñado hatsa el preSente,

  Ramón Gracía y Cía.   Calle Bolívar, 25
     Almacenes Martínez Hermnos.   Avenida Zeta, 104
XXX Gonzalez Hijos Plaza Mayor, 55A
  Sastre, Lastre y Postre, S.A.   ??
Compañá Telefónica   Bulevar Castro, 33
  Lavandería Higiénica   Avendia Blanquísima, 1
  Departamento de Correccción   Plaza Municipal

Soy trabaja dora, honrada y sinsera, y no pido mucho di nero.   En espera d su
pronta contestación, me suscribo de uds., segura servidora,

                       Marría Abindaráez

_____

B.: . . . ¿se fijaron? Pues, dígame: ¿emplearía Ud. . . .? _____

    _____ ¿ . . . ? _____

    Si no sabe . . .

R.: Por eso la despedirían (*she probably was fired*) . . .

B.: (. . .) ¡ . . . una lista parcial! (1 sec.) Bueno, ¿ . . . ? Ésa . . . a mano (*by hand*).

R.: Venga. (*Bring it on!*)

■■ ■■■ ■■■■ ■■ ■■■ ■■■■■ ■■■ ■■■ ■■■■ ■■■ ■ ■■■■ ■■■ ■■ ■■■■ ■■■ ■■■ ■■■ ■■ ■■■ ■■ ■■■ ■■■■

9 de junio

Estimados señores:

Leí su anuncio en La Prensa . . . y me apresuro a . . .   que ofrecen.
Aunque . . . ni taquigrafía, sé muy bien . . . y . . .   Sobre todo, tengo
un gran interés . . .   y he participado . . .

Estoy ansiosa . . .   en una empresa de teatro, y . . .   ¿No me darán . . .?

De Uds., cordialmente,

Lolita Estrella

P.D. No les importe lo de (the matter of) . . .   Siempre me ha parecido
que . . . a mano (by hand) tienen un tono. . ., ¿no creen Uds.?   Suya, L.

■■ ■■■ ■■■■ ■■ ■■■ ■■■■■ ■■■ ■ ■■■■ ■■■ ■■■■ ■■■ ■■■ ■■■ ■■■ ■■■■ ■■■ ■■■ ■■■ ■■ ■■■■ ■■ ■■■■

R.: Ah, ésta . . .Dígame Ud.: ¿ . . . ? _____

_____ ¿ . . . ? _____

_____ Pues cada uno . . .   Bueno, ¿ . . . ? . . .

----

5 de junio

Señores:

Me permito dirigirme a Uds. para solicitar . . . ,   según el anuncio colocado en La Prensa
. . . del corriente. Aunque he pasado ya . . .   (soy viuda con . . .), creo que en el caso mío
. . . la cuestión de . . .

Tuve   . . .   antes de casarme , y me considero todavía . . .   de primera categoría.
Además, conozco íntimamente la rutina . . .   Les mando por separado . . .   del señor . . . ,
gerente de . . . ,   y . . . cura (priest) de mi parroquia.

Les aseguro que podrán contar conmigo . . ,   ya que   . . .   y estoy poco dispuesta a
. . .   El trabajo será para mí   . . .   de mis horas de soledad.   Agradeciéndoles de
antemano (in advance) . . . ,   me ofrezco de Uds.,

Atentamente,

Doña Feliciana Barca de Solís

R.: Bueno, según . . . ,

   (1) ¿ . . .   no cumple esta señora con los requisitos . . . ?

   a. *She 's not a professional stenographer.*
   b. *She's over-age for the job.*
   c. *She has never had working experience.*

   (2) ¿Por qué significaría tanto . . ?

   a. *She needs the money badly.*
   b. *She's a widow with six young children.*
   c. *She is desperately lonely.*

   A propósito, . . . , ¿doña Feliciana tendrá más de . . . ? _____

   _____

B.: Yo le daría . . . , ¡con . . . !   En fin, la última carta . . .

==

                                                              6 de junio

Muy señores míos:

Me permito escribirles . . .   que Uds. anunciaron anteayer (*day before yesterday*)
en . . .   Tengo . . . y me acabo de graduar en . . . ,   donde aprendí
 . . .   según los métodos más modernos.   No tengo . . . ,   porque . . .
en ninguna parte. Pero Uds. se pueden comunicar . . .   respecto a mi aptitud . . .

Les agradecería mucho . . .   de tener una . . . ,   pero primero me gustaría
que me informaran . . . :

   a. condiciones . . .

   b. . . . durante el día laborable (¿cuánto . . . ?)

   c. oportunidades . . . -- . . . solteros que frecuentan . . . , oportunidad de . . .

Dadas las condiciones esperadas de trabajo, tendré el mayor gusto de . . . el día que
Uds. me indiquen para comenzar . . .

 En espera de su grata contestación, me quedo de Uds.,

                                               Atenta y segura servidora,

                                               María Angélica Roble
==

(1) ¿Qué aptitudes (*qualifications*) . . . ?

   a. *She has just graduated from a good secretarial school.*
   b. *She has had many years of experience.*
   c. *She is knowledgeable of the theatrical field.*

(2) Además de las condiciones normales de trabajo, ¿ . . . ?

    a. *opportunities for rapid advancement*
    b. *convenience to her home*
    c. *free time and the chance to meet single men*

B.: Muy bien, a menos que tengamos . . . , éstas son las cuatro candidatas . . .

    ¿ A cuál, o a cuáles eliminaría . . . ? _____

_____ Ahora, en su opinión, ¿ . . . ? _____

_____ ¿ . . . agradable? _____

_____

R.: ¿ . . . ? _____ ¿ . . . ? _____

_____ (¿ . . . ?)

B.: Nada. Y . . . cuánto les agradezco (*I appreciate*) . . .

R.: (. . .)

B.: (. . .) Uds. son tan amables, ¿ . . . ?

160

Experiencias visuales

I. "Colocaciones"

Estudie los anuncios A - F en la página 160 a la izquierda, y después díganos:

A. 1. ¿Qué producto manufactura esta empresa? _____

    2. ¿Qué tipo de empleado busca? _____

    3. ¿Qué busca en sus empleados? _____

    4. ¿Qué incentivos ofrece? _____

B. 1. ¿A qué industria se dedica esta empresa? _____

    2. ¿Qué requisitos necesitaría el (o la) gerente? _____

_____

C. 1. ¿Qué tipo de empleo se ofrece aquí? _____

    2. ¿Se trata de una ocupación permanente? _____

D. 1. ¿Cuál de los dos empleos ofrecidos aquí requiere un grado universitario? _____

_____ 2. ¿Qué aptitudes se requieren para el otro?

_____

E. 1. ¿Tienen que saber algo de aviación estos empleados de AEROPERU? _____

_____ 2. ¿En qué campo debe ser su

pericia (*expertise*)? _____

F. 1. ¿Qué aptitudes deben tener los candidatos para estos empleos? _____

_____ 2. ¿En qué

aspectos personales insiste la empresa? _____

    3. ¿Qué beneficios o "prestaciones" ofrece? _____

_____

En su opinión, ¿cuál de estos empleos ofrece más posibilidades para el futuro? _____
_____ ¿Cuáles sería Ud. capaz de desempeñar

ahora mismo? _____

¿Cuáles será capaz de desempeñar al terminar sus estudios universitarios?_____

_____

II. "Aprendan Uds. . ."

NUNCA ES TARDE PARA ESTUDIAR

¿QUIERES SUPERARTE?

APRENDE INGLES COMBINADO CON UNA CARRERA TECNICA Y ADQUIERE AYUDA FINANCIERA SI CALIFICAS.

¡No lo dejes para mañana!

MODA

Diseño de Moda
Ilustracion y Dibujo
Diseñador de Patrones
Costura de Cortinas
Costura y Alta Costura

NUEVA CLASE DE SASTRERIA PARA HOMBRE

MANTENIMIENTO DE EDIFICIO

¡Escoja Su Profesión & Haga de Sus Sueños Una Realidad!

Plomería Básica y Electricidad
Calefacción e Instalación
de Aire Acondicionado
Construcción de Pared Seca
Instalación de Puertas y Ventanas

- **ADMINISTRACION DE EMPRESAS**
- **MERCADEO**
- **SECRETARIADO**
- **COMPUTACION, ETC.**
- **ENFERMERIA AUXILIAR**
- **FINANZAS**
- **AGENTE DE VIAJES**
- **CONTABILIDAD**

**Matricúlese hoy
¡Hablamos su idioma!**

Aquí tiene Ud. anuncios auténticos de diversas escuelas vocacionales.

1. ¿Cuáles de los oficios anunciados aquí le parecen los más prácticos?_____

_____ ¿los más difíciles? _____

_____ ¿y los más lucrativos? _____

2. ¿Cuáles necesitarán un fondo general de educación secundaria? _____

_____

¿Cuáles se pueden realizar a base de una educación primaria? _____

_____ ¿Cuáles recomendaría Ud. para una persona

de medios ordinarios recién llegada a los Estados Unidos? _____

Aplicaciones

I. Amplíe su vocabulario

A. ¿Cómo se dice?

1. *to work*

   - trabajar   *to work, labor* (both physical and mental) : A veces cansa más trabajar con la mente que con las manos.

   - funcionar, resultar   *to work (out)* : ¿Funcionó tu idea? -- Sí, resultó muy bien.

   - funcionar, andar   *to work (as a machine, a car, etc.)* : ¿Qué pasa? -- Mi carro no funciona (anda). Algo anda mal.

2. *work*

   - trabajo   *work, labor* : El trabajo es difícil, pero me fascina.

   - obra   *a work* (of art, etc.) ; *a deed* (of charity, creation, etc.): Es una obra maestra, una creación genial.

   - (la) labor   *work, labor, effort* (generally in a figurative or poetic sense): Hizo una labor de amor, una labor (o una obra) de caridad.

   "Labor" can also refer to actual work, especially to handicraft: La labor a mano jamás será reemplazada por la producción en serie (*mass*).

Palabras en uso

Complete las oraciones siguientes, usando siempre el equivalente de la palabra "work" en inglés:

1. No sé qué tiene ese motor. A veces _____ bien, otras veces, no prende.   2. Las buenas _____ duran para siempre.   3. Si no te gusta esta clase de _____ , ¿por qué no te inscribes en un curso vocacional?   4. La _____ a mano es mucho más costosa que la costura de máquina. --Porque cada una es una _____ de arte.   5. El plan nos parecía magnífico, pero cuando quisimos implementarlo, no _____ 6. Se dedicó día y noche a su _____ en el laboratorio. -- Era más que _____ . Era una gran _____ que regaló a la humanidad.

163

B. Extensiones

A base de estas palabras tan familiares, ¿puede Ud. contestar las preguntas siguientes?
----
emplear • obra • labor • trabajar • hora • día • mes • año
----
1. Si uno consigue un empleo, ¿quién paga el salario, el empleador o empleado?

_____ 2. Si obramos sólo por el bien público, ¿somos

egoístas o personas generosísimas? _____

3. Si una tarea me pareció muy laboriosa (o trabajosa), pero la acabé, ¿soy una

persona disciplinada o poco asidua? _____ 4. Y si

nunca puedo seguir ningún horario, ¿soy una persona metódica o inconstante? _____

_____ 5. Finalmente, si un periódico sale

diariamente, ¿cuántas ediciones semanales tiene? _____

¿cuántas ediciones mensuales? _____ ¿y anuales?

_____

II. Ejercicios suplementarios

#27. More about the future tense

A. Complete, insertando en los lugares apropiados los verbos siguientes:
----
habrá • serán • se criarán • se hará • retrasarán • se prolongará • seremos
----

Según los científicos, en el siglo XXI _____ partes de repuesto para todo

el cuerpo humano, menos el cerebro. _____ animales para proveer

órganos de trasplantes, y los seres humanos _____ inyectados al nacer con

extractos que _____ el envejecimiento. En lugar de hacer opera-

ciones, _____ una manipulación del sistema nervioso. Y la vida _____

_____ doscientos años. Pero, ¿_____ eternos? ¡Eso, jamás!

B. ¿Quiénes serán? ¿Qué harán?
    Responda usando el futuro para expresar conjetura:

1. Lo llamo cuando mi coche no quiere arrancar. ¿Quién será? _____

164

2. Se arriesgan diariamente para proteger al público. ¿Quiénes serán? _____

_____ 3. Recorren los caminos para llevar los productos al

mercado. ¿Qué serán? _____ 4. Mi campo es la informá-

tica. ¿Qué aparatos usaré? _____ 5. Usan conejos de Indias

(*guinea pigs*) en sus experimentos. ¿Dónde trabajarán? _____

#28. More about the conditional

Esta vez, exprese conjetura, empleando el condicional (o "modo potencial"):

1. Trabajaban en un sanatorio. ¿Qué serían? _____

_____ 2. El coche quedó medio destrozado. ¿Qué sucedería?

_____ 3. La firma le pagaba cien mil dólares

al año. ¿Qué puesto ocuparía? _____ 4. Eran de

Brasilia. ¿Qué lengua hablarían? _____ 5. Jugábamos

todo el día afuera, hasta que mamá nos llamaba para comer. ¿Qué edad

tendríamos? _____

#29. Special meanings of *would* and *should*

A. Consejos

Su mejor amigo (amiga) va a entrevistarse mañana con el gerente de una
empresa importante.

1. Usando cuatro de los verbos siguientes, explíquele lo que debe hacer para
   crear una buena impresión.
   ----
   vestirte ... • llegar • presentar • contestar • explicar • preparar(te)

   _____

   _____

2. Ahora, usando estos verbos, explíquele lo que no debe hacer:
   ----
   hablar • preguntar • pedir • mostrar • parecer • insistir

   _____

   _____

B. ¿Cómo se expresa?

1. If I ask him for it, he'll give it to me. *Si se lo pido,* _____

   If I asked him for it, he'd give it to me. *Si se lo pidiera,* _____

   Yes, but you shouldn't ask him. _____

2. If it rains tomorrow, we won't go. *Si llueve mañana,* _____

   If it should rain, we wouldn't go. _____

   If I were you, I would go anyway. _____ *siempre.*

3. Where will you sit? _____

   Will you (please) sit down now? _____

4. Would you do that for a friend? _____

   I begged her, but she wouldn't do it. *Le rogué, pero* _____

III. Composición creativa

A. Director(a) de personal

Ud. es director(a) de personal de una empresa comercial o industrial. (¿Cómo se llama? ¿A qué se dedica?) Ultimamente, su firma ha decidido abrir una sucursal (*branch*) en alguna ciudad hispana. (¿Cuál? ¿Y dónde?)

● Prepare una lista de los empleados que va a necesitar, y de los sueldos que está dispuesto a pagar.

● Prepare una lista de preguntas que les hará a todos sus futuros empleados -- incluso preguntas personales que Ud. considere pertinentes.

● Invente una base de evaluación, asignando entre 1 y 5 puntos para cada respuesta.

● Presente su fórmula a los jefes de la empresa, justificando sus decisiones más importantes.

B. Escuela vocacional

Ud. está a cargo de la matrícula de estudiantes nuevos en una escuela vocacional del barrio hispano de su ciudad. Basándose en los cursos ofrecidos en la página 162, decida cuáles va a ofrecer este año. (Si quiere, puede limitarse a uno solo.) Después, prepare un plan de evaluación para los candidatos que se presenten para cada currículum. ¿Qué preguntas les hará? ¿Qué requisitos educacionales les exigirá?

LECCION DIEZ: ¡Vamos a hacer negocios!

Experiencias auditivas

I. A la centralita

José: (. . .) _____ ¿Has tenido alguna vez un sueño . . .   no lo has podido

olvidar? _____
Pues anoche yo tuve . . .   Y . . . , con todos los detalles, como si pasara . . .
Fíjate, ahí estábamos . . .   Tú, y Lidia y yo -- en las oficinas . . .
Cuando llegamos, la nueva recepcionista . . . ,   y la antigua, que había sido
ascendida a supervisora,   . . .   Pero no nos veían. Como si fuéramos
invisibles. Y seguían. . .

María: . . . , Balmes y Compañía. ¿De parte . . . ? Gracias, . . . le comunico . . .

Vilma: (. . .)

M.: (. . .)   (al teléfono) . .   Un momento, por favor. (A Vilma)   . . .
    llamada de larga distancia, a cobrar (collect) . ¿La acepto?

V.: Depende. ¿ . . . ?
M.: (. . .)

V.: . . . , Pepe el Parásito. Dile que el "Generalísimo" . . .

M.: (al teléfono)   . . .   de dejar su número . . . ,   el Sr. Balmes le llamará . . .

V.: . . . , tú eres fantástica. Has llegado . . . ,   y ya casi . . . Pues, . . . vamos a
    repasar. Nombre y extensión: ¿La Comandante?
M.: Imelda Sotomayor, . . .

V.: ¿"El Sargento"?
M.: Oscar del Valle, . . .

V.: ¿"Drácula"?
M.: Enrique . . no, Esteban Olmedo, . . .

V.: ¿"Cleopatra"?
M.: Mercedes Donoso . . .

V.: ¿Y "Superhombre"?
M.: ¡ . . . ! Lorenzo . .

V.: "Don . . . "

M.: Claro, don Lorenzo Castaño . . .   (Teléfono)   . . .   Lo siento, señor, pero . . .
    (. . .) Perdone, . . .   ha salido de su despacho (office). ¿Quiere dejar . . . ?
    Pero, Vilma, ¿dónde . . . ?   "El Robot" y la "Dinosaura ". . .   Nadie . . .

V.: Pues . . .   una reunión ejecutiva. (. . .) Ahí están.

J.: ¡ . . . increíble! Yo soñé con ellos, y . . .   Bueno, míralos otra vez:

II. Reunión ejecutiva

**la gerente// el jefe // el contador// la directora de personal// el capataz//
el encargado de ventas y publicidad// jefe de informática (*computer science*)**

¿Quién es quién?

1. Después de una carrera distinguida . . . , este señor se ha hecho cien veces . . .

   ¿ . . . ? _____ // " . . . " //

2. . . . , que comenzó hace veinte años. . . , ha aprendido tan bien el manejo . . .

   que ahora se ha encargado. . . ¿ . . . ? _____ // " . . . " //

3. Este señor se encarga . . . , y supervisa a los tenedores . . . ¿ . . . ? _____

   _____ // " . . . " (. . .)

4. . . . lleva poco tiempo con la firma. Pero parece tener unas ideas . . .

   Antes . . . , había sido . . . ¿ . . . ? _____// " . . . "

5. . . . ha sido empleada para reunir y supervisar a . . . ¿ . . . ? _____

   _____ // " . . . "

6. . . . que ha entrado en este momento, es el encargado de. . . ¿ . . . ? _____

   _____ // " . . . "

7. . . . un individuo cuya misma existencia se ha relacionado siempre con . . .

   ¿ . . . ? _____ // " . . . "

168

J.: ¡ . . . ! Pues parece que . . . "El Generalísimo" ha tomado la palabra (*has begun to speak*).

III. Decisiones de negocios

Generalísimo: (. . .) Son las catorce y un minuto . . . --¡ cincuenta segundos tarde para . . . reunión semanal! Comenzaremos sincronizando nuestros relojes.

    Lidia: Dime, ¿qué hora . . . ? _____ Pues sincroniza . . .

Generalísimo: Hoy hemos invitado a alguien de fuera . . . Esta persona, . . . , nos va a servir de consultante . . .

    Lidia: ¡ . . . ! ¡¡Te está señalando (*pointing*) . . . !! Siéntate, . . . , en esa silla vacía.

Generalísimo: (. . .) Ahora, como de costumbre, cada uno de Uds. . . . para presentar su informe (*report*). Sra. Sotomayor. .

Comandante: (. . .) Ultimamente, la señora Leonela Guzmán nos ha encargado artículos de lujo al valor de . . . , para su uso personal. Para evitar impuestos, la señora quiere que los consignemos . . . Ya sabemos . . . legal. Pero si no la complacemos (*give in to her*), pronto habremos perdido . . .

Generalísimo: ¿Y . . . ?

Comandante: Pues . . . mucho riesgo (*risk*). Si se descubre lo que hemos hecho, es posible que suframos . . .

Drácula: Por otra parte, si . . . , es seguro . . . Punto y aparte, ¡punto . . . ! (*Period!*)

Generalísimo: Entonces, ¿qué opina . . . ? ¿ . . . acceder a las demandas . . . ? _____

_____ ¿ . . . ?

_____

    Pues tomaremos . . . Muy bien, el próximo informe será . . . Sr. Castaño, . . .

Superhombre: (. . .) El gerente de Garza Morelos me ha llamado . . . un descuento en todas sus compras futuras. Dice que . . . se lo han ofrecido, pero yo creo. . . No se lo podrían dar sin . . . Pero, ¿ . . . ? ¿Qué recomiendan . . . ?

Cleopatra: ¿Sería posible saber si nuestros competidores . . . ?

Robot: Buscaré . . . en mi memoria.

Comandante: . . . si nosotros les diéramos . . . , en poco tiempo . . . se enterarían (*would find out*). Y tendríamos que . . .

Superhombre: Pues tal vez si les ofreciéramos . . . , o si yo invitara a los jefes . . .

Generalísimo: (. . .)   Pero, ¿ . . . ? ¿ . . . a Garza Morelos? _____

_____ ¿Qué le parecen las ideas . . . ?

_____ Adelante, encargado . . .

Sargento: (. . .)   El inspector de la compañía de seguros ha encontrado algunos
defectos en la maquinaria (*machinery*) . . .   Yo no creo . . .   sean
peligrosos. Tal vez si le ofrecemos . . . ,   no nos obligará a repararla . . .

Generalísimo: ¿Entiendo . . .   un soborno (*bribe*)?

Sargento: Pues . . . ,   si Ud. . . .   Sería más barato que . . . reparaciones.

Generalísimo: ¿ . . . ? _____

_____ Ahora Ud., señorita Donoso. ¿ . . . ?

Cleopatra: (. . .) Se me ha dicho que algunos de nuestros empleados . . .   Si es verdad,
eso podría afectar . . .   Me gustaría someter . . . a un análisis químico de la
sangre.   Pero . . .   sería un abuso de sus derechos (*rights*) . . .   ¿ . . . ?

Superhombre: (. . .) No podemos obligar a un individuo . . .

Drácula: (. . .)

Comandante: No importa . . .   Hay que . . .

Generalísimo: Tal vez . . . punto de vista imparcial. ¿ . . . ? _____

_____ . . . , señor contador. ¿Tiene listo . . . ?

Drácula: . . . , se nos ha presentado . . .   automatizar nuestra planta, eliminando a
casi la mitad . . .   Aunque la instalación . . . ,   ahorraríamos (*we
would save*) . . .   en otros gastos . . .   El problema . . .
causaría mucho desempleo y resentimiento . . .

Generalísimo: Opine Ud. . . .   ¿Automatizamos . . . ? _____

Comandante: Yo creo . . .   Seremos más . . .

Cleopatra: Y yo . . .   Si desplazamos a los obreros, . . .   Los valores (*values*)
humanos . . .

Robot: ¿¿ . . . ?? ¿Uds. quieren discriminar . . . ,   para favorecer a los humanos?
. . . , si Uds. insisten en violar . . . , ¡yo meteré un virus en . . . ! Yo no . . .

Generalísimo: . . . , Ud. queda despedido (*you're fired*).

Robot: ¿ . . . ? Pues bien, . . . destruiré su sistema informático. Su planta . . .   (¡ . . . !)

Varias voces: ¡ . . . ! ¡ . . . ! ¡ . . . creo que reventó (*he exploded*)!

Generalísimo: (. . .)   Pero parece que el jefe de informática . . .   Declaro . . .   por
su memoria. (. . .)   Nuestra reunión semanal . . .

170

L.: ¡ . . . ! ¡Y qué suerte la tuya de que te invitaran . . . !

J.: ¿ . . . ? Cuando yo sueño . . . , no falta ningún detalle. Por ejemplo, de repente, la escena . . . Y ahí estábamos, . . . Tú estabas en tu despacho, y . . .

IV. Departamento de relaciones públicas

Cliente: ¿ . . . la persona encargada aquí? Me parece . . . En fin, . . . He perdido mi tarjeta . . . ¿Ud. . . . para que haga mis compras hoy?

J.: (Oye, no le puedes entregar . . . , así no más (*right off*). Pídele que te muestre . . .)

Tú: ¿ _____ ?

Cliente: Pues aquí . . . Y . . . mi cuenta telefónica.

J.: (¿ . . . ? ¿Las aceptarás? Explícale tu . . .)

Tú: _____

J.: (. . . Bueno, atiende ahora . . .)

Cliente 2: Mire Ud. Yo encargué por teléfono . . . , y . . .

L.: (Pregúntale si quiere . . . , o si prefiere que le devolvamos . . .)

Tú: ¿_____?

Cliente: Quiero que . . .

L.: (Pues dile . . . , y en qué piso . . .)

Tú: _____

Cliente: (. . .)

J.: (Estás . . . Mira, aquí . . .)

Cliente 3: (. . .) Yo no entiendo cómo . . . , si las cuentas siempre vienen equivocadas (*wrong*). (. . .) Yo compré . . . , y me mandan . . .

J.: (. . . cuánto lo sientes . . . Y pídele . . . el recibo de su compra.)

Tú: _____

Cliente 3: Desafortunadamente, . . .

J.: ¿ . . . ? ¿ . . . ?

Tú: _____

J: (. . .)

Cliente 4: Yo me quiero quejar de . . .   Ese individuo me hizo esperar . . . en la fila
(*line*), sólo para decirme . . .   esa mercancía.

(L.: Este problema . . .   Pídele .perdón, y pregúntale . . .)

Tú: _____

Cliente 4: . . . videograbadora de la marca X que anunciaron . . .

(L.: Pregúntale . . .)

Tú: ¿ _____?

Cliente: (. . .) Hace . . .

(L.: ¿ . . . ? Pues decide si . . . de conseguirle el equipo, o si te parece . . .)

Tú: _____ (. . .)

J.: (. . .) Y créeme, algunas de estas situaciones . . .   Como esta . . .

V. Carta a la gerencia

5 de abril

Muy señores míos:

"A principios de enero . . .//, mi esposa y yo encargamos . . .// un juego (*set*)
. . .   //   Indicamos // que corríamos cierta prisa . . .//   ya que (*since*) el
primero . . . // habíamos de celebrar la boda // de . . . //   Y Uds. nos
aseguraron// que lo tendríamos // dentro de . . .//

"Pasaron . . .   // y no nos habían mandado . . .//   Así que (*So*) llamamos . . . ,//
y nos prometieron que sin falta // los recibiríamos . . . //   Pasó . . . , // y no
habían llegado . . . // Volvimos a llamar. // "Mañana", nos dijeron . . .// . . . //

L.: ¡ . . . ! ¿Esto . . . ? _____ ? (. . .)

"Hasta que un día . . . .   Primero, . . . y a poco (*shortly afterwards*), . . .   Y
cuando les rogamos a los mozos de reparto (*delivery men*) . . . , nos
contestaron que sólo tenían orden para . . .

L.:   ¿ . . . ? Pues, ¿ . . .   comenzaron a llegar?

a. *They delivered living room , not dining room furniture.*
b. *They sent the wrong dining set.*
c. *They delivered a second set and wouldn't take it away.*

"Aquella semana nos trajeron . . . , y a la semana siguiente, . . .   La fiesta . . .
estaba encima . . . ,   y la casa . . .   Una tarde no quisimos . . . ,   y nos
dejaron . . . , y otro en el umbral (*doorstep*) . . .

L.:   Dime, ¿ . cómo se complicó . . . ?

a. *They said they could do nothing till after the party.*
b. *They kept delivering set after set., and the house got all piled up.*
c. *They left the furniture outside and it all got ruined.*

"Mientras tanto, las facturas . . .   (. . .)   Llamé al . . .   , que me
refirió . . . ,   que me refirió . . . ,   que me refirió . . . ,   que estaba . . .

L.: ¡Válgame Dios! ¿ . . . ?

a. *They received bills for eight sets, but got no satisfaction from the store.*
b. *The store sued them for their money.*
c. *The credit department was on strike, so nothing could be done.*

"Llegó . . .   Los invitados . .   Tuvimos que . . . ,   donde
celebramos . . .   de pesos.   Ahora bien, siendo Uds. responsables . . . ,
les mando adjunta (*I am enclosing*) . . .   También les adjunto la cuenta . . .
nos estamos alojando, hasta que Uds. quiten . . .   que tenemos
almacenados (*stored*) . . . En espera de su grata contestación, . . ."

¿Qué tuvo que . . . ?

a. *They had to sell their house and move out of town.*
b. *They had to hold the party in a restaurant and move into a hotel.*
c. *They had to replace the furniture that got ruined outside.*

L.: (. . .) Y ahora . . . sus cuentas, ¡ incluso . . . !   A ver cómo el almacén resuelve . . .
J.: (. . .) Ya han respondido . . .

===

Estimados clientes:

Acusamos (*we acknowledge*) recibo. .   y lamentamos la inconveniencia . . .
 Haremos todo lo posible para expedir . . . ,   y confiamos (*we are sure*) en que Uds. recibirán
el **_juego de comedor_** para. . .   Agradeciéndoles su . . . , nos ofrecemos de Uds.,

EL ALMACEN BALMES: ¨La empresa con un corazón¨

===

(. . .) (*El timbre de la puerta suena*)

J.: ¿Tú esperabas . . . ? _____   Pues ve . . . A ver . . .

Tú: ¿ _____ ?

Voz a la puerta: (. . .) Les traemos . . .

J. y L.: (. . .)

173

Experiencias visuales

A. Solicitud : tarjeta de crédito

Imagina que es el año __?__ y que has comenzado tu carrera ya. ¿Cómo llenarás esta solicitud? (¿Ya tendrás "bienes raíces"? Y si no puedes pagar tus cuentas, ¿quién será tu "obligado solidario"?)

| Límite de crédito solicitado |
| Sucursal |
| Número de tarjeta |

Datos generales

| Nombre completo del solicitante | Edad | Reg. Federal de contribuyentes | Nacionalidad | Estado civil |

| Nombre del solicitante como debe aparecer en su tarjeta de crédito | Nombre del cónyuge | Personas que dependen de mí |

| Domicilio (calle | Número | Interior | Colonia | Código postal | Zona postal | Población y estado |

| Casa propia | Pagándola | Alquilada | Huésped | Teléfono | Años de residencia | Profesión u oficio |

Empleo

| Nombre del empleo o negocio | Propietario | Socio | Comisionista | Empleado | Dependencia |

| Puesto | Antiguedad | Domicilio (calle) | Número - piso | Colonia |

| Población y estado | Código postal | Zona postal | Teléfono(s) | Extensión |

Ingresos

| Sueldo mensual | Comisiones (comprobables) | Otros ingresos (comprobables) | Total de ingresos |

Referencias familiares

| Nombre de un familiar que no vive conmigo | Domicilio | Teléfono |

Automóviles

| Año | Modelo | Placas | Año | Modelo | Placas | Totalmente pagado(s) / Pagándolo(s) |

Bienes raíces

| Tipo (casa, condominio, terreno, etc.) | Ubicación | Totalmente pagado | Pagándolo |

Referencias no familiares

| Nombre | Domicilio | Teléfono |

Obligado solidario

| Nombre del obligado solidario | Empresa donde presta sus servicios |

| Domicilio actual (calle, número, población) | Domicilio |

| Teléfono | Teléfono donde presta sus servicios |

Tarjeta(s) adicional(es) a usuario(s) autorizado(s) si no las desea por favor cancele los espacios

Deseo y autorizo a ustedes para que expidan las siguientes tarjetas de crédito adicionales para que sean utilizadas dentro del límite de crédito que me ha sido concedido.

| Nombre completo del usuario de la primera tarjeta adicional autorizada | Nombre como debe aparecer en la tarjeta (máximo 25 campos). |

| Domicilio (calle | Número | Interior | Colonia | Código postal | Zona postal | Población y estado |

| Nombre completo del usuario de la segunda tarjeta adicional autorizada | |

| Domicilio (calle | Número | Interior | Colonia | Código postal | Zona postal | Población y estado |

B. Acuerdo de publicidad

Factura para Pago Adelantado

10% de descuento incluído para "Pronto Pago" VALIDA HASTA LA FECHA INDICADA

Esta Factura es para ofrecerle la oportunidad de ordenar su anuncio en la próxima edición y pagar por adelantado para tener derecho al 10% de descuento de "Pronto Pago". La Factura está basada en el tamaño (size), frecuencia, o en otras instrucciones que Ud. nos ha dado anteriormente. Si desea cambiar el tamaño o las instrucciones para su anuncio, favor de anotar el cambio en la factura y devolvérnoslo a nosotros, o use la forma adjunta para INSTRUCCIONES ESPECIALES.

NOTE: Si su anuncio, por cualquier razón no se publica en la edición ordenada, la factura se cancelará automáticamente y el pago hecho por adelantado le será devuelto o se le acreditará según sus instrucciones.

TODOS LOS COSTOS APARECEN EN CIFRAS DE U.S. DOLARES SI NO DICE LO CONTRARIO.

Si no quiere aprovechar el 10% de descuento para pronto pago, no pague esta factura. Anuncios no pagados por adelantado serán facturados de nuevo a las tarifas normales después de la publicación. Tampoco debe pagar esta factura después de la fecha de expiración. El descuento de pronto pago se aplica únicamente a pagos recibidos antes de esta fecha.

Despegue el Aviso de Pago (Detach the Remittance Advice) por la línea de puntos y envíela con su pago directamente a nuestras oficinas de contabilidad. Si hay instrucciones especiales o es más conveniente para usted enviar su pago con sus materiales de producción, envíe todo a la oficina de producción.

INSTRUCCIONES ESPECIALES

(Envíe en conjunto con el "Aviso de Pago" para facilitar la identificación de su compañía y anuncio)

☐ Repito mi anuncio de la edición anterior (fecha) _____

☐ Envío nuevos materiales

☐ Otras instrucciones: _____
_____
_____
_____

☐ Pago incluido
☐ Pago enviado separadamente
☐ No incluya mi anuncio en esta edición

Autorizado por_____

Compañía _____

Ciudad _____ País _____ Teléfono _____

Dinos:

1. ¿Qué servicio está comprando aquí el cliente? _____
_____

2. ¿Qué ventaja (*advantage*) saca pagando por adelantado? _____
_____

3. Adivinando por el contexto, ¿qué piensas que significan estas palabras?:

adjunto _____; cifras _____; tarifas _____;

aprovechar(se de) _____ ; línea de puntos

_____, "pronto pago" _____

C. ¡Oferta especial!

¡Regrese su tarjeta ahora mismo! (Ya está identificada con su nombre y dirección.)

AHORRE
$5.03
dlls.

. . . y reciba GRATIS SU AGENDA FAMILIAR 1989.

FABULOSA OFERTA DE NAVIDAD
(Oferta válida únicamente para Suscripción-Regalo)
**Obsequie un año de Selecciones
por sólo $ 9.97 dlls.**

SI. Envíen 12 meses de Selecciones como regalo de Navidad a la persona cuyos datos aparecen abajo. Factúrenme posteriormente la cantidad de $ 9.97 dlls., lo que me permitirá **ahorrarme** $ 5.03 dlls.** También envíenme GRATIS mi Agenda Familiar 1989.

Nombre: _____

Dirección
Residencial: _____

Ciudad: _____

Estado: _____ Zip Code: _____

Firmar mi nombre en la Tarjeta de Navidad como sigue:

_____

Además: Renueven MI PROPIA suscripción por un año más al precio de sólo $ 12.97 dlls., con un ahorro efectivo de $ 2.03 dlls.**

Marque un sólo cuadrito   SI ☐   NO ☐

**NO ENVIE DINERO AHORA
PAGUE HASTA EL AÑO PROXIMO.**
Oferta válida hasta el 1o. de febrero de 1989.

1. ¿Cuál es el precio normal de doce ejemplares sueltos (*single copies*)? _____

_____ 2. ¿Cuánto dinero se ahorra comprando la suscripción

anual? _____ 3. ¿Habrá que pagar antes o después de

comenzar la suscripción? _____ 4. ¿Qué

crees que es una "agenda familiar"? _____ 5. Según

esta oferta especial de Navidad, ¿cuál resulta más barato, la suscripción renovada del

cliente o el regalo que hace a otra persona? _____ 6.

¿Por qué lo harán así? _____

7. Según el contexto, ¿qué significarán estas palabras? : ahorrar _____ ;

obsequiar _____ ; renovar _____ ; posteriormente

_____ ; firmar _____

176

D. Advertencia al comprador

SONODISCO
¡Atención!

Antes de ser embalado y expedido, este aparato se hallaba en perfectas condiciones.

En caso de que se observen averías debidas a malos tratos durante el transporte,
debe reclamarse inmediatamente a la dirección del servicio que ha cuidado del mismo
(correo, agencia, ferrocarriles, etc.)

Nuestra garantía cubre solamente los defectos reconocidos de materiales y fabricación.

---

1. ¿Se trata aquí de la manufactura o de la expedición (distribución) de un producto?

_____ 2. ¿A quién debe reclamar

el comprador si la mercancía llega en malas condiciones? _____

_____ 3. Según el contexto, ¿qué significan estas

expresiones?: averías _____ ; debidas a _____ ; deberá

reclamarse _____

Aplicaciones

I. Amplía tu vocabulario

A. ¿Cómo se dice?

   1. *to spend*

- gastar *to spend* (money, effort, etc.): No gastes todo tu dinero en frivolidades. La mayor parte de tus gastos son innecesarios. -- ¡Qué va!

- pasar *to spend* (time): ¿Dónde pasarán el verano? -- Donde lo hemos pasado siempre. Con mi familia, en el campo.

   2. *to return*

- volver *to return, go back*: ¿Volverán en la misma línea aérea? -- Tienen que. Compraron un boleto de ida y vuelta a un precio especial.

- devolver *to return, give back*: Hace seis meses les presté mil dólares, y no me los han devuelto. -- ¡Bribones!

- regresar *to return* -- *go back* or *move back*: Regresamos de México ayer. --En el viaje de regreso, ¿pararon en alguna parte? ; "Uno, dos, extiendan el pie derecho. Tres, cuatro, regrésenlo a su lugar."

Palabras en uso

Complete, expresando en español las ideas "*spend*" o "*return*".

1. Tú _____ muy tarde ayer. -- Sí, (yo) _____ cuatro horas

con Ramírez e Hijos, pidiéndoles que nos _____ sus negocios. --No

_____ tanto esfuerzo en ellos. No vale la pena. 2. Por favor, no se vayan.

-- No te preocupes. (Nosotros) _____ pronto. Y _____

el verano juntos. 3. Te lo prometo. Si me prestas tu coche, te lo _____

en perfecta condición.--Bien. Y _____ melo al garaje.

B. Vocabulario útil : Los negocios

el activo y el pasivo   *assets and liabilities*
al por mayor, menor *wholesale, retail*
la acción *share of stock*
  cuentas por cobrar *accounts receivable*
  destinatario *addressee*
  deuda *debt*
  entradas brutas *gross receipts*
  facturar *to bill*
  franqueo, el porte *postage*
  ganancia *profit*

gerencia *management*
seguro(s) *insurance*
la inversión *investment*
nómina *payroll*
pérdida *loss*
el personal *personnel*
precio neto *net price*
prestaciones *extra benefits*
presupuesto *budget*
recursos *assets*
remitente *sender*
la sucursal *branch*

Extensiones

A base del vocabulario de arriba, dinos:

1. ¿Vende su mercancía en cantidades pequeñas o grandes el "mayorista"?_____

_____ ¿Quiénes forman la clientela del "minorista? _____

¿Qué hace un inversionista? _____ Entonces, ¿en

qué invierte su dinero un "accionista"? _____

2.   Si una empresa tiene muchas "cuentas por cobrar", ¿está anticipando muchas

entradas o gastos? _____ Y si se declara en

"bancarrota" (o "quiebra"), ¿ha tenido más ganancias o pérdidas? _____

_____ En tal caso, ¿es favorable o desfavorable la

suma de su "debe y haber" (su "activo y pasivo") ? _____

¿Tiene recursos muy amplios o muy limitados? _____

¿Son mayores sus entradas brutas o sus entradas netas? _____

_____ ¿Figurarán muchas deudas en su presupuesto? _____

3. ¿Cuáles de las expresiones anteriores tienen que ver con la correspondencia o el

correo? _____ ¿y con la

administración de una empresa? _____

_____ Finalmente, ¿con qué propósito se saca un"seguro contra riesgo

de incendio"? _____

II. Ejercicios suplementarios

#30. _"I have gone, I had gone"_ : Present perfect vs. pluperfect

A. Responde según las indicaciones

1. Alonso, ¿has mandado todas las cuentas? -- Sí, las _____

2. ¿Han remitido Uds. nuestro pedido? -- No, no se lo _____

todavía. 3. ¿Les ha hecho Ud. otros encargos? -- No, les _____

solamente éste. 4. ¿Le he puesto el franqueo correcto? -- Sin duda, se lo _____

_____ 5. ¿Habéis vuelto a hablar con el jefe? -- Sí, _____

_____ muchas veces. 6. ¿Lo he embalado como se debía?

-- Sí, _____ perfectamente. Por eso no se han roto.

B. Termina, usando el pluscuamperfecto del verbo más lógico:

----
irse • casarnos • encargar • vender • hacerse • empezar • retirarse
----

1. Cuando yo llegué, Uds. ya _____ 2. Os casasteis este año, ¿verdad?

No, _____ secretamente en 1989. 3. No pudimos ordenárselo

a Uds. Ya se lo _____ a otra firma. 4. Antes de cumplir treinta

años de edad, _____ gerente ya. 5. Cuando nosotros lo

conocimos, ya no tenía su negocio. Lo _____ a otra compañía, y él

_____ 6. ¿Habías acabado ya? -- No, apenas _____

179

#31. *"I will have gone, would have gone"*: The future and conditional perfect

A. Dinos: ¿Qué habrá pasado?

----
cometer • sacarse • mudarse • graduarnos • devolver • caerse
----

1. --¿Has visto a Remigio? ¡Se ha hecho millonario de la noche a la mañana! -- ¡Qué suerte! _____ la lotería.   2. La pobre Eloísa está llorando. -- Sí, _____ de su bicicleta.   3. Yo creo que era tan simpático, pero ahora me entero de que está en la cárcel. -- Pues _____ algún crimen.   4. Le escribí a su antigua dirección, pero la carta fue devuelta por Correos. -- Según eso, _____ a otro lugar.   5. Uds. estarán en la escuela el año que viene? -- No, ya _____ 6. Para febrero, ¿todavía le deberás dinero? -- No. Ya se lo _____

B. ¿Qué habría pasado?

Responde según el modelo:

Ya hemos <u>repartido</u> las ganancias. -- Yo no las *habría repartido* tan pronto.

1. Le <u>ofrecimos</u> el puesto de capataz. -- ¿Cómo? Yo no le _____ nada.   2. Oímos un grito y <u>abrimos</u> la puerta. -- Eso era muy peligroso. Nosotros no _____ 3. El jefe mismo se lo <u>anunció</u> a los competidores. --Y tú, ¿se lo _____ ?   4. El piloto no <u>pudo</u> aterrizar contra el viento. -- ¡Qué va! Cualquier piloto comercial _____ aterrizar en peores condiciones.   5. <u>Enviamos</u> el paquete por correo ordinario. Y lo <u>envasamos</u> en plástico. -- ¡Ay, no! Yo lo _____ por avión, y lo _____ en una caja de madera.

C. ¿Cuál es la conclusión lógica?

1. --No veo nada. ¿Por qué no enciendes las luces?
   -- No puedo. (Se habrá perdido la etiqueta. Se habrá roto un circuito. Se habrá puesto una bombilla nueva.)

2. --¿Se ha repartido ya la lista de los ascensos (*promotions*)?
   -- No. Pero me imagino que (se habrán anunciado para fines de octubre,
   ya habrán decidido compartirlos, los habremos visto ya).

3. -- La semana pasada le llamé diez veces a Mariano, y no lo encontré.
   --Claro que no. (Se habría ido ya de vacaciones. Habría regresado ya de su
   viaje. Nos habría llamado en seguida.)

4. --Yo pensé que la reunión ejecutiva sería el martes, pero mi secretaria dice
   que fue ayer.
   --¿Qué te puedo decir? Alguien (habría asistido, se habría equivocado, te la
   habría devuelto).

#32. Special uses of *haber*.

A. ¿Qué piensas?

1. Para mandar una carta, ¿qué hay que escribir en el sobre? _____

_____ ¿Qué más habrá que

ponerle para que la acepten en Correos? _____ 2. Para

remitir mercancía frágil, ¿cómo habrá que envasarla? _____

_____ 3. Para conducir un negocio en más de

una ciudad, ¿qué habría que tener (o establecer) ? _____

_____ 4. Para conseguir un empleo ejecutivo, ¿qué

cualidades ha de tener el individuo? _____

5. Para colocarse como oficinistas, ¿qué han de saber los solicitantes?_____

_____ 6. Si quieres tener éxito en los negocios,

¿qué has de ofrecer a tu clientela? _____

¿Qué beneficios o "prestaciones" has de ofrecer a tus empleados? _____

_____

B. ¿Qué va a haber? ¿Qué debe haber?

1. En tu opinión, ¿qué cosas nuevas va a haber en el siglo XXI? (Dinos por lo

menos tres.) _____

_____ 2. ¿Qué cambios debe haber

para crear un mundo mejor? _____

III. Composición creativa

A. Jefe de ventas y promociones

Tú estás a cargo del departamento de ventas y promociones de una firma pequeña que quiere adelantar. ¿Tu misión? Preparar una presentación para convencer a posibles clientes a darles sus negocios.

1. Explica exactamente lo que hace o produce tu firma.

2. Indica cuándo se estableció, quiénes son los miembros de su directiva y cuáles son sus credenciales.

3. Explica las ventajas que Uds. pueden ofrecer al cliente, siendo una empresa pequeña.

4. Ofréceles algún incentivo especial para que inicien esa nueva relación.

B. Director(a) de personal

Acabas de emplear a varios trabajadores nuevos en diversos departamentos de tu empresa. El primer día, tú les explicas lo que la empresa espera de ellos. Prepara una lista de cinco cosas que han de hacer siempre, y cinco que no han de hacer jamás, si quieren conservar su empleo.

C. Crisis

¿Recuerdas la reunión ejecutiva a la que asistimos en esta lección? Pues habrá que resolver algunas de esas situaciones en seguida. ¿Qué posición adoptarías tú en cada caso? ¿Cómo explicarías tus razones?

1. ¿Se debe someter a todos los empleados a un análisis de la sangre (o de la orina) para averiguar si toman drogas? ¿Y si la empresa trata de importantes secretos militares?

2. ¿Se debe despedir a un empleado por usar drogas, aunque eso no haya afectado todavía su trabajo?

3. ¿Se debe exigir a todos los empleados que tomen un examen físico para saber si están infectados con el virus del SIDA (*AIDS*)?

4. Si nuestra empresa es el mayor sostén económico de la comunidad, ¿tenemos el derecho de automatizarla, eliminando así muchos trabajos? ¿Tenemos el derecho de mudarla a otra comunidad?

LECCION ONCE: *"Doctor, me duele. . ."*

Experiencias auditivas

I. Salón de Emergencia

(*Sirena de ambulancia. Gritos y voces.*)

"Abran Uds. paso." (*Clear the way.*)

"¡. . . una camilla!"

(. . .)

"¿. . . el oxígeno?"

"¡Suave, sua-ve-cito (*nice and easy*)! "

"Llamando . . ."

G.: (. . .) ¿Ud. ha visto a . . .? _____ *la he visto.* ¿. . .? ¡Curioso! Yo creía

que ella estaría . . . En fin, Ud. sabe . . . _____

_____ Ya sé . . . más agradable. . . Pero dígame,

¿. . . ? _____ Posiblemente,

¿piensa afiliarse . . . ? _____

_____ ¿Estuvo . . . ? _____

_____ ¿ . . . ? _____

_____ Pues. . .

Altavoz: "Llamando al doctor . . ."

G. : ¿Oye? (. . .) ¡Pues ése es. . . Y nos ha invitado para que veamos . . .   Vamos,
¿ . . . ? Por lo menos, hasta que Patricia . . .
Bueno, aquí estamos . . .   A ver si la enfermera . . .
Perdone, . . . , pero nosotros . . .

Enfermera: Lo siento, . . . , pero no se admite . . .   Si . . . , pueden sentarse . . .
Y cuando . . . termine su ronda (*rounds*), . . .

G.: (. . .) ¡Cuánta gente . . . ! (. . .) ¿Qué podemos hacer para que no tengan . . .?
Oiga. Se me ocurre. . .   Imagine Ud. que estamos . . .   Hablaremos
con . . . , y los mandaremos siempre al departamento correcto. ¿ . . . ?

_____ Pues éstos son . . .

II. En la Clínica

medicina interna   obstetricia   radiología

pediatría   cardiología   cirugía   psiquiatría

G.: (...) "Señoras y señores, si ... de presentarse uno por uno, vamos a atenderlos ...
        Bueno, ..."   (Atiéndala Ud.... Por ejemplo, pregúntele ...)

Paciente 1

Ud.: ¿ _____ ?

Mujer: Me llamo ...

G.: (Bueno, pregúntele ...)

Ud.: *¿Cuántos años* _____ ? (o: *¿Qué edad* _____ ?)

Mujer: A ver ...   Cumplo (*I'll turn*) ... (*Tose* .)

G.: (... qué la trae ...)

Ud.: ¿ _____ ?

Mujer: Pues, ... hace semanas ...   Toso y tengo el pecho ...   De día (*During the day*) ... , pero, ¡ ... !   Porque, ... de noche el dueño ...   la calefacción (*heat*), y no ...   (*Tose fuertemente.*) ¿Ya ve? No puedo respirar.

G.: ¿ ... ?

   (1) ¿De qué síntomas ... ?   Indíquelos en su planilla médica (*medical chart*).

    a. *Severe headaches*
    b. *Coughing and congestion of the lungs*
    c. *Palpitations of the heart*

   (2) ¿Por qué se siente peor ... ?

    a. *The landlord turns up the heat and she can't breathe.*
    b. *The landlord turns down the heat and she's freezing.*
    c. *She can't sleep because of her problems with the landlord.*

G.: (...)   ... si se tomó ...

Ud.: ¿ _____ ?

Mujer: (...)   ... termómetro. Pero, sí ... calentura. Porque me dan sudores (*I get sweats*) , y ... escalofríos , y ...

G.: (. . .)

    (3) ¿Por qué cree . . . ? Marque Ud. en su planilla . . .

        a. *She gets heat waves and chills.*
        b. *She gets severe nausea.*
        c. *She feels warm all the time.*

G.: Entonces, ¿ a qué departamento . . . ? Dígaselo a ella.

Ud.: _____ //

Mujer: (. . .) Que Dios los bendiga. (*Tosiendo fuertemente*) A propósito, doctor, ¿me presta Ud. . . . ?

G.: ¡ . . . ! ¡Ella . . . , con esa tos (*cough*)! ¿ . . . ?

Ud.: _____

G.: (. . .) Ahora, ¿quién es el próximo . . . ? (. . .)

(*La puerta se abre y entra una mujer.*)

Mujer 2: Necesito . . .

G.: (Dígale, ¡muy cortésmente! , . . . y que espere . . .)

Ud.: *Por favor,* _____

Paciente 2

G.: (Bueno. Ahora pregúntele . . . ,   y por qué . . .)

Ud.: ¿_____ ?

Hombre: Perdonen la molestia, . . .   Horacio Núñez, para servirles. He venido . . .
insistió en que viniera.

G.: (. . .)

Ud.: ¿ _____?

Hombre: . . . me dio un dolor tan fuerte . . .   que pensé que iba a expirar.
Ahora me siento . . .   Pero mi hija me trajo . . .   Yo le dije que . . . ,
pero ella insistió. En fin, . . .   No creo que sea . . .

G.: ¿ . . . nos está contando . . . ? ¿ . . . ?

    (1) a. *He felt a severe pain in his chest.*
       b. *He became very sick to his stomach.*
       c. *He passed out all of a sudden this morning.*

G.: ¿Y por qué no quiso . . . ?

    (2) *a. He had had those pains before.*
       b. He didn't consider it serious enough to bother people with.
       c. He panicked and didn't know what to do.

    Bueno, pregúntele . . .

Ud.: ¿ _____ ?

Hombre: (. . .) No tanto como para . . . Pero sí . . . ,   en el pecho, y en . . .
    A veces también . . .   Tal vez si me acuesto por un rato . . .

G.: Dígame, . . . ¿le parece serio . . . ? _____ Pues , ¿ . . .

    recomienda . . . ? _____ //

Hombre: (. . .)   A propósito, les ruego que no avisen . . .   Si ellos supieran . . .

G.: ¡No se preocupe, . . . !   Bueno, ¿ . . . ?

Paciente 3

Joven: (. . .)   Oiga, . . . ,   me acabo de caer . . . , y me duele tanto la muñeca . . .
    Mire cómo . . . hinchando (*swelling*) . . .

G.: Déjame ver. ¿Te duele más . . . ?

Joven: ¡ . . . ! ¡¡No la toque!!

G.: (. . .)

    (1) ¿Qué . . . ?   *a. He fell off his motorcycle and hurt his wrist.*
                             b. He fell off his bike and broke his leg.
                             c. His motorcycle fell over on him.

G.: (. . .) ¿ . . . ? ¿ . . . radiografías? _____

    . . . , explíquele . . .

Ud.: _____ //

Joven: (. . .)   Pero . . . que me pongan ningún yeso (*cast*).   Porque no quiero que
    . . .   ¡ . . . ! Ella me vuelve (*is driving me*) . . .   Día . . . , siempre
    con lo mismo: "Rufo, esa moto es . . . , Rufo, no andes (*Don't ride*) . . . Rufo,
    quiero que . . ."   Uds. conocen . . .   ¡No lo dejan a uno en paz!

G.: ¿Y si resulta (*it turns out*) que . . . ?

Joven: Que hagan lo que puedan. Pero . . . : ¡Nada de enyesar! (*No cast!*)

G.: ¿ . . . ? _____ Entonces, indique. . .

    (2) ¿Por qué no quiso . . . se enterara del accidente?

       a. *She's always after him to get rid of his motorcycle.*
       b. *She would be very worried .*
       c. *She couldn't care less.*

G.: La verdad, ¿tuvo Ud. . . . análoga? _____

    _____ ¿Sabe? Yo, una vez cuando . . .   ¡ . . . !   Aquí viene otra vez . . .

Mujer 2: Por favor, ¡necesito. . . !

G.: (. . .) Así que (*As soon as*) atendamos a . . . ,   estaremos . . .

Paciente 4

Madre: (. . .) El doctor nos . . .   (¡ . . . !)   Buenos días, doctor. . . ¡Niños, cállense (*be quiet*) o los . . . !

G.: (Salúdela, y . . .)

  Madre: (. . .) Mi niño Alonso aquí, . . . hipando (*hiccuping*).   Y la niña Mari Carmen, ésa . . . "Te vas a morir de . . . ",   le digo. "¡Come, o . . . !" Y ella, como si nada (*doesn't care*). Mientras Augusto aquí, ¡ése . . . !   Ahora, la pequeña Rosarito. . .   ¡ . . . !   ¡LOS VOY A . . . !

G.: Bueno, pregúntele ahora si . . .

Ud.: ¿ _____ ?

Madre: No. Vengo . . . chequeo (*checkup*). Es que . . . ,

G.: ¿ . . . hoja clínica (*chart*) a la mano? Pues indique:

    (1) ¿Por qué . . . ?

       a. *They have an assortment of minor problems.*
       b. *Alonso has the hiccups so bad that he can't take any food.*
       c. *They've been exposed to some serious diseases.*

    (2) ¿ . . . ?

       a. *She's pregnant again.*
       b. *She's very embarrassed about the children's behavior.*
       c. *She's checking up on the children's health.*

G.: (. . .) Dígame, ¿ . . . ? _____ //

    ¿Y adónde debe llevar. . . ? _____ //

Madre: (. . .) Vengan, . . .

G.: (¡ . . . !)

Paciente 5

Mujer 2: ¡Necesito . . . !

G.: . . . , si me hace el favor de . . . ?

Mujer 2: ¡ . . . ! ¿Es mi turno?

G.: (. . .) Y perdone la demora (*delay*). Ahora, Ud. dice . . .

Mujer: Desesperadamente.

G.: (Pregúntele . . .)

Ud.: ¿ _____ ?

Mujer: ¿ . . . ? ¡De nada! Busco . . . para mi hija.

G.: (. . . qué tiene --*what's the matter with* --. . .)

Ud.: ¿ _____ ?

Mujer: Nada. Y ése es . . . La pobre . . .   Y para que sepa, . . .   no hay en
este mundo. Hermosa, . . . , cariñosa, . . .   Y siempre he deseado casarla . . .
Por eso yo pensé que . . . ,   que posiblemente Ud., . . .

G. ¡ . . . ! ¿ . . . lo que quiere . . . ? _____

¡Imagínese! ¡Busca . . . que se case con . . . ! //   Rápido, por favor, dígale . . .

Ud.: _____ //

G.: Y ahora, vámonos . . .   Nuestra hora de consulta . . .

En serio, antes de pasar a otra cosa, ¿por qué no   . . . que acabamos de conocer

. . . ? A ver si podemos penetrar . . .

III. El panorama humano

1. ¿Recuerda . . . , la que tosía . . . , y que nos pidió . . . ? _____

¿ . . . casada, soltera o viuda (*a widow*)? _____

¿Es de . . . , media o más bien . . . ? _____

_____ Así me pareció . . .   Sobre todo cuando habló de . . .

2. Ahora bien, la segunda persona, . . . que no quiso . . .   ¿Se acuerda . . . ?

_____ Pues, en su opinión, ¿ . . . o un sencillo

. . . ? _____

A propósito, ¿ . . . que haya sufrido ?   _Sí, conozco_   _que_

ha sufrido (No, no conozco a nadie que haya sufrido) _____

_____

3. Ahora, . . . que se cayó de la moto. ¿Cuántos . . . ? _____

_____   Cuando Ud. tenga . . . , ¿les permitirá . . . ?

_____

_____

4. Y . . . : en su opinión, ¿hay . . . que hablen así . . . ? _____

_____   ¿ . . . psicología?

_____

5. Finalmente, ¿qué piensa . . . ? _____

P.: Por favor, no diga . . . ¡ Si esa señora . . . !

G. (. . .) Pero, ¿dónde . . . ? Ya me preocupaba de   . . . te hubiera pasado.

P.: En realidad, por poco (*I almost didn't*) . . .   Esta mañana . . . catarro (*cold*)
tan fuerte. Y tengo . . .

Por si acaso (*By any chance*) ¿ . . . que me lo quite . . . ?

G.: ¿ . . . ? Ahora mismo, por casualidad (*by chance*) . . .   anuncios de productos
farmacéuticos.   ¿Quieres que . . leamos?

P. : (. . .) A ver . . .

189

IV. ¿Qué remedios hay?

MINUSCAL   **RINOSPRAY**

Fórmula 3

OjoClar   Cremabel

"¡Atchiss! // ¿Ha cogido Ud. . . . ? // ¿Ud. o . . . suyos // tiene . . . tapada (*stopped up*)? // Rápido, . . . // Dos . . . presiones, y ¡qué alivio! // . . . descongestiona la mucosa nasal // y destapa . . . //, liberando su respiración // de . . . // Recuerde: . . . // para . . . despejada// y . . . libre. //

G.: ¿ . . . ? ¿ . . . le conviene (*is suitable*) . . . ? _____

P.: . . . , puede ser. ¿ . . . anuncian? (. . .)

"Libera tu cuerpo// del peso del . . . // Cuando notes// que no te apetece verte// en . . . de cuerpo entero, // ¡ haz caso (*get wise*)! Te ha llegado . . . // de iniciar . . . // de adelgazamiento// Y justo para eso . . . // Una capsulita en . . . // Y te anula la angustiosa . . . // . . . //

G.: ¿ . . . ? ¿ . . . eso la ayude . . . ? _____

¡Qué va! A menos que sea . . . , y no lo es.

P.: Por ahora. Pero en serio, ¿ . . . que me convenga? (. . .)

Alivia el dolor, sin . . . // . . . con eficacia,// porque provee más calmante,// 50% más // . . . sustitutos regulares . . . // Es . . . // Y es más suave . . . // ¡ . . . !, // para dolores . . . // de espalda, // . . . // ¡ . . . de resfriado.//

G.: ¿ . . . le hemos encontrado . . . ? _____

Y hay . . . Por ejemplo, adivine Ud.: ¿Qué es . . . ? _____

_____ ¿Y . . . ?

P.: ¡Esperen! No me digan . . .

G.: ¿ . . . ?

P.: . . . , ¿no se acuerdan? No está permitido mencionar . . . en estas grabaciones (*recordings*).

G.: ¡Ay, se me olvidó . . . ! Entonces, ¿ . . . ?

P.: (. . .) Sólo aparentar (*make believe*) que no lo hicimos. Y . . . antes de que se enteren (*they find out*).

G.: ¿Tan grave (*serious*) . . . ? Entonces, . . . Nos veremos . . .

P.: ¡A menos que . . . ! Un abrazo, . . .

I. ¡ Venga!

Hay un programa de CONDICION FISICA* para usted

• **Elimine los factores de riesgo,**
• **obtenga resistencia cardio respiratoria**
• **entrenamiento muscular, flexibilidad**
• **y controle su peso**

• CONDICIONAMIENTO EN PISTA DE CIRCUITOS

16 estaciones al aire libre. Estimula su sistema cardiovascular y le ayuda a quemar calorías.

•PROGRAMAS DE CONTROL DE PESO

Disminuyen el tejido adiposo, queman calorías adicionales y lo hacen sentirse bien.

• INSTRUCTORES PROFESIONALES

Capacitados en E.U. y Europa.

. . . Y más de
123
Beneficios
Comprobados

EVALUACION
• FISICA

Antes de iniciar un programa se determina su grado de flexibilidad muscular, capacidad cardiovascular, fuerza y control de peso.

• CONDICIONAMIENTO EN PROGRAMAS DE NATACION

Mejora su capacidad cardiovascular, le da armonía física y relaja su cuerpo.

• CONDICIONAMIENTO EN GIMNASIO
Gimnasio femenino. Fuerza Libre, Circuitos Aeróbicos. Fortalece su cuerpo.

• CONDICIONAMIENTO EN "AEROBICS"
Fortalece y aumenta el tamaño de su corazón, previene las enfermedades cardíacas.

===

1. ¿Qué facilidades ofrece este programa? _____

_____ 2. ¿Cuáles son sus efectos salutíferos? _____

_____ 3. ¿Dónde hicieron sus estudios los

instructores? _____ 4. En su opinión, ¿es mejor correr en

una pista al aire libre o bajo techo? _____

ALIMENTOS QUE CONTIENEN HIERRO

¿Ha comido alguno de ellos últimamente?

Dosis diaria de hierro recomendada (en miligramos)

Bebés

0-6 meses   10 mg. =====================
7-12 meses 15 mg. ==============================

Niños

1-3 años   15 mg. ==============================
4-10 años   10 mg. =====================

Adolescentes

11-18 años 18 mg ====================================

Mujeres adultas

19-50 años 18 mg. ====================================
51 + años   10 mg. =====================
Embarazo   18 mg. ====================================
Lactancia   18 mg. ====================================

Hombres adultos

19 + años   10 mg. =====================

Miligramos de hierro   — — — — — — — — — — — —

0   5   10   15   18

¿Cuánto hierro contienen?

Carne de res, cocinada, 2 oz. (2.3 mg.)
Huevo, 1 grande   (1.2 mg.)
Nueces 1 oz. (1.0 mg.)
Puerco, cocinado 2 oz. (2.2 mg.)
Atún (*tuna*) en lata 2 oz. (.9 mg.)
Dátiles secos, 4 medianos (1.2 mg.)
Carne de venado (*venison*) 2 oz. (3.6 mg.)
Ciruelas (*plums*), 5 medianas (1.8 mg.)
Pan, enriquecido   1 tajada (.6 mg.)

Pollo cocinado, 2 oz. (1.1mg.)
Cordero, cocinado 2 oz. (1.7 mg.)
Mantequilla de maní 2 cucharas (.6 mg.)
Tofu 2 oz. (.9 mg.)
Albaricoques (*apricots*) secos, 6 mitades
   (1.9 mg.)
Salchicha de hígado 2 oz. (3.0 mg.)
Cereales enriquecidos con hierro
   (según la marca) 1/2 taza   3-12 mg.

192

Algunos alimentos que contienen hierro.
¿Ha comido alguno de ellos últimamente?

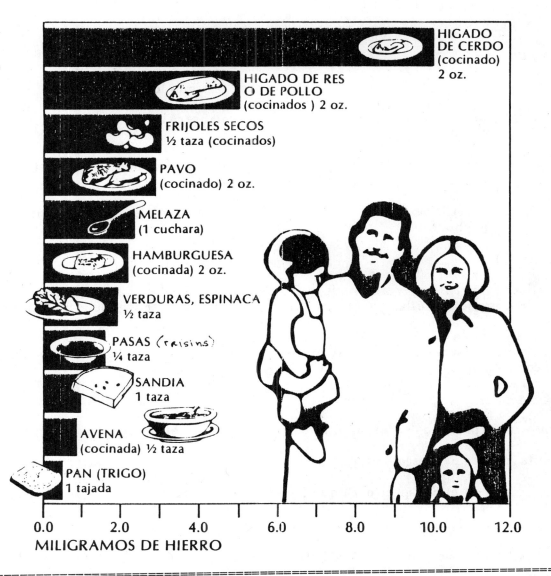

HIGADO DE CERDO (cocinado) 2 oz.

HIGADO DE RES O DE POLLO (cocinados) 2 oz.

FRIJOLES SECOS ½ taza (cocinados)

PAVO (cocinado) 2 oz.

MELAZA (1 cuchara)

HAMBURGUESA (cocinada) 2 oz.

VERDURAS, ESPINACA ½ taza

PASAS (raisins) ¼ taza

SANDIA 1 taza

AVENA (cocinada) ½ taza

PAN (TRIGO) 1 tajada

0.0   2.0   4.0   6.0   8.0   10.0   12.0
MILIGRAMOS DE HIERRO

==

1. ¿Cuáles de estos alimentos come Ud. regularmente? _____

_____ ¿Y cuáles no come jamás? _____

_____ ¿Por qué? _____

2. ¿Cuáles son carnes? _____ ¿frutas? _____

_____ ¿vegetales? _____ ¿Cuáles

son más altos en calorías? _____

3. A propósito, si una mujer está en "lactancia", ¿qué acaba de tener? _____

193

Aplicaciones

I. Amplíe su vocabulario

A. ¿Cómo se dice?

1. *to put*

- poner   *to put or place* (in almost all senses): ¿Dónde lo pusiste? -- Allí.

- ponerse   *to put on* (clothing, etc.): Ponte el sombrero antes de salir. -- ¿Por qué? No hace frío.

- colocar   *to put; to place or arrange* (in a specific order, position or location): Colóquela de modo que todos podamos verla.

- meter *to put* (inside of or into): Metió la mano en el cajón y sacó una pistola. --¡Qué horror!

2. *to realize*

- realizar   *to realize* (make real, fulfill, achieve): Realizó todos sus sueños al casarse con ella. ; Realizaron una gran obra construyendo el hospital.

- darse cuenta de *to realize* (a fact, etc.); *to become aware of, take into account* : No me di cuenta de sus intenciones. -- Y él no se daba cuenta de las consecuencias.

Palabras en uso

1. Complete expresando en español el verbo "to put", en el tiempo más lógico:

a. Lolita, no veo el frasco de aspirinas. ¿Dónde lo _____ (tú)? -- Lo

_____ en el botiquín para que los niños no los agarraran.   b. Acabamos

de comprar una hermosa figurilla. ¿Dónde quieres que la _____ ?

--Sobre este pedestal.   c. Por favor, Silvia, no _____ la pata en asuntos

ajenos (*other people's*), a menos que te lo pidan. --¿Y si veo algo que no me

guste? -- _____te el abrigo y sal a la calle.

2. Ahora interprete la palabra "realize":

a. Ud. llegó tarde. -- Disculpe. No _____ de la hora. b. Si tú

pudieras _____ un solo deseo, ¿cuál sería? --Amarte a ti. ¿No ____

_____ ?   c. ¿Ud. cree que el plan se _____ ? -- ¡Ojalá!

194

B. Extensiones lingüísticas

----
salud • dolor • enfermo • gota • frío • catarro • cirugía

A base de las palabras arriba, ¿puede Ud. responder a las preguntas siguientes?

1. ¿Es muy *saludable* una dieta rica en grasas? _____ A propósito, ¿cómo se derivaría la expresión "saludar a una persona". _____

2. Si uno se siente *adolorido*, ¿ ha tenido una experiencia *salutífera* o *dolorosa* ? _____ 3. Si uno se siente un poco *acatarrado* o *resfriado*, ¿tiene que internarse en una *enfermería* ? _____

¿Es necesario que lo cuide una *enfermera* ? _____

¿Y si necesita los servicios de un *cirujano* para un procedimiento *quirúrgico* ? _____ 4. Si la llave de la bañera *gotea* mucho, y se forma una *gotera,* ¿qué estamos perdiendo? _____

II. Ejercicios suplementarios

#33. <u>More about the subjunctive to express "unreality"</u>

A. ¿Subjuntivo o indicativo? Exprese en español:

1. No iré *si* tú vas. <u>*No iré a menos que tú*</u> _____ 2. Hacen lo que pueden por ella. <u>*Van a hacer*</u> _____ 3. El cirujano le operará *así que pueda.* <u>*El cirujano le operó*</u> _____ 4. *En caso de* que se ponga peor, dele oxígeno. <u>*Antes de que*</u> _____

_____ 5. ¿Ocurrió *antes de que llegara* a la clínica? --<u>*No.*</u> <u>*Ocurrió cuando*</u> _____ 6. No puede tener visitas, aunque está un poco mejor. <u>*No puede tener visitas hasta que*</u> _____

7. Siempre guardo cama *hasta que se me quita la fiebre.* <u>*Guardaré cama hasta que se*</u> _____ 8. El doctor vendrá *cuando termine* sus horas de consulta. <u>*Dijo que vendría*</u> _____

B. ¿Cómo lo interpreta?

1. "¿Podemos darle algo de comer? -- Mañana, cuando se le quite la alimentación intravenosa."

¿Está mejorando o empeorando el (la) paciente? ¿Cómo lo sabe Ud.? _____

_____

2. "Quieren que le saquemos las radiografías aquí mismo, en su cuarto. -- Sí, para que sepan si pueden moverlo."

¿Quiénes estarán hablando? _____¿Qué

clase de herida tendrá este paciente? _____

3. "Buscaban un médico que se especializara en problemas pediátricos."

¿Qué edad tendrían los pacientes? _____

4. "Tenemos que encontrar enfermeras que hablen español."

¿Dónde estará situado este hospital? _____

#34. <u>"Unreality" (cont.): Referring back to something indefinite</u>

Responda según las indicaciones, usando el subjuntivo sólo si es necesario.

1. Busco un laboratorio que tenga esa máquina nueva. -- *Yo conozco uno que*

_____ 2. No hay nadie que sepa curarlo. -- *Al contrario.*

Hay muchos especialistas que _____ 3. ¿Hay algo que me pueda

recetar para este catarro? -- Claro, hay varios remedios que le _____

_____ 4. ¿Había alguna clínica que los aceptara? -- Antes,

no había ninguna clínica _____ Ahora, hay bastantes

que _____ 5. Por fin, encontramos un(a) ayudante que

trabaja de noche. -- ¡Nosotros todavía buscamos uno que _____ de día!

#35. <u>Which tense of the subjunctive do we use?</u>

A. Banco de verbos

tomar • recetar • volver • tener • pagar • guardar

Anoche me sentí mal del estómago. Llamé al médico y le pedí que me

_____ alguna medicina. -- ¿Y sabe lo que dijo? Me dijo que me

_____ un par de aspirinas, que _____ cama por dos o tres días,

y que lo _____ a llamar en un mes. -- ¿Aspirinas para un mal del

estómago? ¿Qué te daría si (tú) _____ un dolor de cabeza? -- No sé.

Pero insistiría en que le _____ con anticipación.

B. Cambie según las indicaciones:

1. Está embarazada. *¿Es posible que* _____ ?

   Estaba embarazada. *¿Era posible que* _____ ?

2. Ten cuidado con el oxígeno. *Te ruego que* _____

   ¿Tuviste cuidado con él? *Te rogué que* _____

3. Se ha roto el tobillo (*ankle*). *Temen que se* _____

   Se había roto el tobillo. *Temían que se* _____

4. La penicilina lo aliviaría. *No creía que* _____

   La penicilina lo habría aliviado. *No quiso creer* _____

C. Mini-diálogos: Expréselos en español:

1.You have just heard that a friend has been sick. Call him or her and say how
sorry you are. It's a pity that you didn't know it before, or you would have
visited him (or her).

_____

_____

_____

2. It's three thirty and you suggest to someone that you both go out for a pizza.
 The person says that if you had eaten lunch at the normal time, you wouldn't be
hungry now. You reply that if you weren't so busy, you would have eaten,
but today you didn't have time.

_____

_____

_____

197

III. Composición creativa

A. "Salud, dinero y amor . . . y tiempo para gozarlos"

Si Ud. tuviera que poner en su orden de importancia estas tres cosas: salud,
dinero, y amor, ¿cuál ocuparía el primer lugar? . . . Pues sea lo que sea,
la salud sí importa, y no queremos que se pierda.   Así que . . . ¿puede Ud.
preparar un programa completo que nos ayude a mantener -- y mejorar -- la
salud?   Divida sus recomendaciones en las siguientes categorías:

1. Dieta   (comida recomendada, comida prohibida)
2. Programa de ejercicios (deportes y ejercicios que conduzcan más al
   desarrollo físico y a la relajación mental)
3. Horas de descanso; vacaciones, etc.
4. Chequeos médicos (¿con qué médicos? ¿a qué intervalos?)
5. Cuidado y tratamiento dental

Posiblemente le convenga realizar este plan en colaboración con otros
estudiantes.   En tal caso, reparta Ud. los diversos tópicos para que cada miembro
del grupo lo desarrolle a su propia manera. Y cuando se reúna el grupo, se podrá
llegar a un acuerdo sobre los detalles.

B. Director(a) de educación física

Ud. está a cargo de un nuevo programa de educación física en las escuelas y
universidades de este estado. Nivel por nivel (primario, secundario y
universitario), indique sus decisiones sobre cada una de estas cuestiones:

- Horas por semana
- ¿Opcional u obligatorio?
- Actividades entre las cuales los estudiantes puedan elegir
- Equipos deportivos (¿Cuáles? ¿Quiénes deben pagar los costos? ¿Tendrán
  que mantener cierto nivel académico los participantes?)
- Facilidades mínimas (¿piscina? ¿canchas de tenis? ¿estadio de fútbol, etc.?)

Desarrolle un curso completo y explique sus razones para cada decisión.

LECCION DOCE: *¿Cuáles son mis derechos?*

Experiencias auditivas

I. ¡Nos veremos en la corte!

(*Distintas voces*)

"Si nosotros no recibimos el pago para el . . ."

"No, señor, la obligación . . .   Y si Ud. no puede cumplir . . ."

"Pero la mercancía estaba dañada."

"¿Así es? Pues con mi abogado . . ."

"(. . .) Nos veremos . . ."

Gonzalo: ¡ . . .! Reñir (*arguing*), pelear . . .   ¿ . . . ser pacífica la gente? ¡Cómo . . .!

Patricia: Tal vez . . .   ¿ . . .? ¡Soy una tigre! Por eso, me encanta que estemos . . .

    ¿Ah, Ud. no sabía . . .? _____

G.: En serio, ¿ . . .? A veces me pregunto (*I wonder*). ¿Por qué . . .? ¿Qué es lo que la
    lleva . . .?

P.: Pues escuchemos . . .

¿Qué están diciendo? (*Check the correct conclusions*)

(1)   -- Ya no me fío de (*I don't trust*) . . .   Si ese cheque . . . a lo más tarde, (*at the*
        very latest) . . .
    -- . . . se lo mandé. Hace . . .
    -- ¿ . . .?
    -- (. . .) Se habrá perdido . . .
    -- ¿ . . . de los últimos tres años?
    -- (. . .) Ud. sabe lo mal (*how bad*) que anda hoy día . . .

    Indique Ud.: ¿Qué excusa . . .?

    a. *The check must have gotten lost in the mail.*
    b. *He's waiting to receive a check in the mail.*
    c. *He must have lost the bill.*

P.: Así dice.   ¿ . . . que miente?

    a. *Because he returned it six months ago.*
    b. *Because he's been using the same excuse for six months.*
    c. *Because they billed him six months ago.*

G.: ¡ . . .! Hace . . .

P.: Y jamás . . .   En fin, . . ¡ . . .! ¿Qué pasa aquí? . . .

199

(2) -- ¡Caramba! ¿Ya oyen Uds.? Ése dice . . . ¡ . . .! ¡Si . . . conmigo!
-- ¿ . . . ? Fue . . . Yo me acercaba . . . , y de repente . . .
-- ¿ . . . ? ¡Vino . . .! Si yo no hubiera frenado . . . ¡Fue . . .!
-- ¿ . . . ? Pues con una buena bofetada (*bash*) . . . , ¡ya sabrá . . .!

P.: Pues como ese otro dice, . . . Dígame Ud.: ¿Sobre qué . . . ?

    a. *A collision at an intersection*
    b. *A fist fight*
    c. *A drag race on the parkway*

Y el tipo (*guy*) segundo, ¿ . . . arreglar las cuentas (*settle the score*) . . . ?

    a. *With a big bash somewhere*
    b. *Bashing in the other guy's fender*
    c. *With a punch on the nose*

¡Qué barbaridad!

G.: (. . .) Y . . . los únicos que pelean así. Por ejemplo, . . . litigantes. Oiga . . .

(3) --Hace tres meses . . . el alquiler. . . .
--Hasta que funcione . . . , no le . . . un centavo.
--Entonces, hasta que Uds. . . . , no les voy a dar un pite (*a drop*) . . . Ni de . . .
    Les cortaré . . .
--Pues si Ud. . . . , ya verá. (. . .) Yo llamaré al Buró de Sanidad . . . y . . .

Indíquenos: ¿ . . . se ha negado a . . . la inquilina?

    a. *Because the landlord has cut off the water.*
    b. *Because there hasn't been any heat in the apartment.*
    c. *Because there hasn't been any air conditioning in the hot weather.*

Ahora bien, si . . . cumple con su amenaza (*threat*), ¿a quiénes . . . ?

    a. *The Board of Health*
    b. *The sanitation department*
    c. *The rental agency*

A propósito, en este caso, ¿ . . . ? _____

_____ Pues a ver qué opina . . .

(4) -- Uds. me dañaron . . . Yo les pedí un tinte . . . , ¡ y miren . . .!
-- Pero señora, ése es . . .
-- ¿Yo? ¡ . . .! En toda mi vida . . . Y ahora no me atrevo . . .
-- Al contrario, . . . Yo la he visto . . .
-- ¿Uds. oyeron? ¿ . . . ? Pues . . . Nos veremos . . .

¿ . . . está disputando . . . ?
    a. *with her dry cleaner*
    b. *with her hairdresser*
    c. *with her house painter*

¿. . . le acusa?

a. Of staining her dress
b. Of using the wrong paint
c. Of ruining her hair

(. . .)

P.: ¿ . . . las salas de justicia (*courtrooms*) siempre. . . ?

G.: Puede ser. . .   Pero dígame Ud., ¿le interesa . . . ? _____

_____   ¿Le interesaría dedicarse . . . ? _____

_____

P.: ¿Ha ido . . . ? _____ ¿ . . . en alguna

causa judicial (*trial*) ? _____

Pues bien, aunque no lo crea (*believe it or not*), ¡hoy . . . ! En efecto, . . . en una

sala (*courtroom*) . . .   Están viendo (*hearing*) el caso del Estado contra

Meléndez por . . .

Juez: . . . señora fiscal (*madam D.A.*), ¿quién . . . ?

Fiscal: Su Señoría (*Your Honor*), . . .

P.: ¿No se lo dije? ¡ . . . ! Vamos no se asuste (*Come on, don't be scared*). Suba, . . . ,

a la barra de los testigos (*witness stand*).

G.: En mi país, . . . "el banquillo".

P.: Da lo mismo. (*It's all the same*). (. . .)   La fiscal está esperando.

Fiscal: (. . .) ¿ . . . ? _____ ¿Ud. jura . . . ,

y nada más que . . . ? _____ (. . .) Se

puede sentar. (. . .) Según evidencia irrefutable,   . . . en el lugar del suceso

(*scene of the crime*). .   del asesinato de Arsenio Meléndez. ¿ . . . negarlo?

_____ Pues para refrescar (*refresh*) su

memoria, aquí tenemos   . . .   la escena del crimen. Estúdiela . . .

Fiscal: Ahora, fijándose en todos los detalles, tenga la bondad . . . : ¿A quién vio Ud.

inclinándose (*leaning*) . . . ? _____

G.: Pues ésa . . . //, la viuda . . . //

Fiscal: ¿ . . . ? _____

G.: . . . // o un puñal.//

Fiscal: . . . , cuando Ud. volvió (*turned*) la cabeza, ¿ . . . huyendo (*fleeing*) . . . ?

_____

P.: . . . Roque Churrasco,// el guardaespaldas (*bodyguard*) . . .

Fiscal: ¿Y Ud. observó . . . ? _____

Observen Uds., miembros del jurado: ¡Llevaba . . . ! // Ahora bien, que Ud.
recuerde (*to the best of your recollection*), ¿había . . . ?

P.: (Mire Ud. detrás de . . .) _____ // Pepe Viruelas,//.
. . //

Fiscal: ¿ . . . ? _____ Precisamente. Una

. . . , ¡recién disparada (*just fired*)! Finalmente, si nos hace el favor de . . .

la izquierda: ¿ . . . lo que vio . . . ? _____//

¡vacío (*empty*)! Entonces . . . , ¿Ud. nos puede facilitar . . . ? _____

_____ Pues . . .   Ud. puede bajar.

G.: Bien hecho . . .   Ud. sí sabe . . .

Fiscal: Y ahora, . . ., quiero llamar a la barra al señor Alfredo Morales.

Alguacil (*Bailiff*): (. . .)

Morales: Ya voy (*Coming*), . . .

Fiscal: (. . .) ¿Ud. . . . ?

Morales: *Perales.* (. . .) ¡No! Espere. Soy *Wilfredo* . . .

Fiscal: Bueno, señor . . ., ¿Ud. jura . . . ?

Morales/Perales: (. . .) Y yo vi . . .   Yo . . . por un catalejo (*telescope*) desde . . .

Fiscal: ¿Y Ud. puede identificar . . . ?

Morales/Perales: (. . .) Era el fulano ese (*that guy*) de la faldita . . . ¡Y lo mató con . . . !

Fiscal: ¡Pero si ésa es . . ., una estatua de madera, . . . !

Morales/Perales: Nogales.   Manfredo . . .

P.: ¡ . . . ! Mire, ¿ése no es el tipo que Ud. encontró . . . ? _____

¿Y en la comisaría . . . ? _____ Marina y Toni nos lo contaron . . .

G.: . . ., vámonos de aquí, ¡antes de que . . .   nos acuse . . . !

P.: (. . .) Miren, en la próxima sala . . .   déjenme ver. . .   el caso de Carlos Reyes
    contra Gerardo Quiroga.   (. . .)   El abogado del demandante (*plaintiff*) está
    iniciando . . .

III. "Miembros del jurado. . ."

Abogado del demandante (*plaintiff*): Su Señoría (*Your Honor*) y . . ., permítanme
    . . . del señor Carlos Reyes, un buen   . . .   , un hombre que ha
    trabajado . . .   y que en toda su vida. .

Juez: . . ., lleguemos (*let's get*) ya . . .

Abogado: (. . .)   Señoras y señores, mi cliente, el honrado . . ., que se presenta ante
    Uds. para . . .,   es dueño . . .   de antigüedades (*antiques*). Un hombre de
    medianos recursos (*average means*) . . .,   Carlos tenía   . . .   de valor --
    un pequeño dibujo (*sketch*) . . .   , valorado (*valued*) en . . .

P.: En dólares eso sería . . .

Juez: Les ruego no interrumpir . . .

P.: Disculpe. (*Excuse me*).

Abogado: . . ., mientras un empleado cuidaba . . ., un cliente entró y . . .
El dependiente, leyendo mal la etiqueta (*price tag*) , . . .
El cliente . . ., y se llevó su compra.

Juez: ¡ . . .! Este asunto se está complicando. Les aconsejo, . . . y espectadores . . .,
que tomen notas detalladas y que traten de . . .   (1) ¿Quién es . . .?

_____ (2) ¿ . . .? _____

_____ // . . .

(3) ¿Qué objeto . . .? _____ //

(4) ¿Valorado en . . .? _____ //

(5) Mientras . . ., ¿ . . . su empleado el dibujo? _____

_____ // (. . .)

Abogado: (. . .) El dependiente se había . . .   Pero, . . ., díganme Uds., ¿ . . .? ¿era
alguien que no conociera . . .? ¿Era . . .? ¡ . . .! No, era un coleccionista . . .
¡Era . . . don Gerardo Quiroga, que en muchas ocasiones . . .
¡Y que se aprovechaba de la ausencia . . .   para robarle . . .!

Abogada del demandado (*defendant*): ¡Objeción! El distinguido . . .   que mi cliente
haya tenido el propósito (*purpose*) de . . .

Juez: Acordada (*granted*).

Abogado: Y por eso, . . .   , dejo a su conciencia la resolución . . .   El rico . .

Abogada: ¡ . . .! La . . . no viene (*is irrelevant*) . . .

Juez: (. . .)

Abogado: El gran coleccionista se llevó por . . .   una obra que valía . . .
Y cuando . . ., desesperado, desconsolado, le llamó para . . .   equivocación,
el célebre (*important*) . . . se rio: "Mala suerte, . . .   Me llevé una ganga, . . .
La próxima vez, que deje su tienda . . .   más experta." Y se negó (*he refused*)
a . . .

Abogada: ¡Y con razón, . . .! Con su permiso, me gustaría exponerles (*state*) . . .

Juez: (. . .) Por ahora, . . . un breve receso. En . . .   seguiremos.

G.: El caso . . ., ¿no le . . .? _____ Pues a ver . . .   En su opinión,

¿está obligado . . .? _____

¿ . . . por él? _____

Pues, ¿sabe . . .? Yo pienso que . . .   tenía que saber . . .   Entonces,

¿era justo que pagara . . .? _____

P.: A veces, ¿saben?, la ley y la justicia . . .   Claro . . .   que Reyes pierda
su única . . .   Por otra parte (*On the other hand*), si dejó . . . ,
él tiene que . . .   de lo que hizo su representante. Yo creo que . . . la causa
(*case*).

G.: Y yo . . .   Para mí, se cae de su peso (*it's self-evident*). Quiroga cometió un

fraude, . . .   Dígame, si Ud. fuera . . . , ¿por quién fallaría (*would you decide*) --

¿ . . . ? _____ (. . .)

Y yo pensaba . . .

Alguacil (*bailiff*): ¡ . . . ! El pleito (*case*) . . .

P.: Es lástima, pero . . .   Si Uds. . . .

G.: ¡ . . . ! Siempre vamos juntos. ¿ . . . ?

P.: A Inmigración, a buscar . . .

G.: ¿ . . . ? ¿ Para . . . ?

P.: Pues aquí tengo . . .   en la Florida. Leámosla juntos, y ya verán . . .

Querida Patricia,//

¿Cómo estás? // Por aquí todo bien -- // Alberto, los niños, etc. //
Pero estoy muy preocupada por nuestro amigo Miguel.//   En breves
palabras, // Miguel es un refugiado político // que vino a este país
ilegalmente.// ¿Lo sabías? // Pues la semana pasada, // el pobre
fue localizado por Inmigración, // y están a punto de regresarlo
a su país.// Miguel no quiere regresar// porque teme por su vida. //
Pero la única manera de quedarse // sería casándose con una
ciudadana (citizen) de aquí. // Parece que por cierta cantidad de
dinero// hay gente que puede arreglar para él// un matrimonio "de
conveniencia".// Tendrá que seguir casado por cinco años// y
después, lo que él quiera./!// El problema es que Miguel está
enamorado de otra muchacha,// que no es ciudadana.// Y el pobre
no sabe qué hacer.// Posiblemente hablando con Inmigración,// tú
podrías hacer algo por él.// Avísame, ¿eh?// Un millón de
gracias,// y un beso muy grande de tu hermana,

SARA//

G.: ¡ . . . ! ¡Qué . . . !

P.: En fin, ¿ . . . ? _____ Conteste entonces: ¿ . . . se

encuentra Miguel en apuros (*difficulties*) . . . ? _____

_____ Sí. Es un inmigrante

indocumentado. // Entonces, ¿ . . . opciones? _____

_____ //

G.: Y hay que recordar . . .

P.: Y que si vuelve. . . ,

G.: ¡ . . . ! Ahora bien, dadas las circunstancias. ¿ . . . ? _____

_____

¡Ojalá que hubiera . . . !

P.: Pues eso lo veré cuando vaya . . .   Tal vez, si les explico . . .   En fin, me voy . . .

Gracias por . . .   Me encantan nuestras visitas, ¿ . . . ?

G.: (. . .) Y suerte. . .   Chao.

Experiencias visuales

A. # En las urnas electorales

Hoy se celebran las elecciones primarias en su ciudad, y Ud. representa a su partido político en un barrio hispano. Uno por uno, los votantes se acercan para votar. Aquí tiene Ud. las instrucciones que van a leer. Estúdielas, y después prepárese para contestar sus preguntas.

Es posible que Ud. encuentre cuatro palabras nuevas en estas instrucciones. En inglés significan "ballot", "lever", "cover", y "to hold". ¿Puede Ud. entenderlas por el contexto?

INSTRUCCIONES PARA VOTAR

Cómo cerrar la cortina

Dele vuelta a la palanca roja de izquierda a derecha hasta que no vaya más, y déjela ahí. Esto cerrará la cortina y abrirá la máquina de votar.

Cómo votar por los candidatos

Vire hacia abajo el indicador sobre el nombre de cada candidato por el cual desea votar.

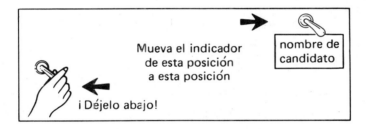

Mueva el indicador de esta posición a esta posición

¡Déjelo abajo!

nombre de candidato

Si Ud. quiere inscribir un candidato cuyo nombre no aparece en la boleta, empuje hacia arriba la cubierta que cubre el lugar correspondiente. Se hallará en la parte superior de la máquina -- encima de la cubierta para esa posición.

Aguante la cubierta con una mano, y con la otra mano escriba el nombre del candidato en el papel expuesto. Observe que una vez que ese lugar se ha abierto, todas las palancas para candidatos en la boleta se cierran y no se pueden usar, excepto cuando se elija más de un candidato.

Cómo abrir la máquina

Sus votos son en realidad registrados, y por eso se pueden cambiar (excepto los escritos por Ud.), hasta que Ud. mueva la palanca roja de derecha a izquierda. Nadie puede saber por quién ha votado Ud., porque esta acción devuelve todos los indicadores a su posición inicial cuando se abre la cortina.

Asegúrese de dejar los indicadores hacia abajo sobre sus selecciones. Si los empuja hacia arriba, sus votos no serán registrados.

RECUERDE: Usted puede practicar en esta maquinita de prueba antes de entrar a la máquina de votación.

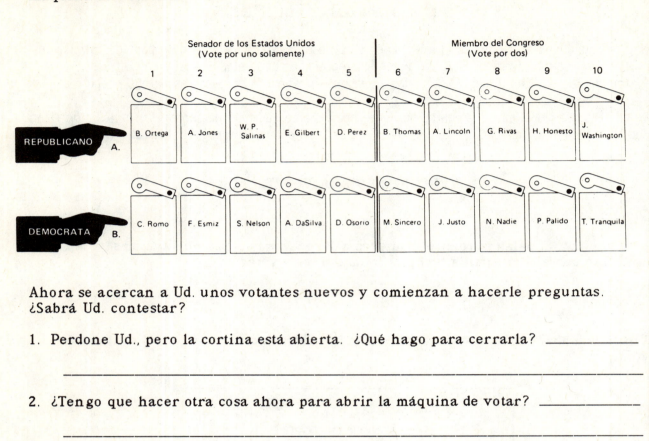

| Senador de los Estados Unidos
(Vote por uno solamente) | | | | | Miembro del Congreso
(Vote por dos) | | | | |
| 1 | 2 | 3 | 4 | 5 | 6 | 7 | 8 | 9 | 10 |

REPUBLICANO A.

B. Ortega | A. Jones | W. P. Salinas | E. Gilbert | D. Perez | B. Thomas | A. Lincoln | G. Rivas | H. Honesto | J. Washington

DEMOCRATA B.

C. Romo | F. Esmiz | S. Nelson | A. DaSilva | D. Osorio | M. Sincero | J. Justo | N. Nadie | P. Palido | T. Tranquila

Ahora se acercan a Ud. unos votantes nuevos y comienzan a hacerle preguntas. ¿Sabrá Ud. contestar?

1. Perdone Ud., pero la cortina está abierta. ¿Qué hago para cerrarla? _____

_____

2. ¿Tengo que hacer otra cosa ahora para abrir la máquina de votar? _____

_____

3. ¿Por qué hay tantos indicadores si hay solamente dos partidos políticos? _____

_____

4. Entonces, si quiero votar por un candidato, ¿muevo el indicador hacia arriba o

hacia abajo? _____

5. Y cuando termine de votar, ¿los devuelvo a su posición original? _____

_____

6. ¿Sabe? No me gusta ninguno de los candidatos que hay en la boleta. ¿Qué puedo

hacer? _____

7. Espere. He decidido que voy a votar por el primer candidato en la boleta... ¡Ya!...
   ¡Ay, no! Mi conciencia no me permite votar por él. ¿Es tarde para cambiar mi

voto? _____

8. Bueno, he votado ya. Ahora, ¿va a saber toda esta gente aquí por quién voté?

¿Por qué? _____

Aplicaciones

I. Amplíe su vocabulario

A. _¿Cómo se dice?_

1. _to introduce_

- introducir   _to introduce (a subject, a bill, etc.), to bring in or up, to place (something) into_ : Van a introducir una ley contra el aborto.; ¿Quién introdujo ese tema?

- presentar   _to introduce (somebody to someone), to present, offer_: ¿Cuándo me presentarás a tu prima?; ¿Presentaron (Introdujeron) toda la evidencia?

2. _to refuse_

- negarse a (me niego) _to refuse (to do something)_ : Le rogamos, pero se negó a ayudarnos. (The implication is that the person actually said "No".)

- no querer (in the preterite) _to refuse, be unwilling to do something_ (either in word or in action): No quiso tomar nuestros consejos.

- rechazar _to refuse, to reject (an offer, a suitor etc.)_: Puedes rechazar su ayuda, pero no debes rechazar su cariño.

- rehusar   _to refuse (something); to refuse a request_: Le voy a hacer una oferta que no podrá rehusar (rechazar).

Palabras en uso

Llene los blancos usando siempre el equivalente en español de "refuse" o "introduce":

1. ¿Por qué no vino Graciela? -- No sé. En el último momento, simplemente _____

_____ 2. Jamás he visto una oportunidad como ésa. -- Y figúrese.

Se la ofrecieron a Octavio, y él la _____ 3. Para persuadir al jurado,

hay que _____ el testimonio de varios testigos.   4. ¡Estoy feliz! Ayer

Luis me _____ a Conchita, y hoy no pienso más que en ella.   5. El

fiscal ofreció reducir su sentencia si confesaba, pero el acusado _____

a hablar. 6. ¿Qué tópico van a _____ hoy? -- ¿Quién sabe? Ya

han _____ todas mis sugerencias (_suggestions_).

209

B. <u>Vocabulario útil: "Ud. y la ley"</u>

acuerdo	*settlement*	demandar	*to sue*
acusado	*defendant (criminal)*	una denegación	*denial*
una apelación	*appeal*	difunto, fallecido	*deceased*
audiencia	*hearing*	iniciar un pleito	*to start a lawsuit*
una citación	*summons*	fallo	*decision, verdict*
comprometerse a	*to agree to*	garantía	*guarantee*
condena	*sentence; conviction*	garantizar	*to warrant, guarantee*
contrato de alquiler	*lease*	otorgar, conceder	*to grant*
demandado	*defendant (civil)*	responsable	*liable*
demandante	*plaintiff*	vigente, en vigor	*in effect*

==

CONTRATO

Celebrado entre Jacqueline Martin y EDICIONES GRIJALBA, S.A., Valencia

Quienes mutuamente acuerdan lo siguiente respecto a la obra titulada :

¨The Dolls¨ (Las muñecas)

1) El PROPIETARIO otorga por el presente contrato al EDITOR el solo y exclusivo derecho para publicar en forma de libro solamente, una traducción en idioma **español** de la mencionada obra y destribuir la misma **sin restricción** sujeto a los términos y condiciones siguientes y garantiza que tiene pleno poder y autoridad para realizar este contrato.

El EDITOR se compromete a publicar su edición de la mencionada obra dentro de **dieciocho** meses desde la fecha de este contrato.

2) El EDITOR se compromete a pagar al PROPIETARIO a la firma del contrato **3000.-- (tres mil) Dólares como adelanto a una regalía del 7% sobre el precio de venta al público, por los primeros 5000 ejemplares, y el 10% por los siguientes.**

Este contrato entrará en vigor sólo después de que el PROPIETARIO haya recibido el pago **del adelanto** arriba mencionado y no tiene validez sin el recibo correspondiente.

==

Díganos:

1. En este contrato, ¿a quién se alude con el término "propietario" -- a la autora o a la casa editorial? _____ 2. Según los términos de este contrato, ¿puede producir la obra en forma televisada el editor? _____ _____ 3. ¿Cuánto va a pagar el editor al firmarse el contrato? _____ 4. ¿Qué derechos (*royalties*) va a cobrar la autora sobre los primeros 5000 ejemplares? _____ _____ ¿Y después? _____ 5. ¿Cuándo se hará vigente el contrato? _____

6. Si el editor no cumple con el contrato, ¿qué podrá iniciar la autora? _____

II. Ejercicios suplementarios

#36 - 37 When to use *por* and *para*

Complete, y después conteste:

1. _____ llegar a la hora de la cena, tendremos que estar en camino _____ las cinco de la mañana . . . *¿Cuántas horas tardará por lo menos el viaje?* _____

_____

2. Dos residencias _____ ancianos han sido construidas aquí este año. -- ¿_____ el gobierno? -- No, _____ caridades privadas. . . *¿Para personas de qué edad serán esas facilidades?* _____

¿Fueron pagadas con fondos públicos? _____

3. ¡Me cobró cien dólares _____ este reloj y no vale ni la mitad! --Pues _____ una persona de tu experiencia, debes tener más cuidado con tus compras. . . *¿Por qué está molesto este individuo?* _____

_____ *¿Cómo sabemos que no le engañaron hoy por primera vez?*

_____

4. El acusado fue condenado _____ el jurado, pero su sentencia fue conmutada _____ el juez. -- ¡ _____ Dios! Ya verás. _____ la semana que viene, ya andará otra vez _____ las calles, robando y asaltando a la gente. . . *¿Por qué delitos fue preso el delincuente?* _____

¿Quién le mostró más compasión, el jurado o el juez? _____

5. ¿Alonso? No lo aguanto. Nunca hace nada _____ nadie. Un día su madre le pidió que fuera _____ el médico, y se negó a ir. -- Y al mismo tiempo, quiere que todo el mundo se sacrifique _____ él. . . *¿Lo critican por su pereza, por su arrogancia, o por su egoísmo?* _____

6. ¿Tú estudias _____ abogada? -- _____ ahora, no puedo. Trabajo día y noche _____ pagar el alquiler de la casa. Pero algún día. . . *¿Por qué no puede*

prepararse en estos momentos para la abogacía? _____

_____ *¿Tiene esperanzas para el futuro?* _____

#38. <u>Some special uses of prepositions</u>

Causa: #5142316   Mariana Salcedo, demandante, contra . . .
Llene los blancos usando las preposiciones más lógicas, y después conteste:

Este caso está basado _____ *un caso verdadero que ocurrió hace unos años* _____

el estado _____ *Nueva York. Éstos son los datos fundamentales:*

_____ el año 1985, Mariana Salcedo era una joven _____ veinte años _____ edad.

Su familia tenía una casa _____ campo _____ un pueblo pequeño _____ las

afueras _____ la ciudad. Pero Mariana, que estudiaba _____ una universidad

metropolitana, vivía _____ una prima suya cerca _____ la escuela. Un día, yendo _____

visitar _____ sus padres, Mariana se encontraba _____ una estación _____ la Vía

Férrea Central, esperando un tren. _____ repente, llegó un tren _____ la otra

dirección, y se paró brevemente _____ la estación. Las puertas se estaban cerrando

cuando un cierto Dionisio Herrera se acercó gritando: "¡Esperen!", y comenzó _____

golpear _____ la puerta _____ un vagón. El revisor (*conductor*) le extendió la mano

_____ ayudarle _____ subir. Pero _____ ese momento, el tren se puso _____ marcha.

La puerta se cerró _____ la mano _____ Dionisio, obligándole _____ dejar caer

una bolsa _____ petardos (*firecrackers*) ilegales que traía. Los petardos estallaron

_____ tanta fuerza que una báscula (*scale*) grande _____ metal que estaba junto _____

Mariana cayó _____ ella. Mariana fue llevada _____ hospital, _____ numerosas

heridas físicas y sufriendo daño emocional. Dos semanas después, _____ salir _____

hospital, fue _____ un abogado, quien presentó una demanda _____ ? ? ?

Díganos: En su opinión, ¿contra quién debía presentar la demanda? ¿Contra la Vía
Férrea, contra Dionisio Herrera, contra el revisor, o contra los dueños de la báscula?

_____ *¿Por qué?* _____

_____

_____

III. Composición creativa

Dilemas legales, dilemas morales

1. Encarnación Sánchez Molina es una viuda de sesenta años de edad. Tiene seis hijos casados que no son ricos, pero que viven bastante bien. Ahora, debido a la inflación, Encarnación ya no puede mantenerse económicamente. Pero sus hijos no le han ofrecido ninguna ayuda, y ella no quiere pedírsela. ¿Su única opción? Aunque no le guste, pedir asistencia social. . .

En su opinión, ¿se debe obligar a los hijos a mantener a su madre, o debe ser una obligación pública? . . . ¿Y si no se tratara de la madre, sino de una tía, u otro pariente?

2. Armando Navarro es un hombre de veinticinco años de edad. El hijo mayor de una familia grande pero pobrísima, él ha sido siempre el mayor sostén de sus nueve hermanos. Ultimamente, se le ha presentado la oportunidad de trabajar en otra ciudad con una empresa importante que le ofrece la posibilidad de ascender algún día en la organización. Sin embargo, por el presente, su salario no sería mucho mayor. Si Armando acepta la oferta, tendrá que tener su propio apartamento, por lo cual no podría prestar la misma ayuda a su familia. Si no la acepta, ...

En su opinión, ¿qué debe hacer? ¿A quién debe su primera obligación?

3. La familia Gutiérrez y la familia Cabrera son vecinos desde hace quince años. Por razones inexplicables, han comenzado a odiarse profundamente, hasta tal punto que los Gutiérrez han decidido ofrecer su casa a la venta. Para molestar a los Gutiérrez e impedir la venta de su casa, los Cabrera han pintado su propia casa con parches de distintos colores horrorosos, han dejado de cortar la hierba, han colgado sábanas de sus propias ventanas, etc. Por supuesto, nadie ha querido comprar una casa al lado de otra tan fea. Los Gutiérrez se han visto obligados a bajar repetidas veces el precio de la casa. Y todavía, nada. . . Por fin, los Gutiérrez inician un pleito contra los Cabrera, demandando daños y perjuicios por la baja de valor de su casa. Los Cabrera responden alegando . . .

Ud. es el abogado (la abogada) de los Gutiérrez. ¿Cómo presenta su declaración?
Ud. es el abogado (la abogada) de los Cabrera. ¿Cómo redacta su defensa?

===
Escoja Ud. uno de estos temas, y desarróllelo con sus propios argumentos en pro o en contra. O si prefiere hacer una labor colectiva, forme un grupo de estudiantes, o siquiera una pareja, y preparen un "foro abierto".

LECCION TRECE: *"Mis queridos alumnos. . ."*

Experiencias auditivas

I. Paisaje interior (*The inner landscape*)

Toni: (. . .) Venga . . .   -- una escuela donde las materias se transforman . . .
Donde la naturaleza nos rodea, y forma parte de nuestro ser. . .
Como dijo un poeta . . . :

Hoy la tierra y los cielos me sonríen;
hoy llega al fondo de mi alma el sol;
hoy la he visto. . . , la he visto y me ha mirado. . .
      ¡Hoy creo en Dios!

("Rima XVII", Gustavo Adolfo Bécquer)

(. . .) Pues repita conmigo:

Hoy la tierra y . . . // me sonríen;//
hoy llega al fondo . . . // . . . //
hoy la he visto// . . . y me ha mirado,//
   ¡. . .!//

Marina: Y aquí tenemos . . . :

 Los invisibles átomos del aire
en derredor palpitan y se inflaman;
el cielo se deshace (*dissolves*) en rayos de oro;
la tierra se estremece alborozada (*trembles with joy*);
oigo flotando en olas (*waves*) de armonía
rumor (*sound*) de besos y batir (*flapping*) de alas;
mis párpados se cierran. . . ¿Qué sucede?
      ¡Es el amor, que pasa!

("Rima X", Gustavo Adolfo Bécquer)

J.: Me encanta la parte donde dice . . .

M.: Y que "la tierra . . .". Dígame, . . . ¿qué sentimientos evoca . . . ? ¿. . . de calma

o. . . ? _____ Y . . . ,

¿es armoniosa o disonante? _____?

T.: Si Ud. fuera artista, ¿. . . para pintarla? _____

_____ Y si compusiera una obra

musical, ¿qué instrumento usaría . . . ? ¿ . . . ? Ud. dirá. _____

_____

M.: (. . .) Pues ahora le vamos a leer . . .   Como siempre, . . .   Pero
esta vez, saque su pluma, y escriba en los blancos el fenómeno natural . . .

"Yo soy el fleco (*fringe*) de _____

de la lejana _____ ;

o soy de la alta _____

la _____ tibia y serena.

Yo soy la ardiente _____

que en el _____ ondea (*trembles in the twilight*);

yo soy del _____ errante

la luminosa estela (*trail*).

Yo soy la _____ en las _____ (*peaks*),

soy _____ en las _____ ,

azul _____ (*wave*) en los _____

y _____ (*seafoam*) en las _____. (*shores*). . ."

• • •

Tú eras el _____ (*hurricane*) y yo la alta

torre que desafía su poder (*defies its power*) . . .

Tú eras el _____ y yo la enhiesta (*upright*)

_____ que firme aguarda su vaivén (*awaits its barrage*) . . .

No pudo ser.

M.: Huracán . . . // Onda . . . //

T.: . . . y arena.// Oro de una lejana . . . //

M.: Así se veía el poeta . . .   Y Ud., ¿con qué fenómenos . . . se identifica? Use la

imaginación. . . : ¿ . . . o una brisa suave ? _____

_____ ¿Es Ud. tal vez . . . ? _____

T.: ¿Sería Ud. un lago, . . . ? _____

M.: ¿ . . . una llovizna (*drizzle*) o un diluvio (*deluge*)? _____

T.: ¿ . . . o como una colina (*hill*)? *Me imagino* _____

M.: ¿ . . . selva o como un verde prado (*meadow*) . . . ? _____

_____

T.: ¿ . . . como una ola (*wave*), o . . . ? _Me veo_ _____

M.: ¿ . . . la arena (*sand*) ? _____

T.: ¿ . . . pino o . . .   frutal? _____

M.: ¿ . . . la hierba o . . . ? _____

T.: ¿ . . . ? _____ (. . .)

M.: (. . .) Pues bien, dejando el paisaje (*landscape*) interior, vamos a pasar . . .   Mire.
En un momento . . .   altiplano (*highlands*) . . . ¿ . . . ? _____

II. Paisaje exterior

M.: ¡Ya! ¿ . . . ? _____ Pues díganos: ¿ . . . ? _____

_____ Hay . . . //, y picos cubiertos . . . // ¿ . . . ? ¿Hará . . . ?

_____ ¿Lloverá . . . ? _____

¿ . . . ? _____ ¿Habrá . . . silvestres (*wild*)? _____

_____

T.: ¿Cómo imagina a la gente . . . ? ¿ . . . o labradores . . . ? _____

_____ ¿ . . . tranquila o agitada . . . ? _____

_____ ¿ . . . ? _____

216

M.: (. . .) Porque la geografía . . . problemas insuperables.

T.: (. . .) En España , . . . , las montañas forman barreras . . .

M.: Y . . . mayormente árida. En efecto, si no fuera . . . daría poco de sí . . . .

Dígame: ¿Es montañosa . . . ? _____

_____ ¿ . . . o caliente ? _____

_____ ¿ . . . ? _____

T.: (. . .) Latinoamérica ocupa un área tan inmensa que no se puede definir . . .
De norte a sur, los Andes . . . columna vertebral. Y en aquellas regiones . . . ,
el clima suele ser . . .

M.: Por otra parte, . . . y ríos . . . , como el Amazonas y el Orinoco. Y junto a . . . ,
hay . . . , con pájaros de lindo plumaje.

T.: Y . . . que habitan esas tierras varían . . . Desde los pumas (*kind of
leopard*) y jaguares . . . . hasta los cocodrilos e iguanas . . .

M.: Y el hombre . . . Y a veces hasta . . . Por ejemplo, . . .

III. Criaturas de la tierra

---

ciervo (o "gamo") (*deer*) // **zorro** (*fox*) // **oso** (*bear*) // **tigre** //
lobo (*wolf*) // **pájaro (o "ave")**// **culebra (o "serpiente")** // **mula** //

Ahora, ¿puede Ud. emplear estos animales para completar las expresiones
siguientes?

(1) ¿ . . . ? ¡Nadie le engaña (*fools*) . . . ! Es tan astuto como_____ //

(2) ¿Teodoro? Pero, ¡qué buen . . . ! Corre como _____ //

(3) ¡ . . . ! ¡Cuánto . . . ! Vine tan hambrienta . . . _____ //

(4) Cuídate de (*Watch out for*) . . . Es tan insidiosa . . . _____//

_____ //

(5) Ese tipo me da miedo. Cuando . . . , es tan feroz . . . _____ //

(6) ¡ . . . ! ¿No . . . de idea? Tú eres tan terco como . . . _____ //

M.: Sí, los animales forman . . . Pero, ¿figuran . . . conciencia?

217

T.: Ahí está . . .   ¿Es Ud. amante . . . ? _____

_____   ¿ . . . protegidos (*pets*) . . . ? _____

_____   ¿ . . . ? _____

_____

M.: En su opinión, ¿ . . . la caza (*hunting*) de ciervos? _____

_____   ¿ . . . de osos? _____

_____   ¿ . . . ? _____

_____

T.: ¿Se deben usar . . . ? _____

    ¿ . . . abrigos de pieles? _____

_____

M.: ¿ . . .   culebras, o cocodrilos, . . .   bolsas y cinturones (*belts*) ? _____

_____   ¿ . . . ?

_____

T.: . . . , y quiero que piense . . . : En su . . . (*Se oye el timbre de la clase*).
M.: Perdona, . . . , pero es tiempo de . . .   Aquí mismo . . .

IV. Clase de ciencia natural

Maestra: (. . .) ¿Estamos . . . ?   Pues, hoy . . .   de la sangre -- esa sustancia
    maravillosa que . . .   Escuchen bien, y . . . . ,   porque . . . (*Voces de*
    estudiantes) Chita . . Rufo . . Cuando estén listos. (. . .)

    La sangre tiene varias . . .

    • **. . . conduce a los tejidos (** *tissues* **) . . .   extraídos de los alimentos que
        . . . y digerimos.**

    • **También proporciona** (*gives*) **. . .   que los pulmones extraen . . .**

    • **Y sirve además para . . .**

    ¿ . . . ? _____   Entre todas . . . ,   ¿cuál . . . no le corresponde? (. . .)

    a. *The blood distributes nutrients from the food we eat.*
    b. *It extracts oxygen from the air we breathe.*
    c. *It carries oxygen from the lungs to the rest of the body.*
    d. *It keeps our bodies at a proper temperature.*

(2) La sangre surge de la aorta, la mayor arteria . . . , y se reparte por
intermedio de. . .
Después de su trayecto (*journey*) . . .   la sangre es recogida por . . . .
que la . . .
En su camino . . . .   la sangre retira . . .   los desperdicios (*waste
products*) . . . que de otro modo nos envenenarían (*would poison us*).

Ahora bien, ¿cuáles . . . ?

a. *Arteries and capillaries carry the blood from the aorta to the whole body.*
b. *Veins return the blood to the heart, removing impurities along the way.*
c. *The aorta makes the blood flow backwards into the veins.*

(3) ¨Cada minuto. . . , la sangre hace un circuito completo . . .   dentro de. . .¨

¿Qué distancia recorre. . . ?

a. *80,000 miles*   b. *100,000 yards*   c. *150,000 feet*   (¡ . . . !)

(4) ¨¿En qué consiste . . . ?   En primer lugar, . . .   Tampoco es . . .
Si se analiza. . . , se advierte que . . .
Hay una parte. . .   Se parece al . . . y no posee . . .

Contrario a la creencia popular, ¿ . . . ?

a. *Blood is not really red. and is not entirely liquid.*
b. *It's the blood plasma that has a bright red color.*
c. *Blood actually contains various different substances.*

(5) Dentro del plasma flotan . . . , algunos de los cuales son. . .   Aunque los
científicos . . .   Solamente cuando se hallan agrupados . . . .
debido a un pigmento . . .

(. . .) ¿ . . . glóbulos rojos?

a. *They are pink, but they look red when contrasted with the white.*
b. *They are bright yellow, except when they mass together with hemoglobin.*
c. *They are really colorless, like water.*

(6) El objetivo de los glóbulos rojos es . . .   y que llega a los pulmones. Si se
pierden glóbulos rojos. . .   Al mismo tiempo, se sustituye también . . .

Otra vez, ¿cuáles . . . ?

a. *The main function of the red corpuscles is to absorb oxygen from the lungs.*
b. *Once they are lost, red corpuscles and plasma can never be replaced.*
c. *The body can replace red corpuscles that have been lost.*

(7) (. . .) **Los . . . son alrededor de un tercio** (*1/3*) **. . .   y son de . . .**
Pero son . . .   En efecto, hay . . .   por cada quinientos . . .
Sin embargo, . . .   son de vital importancia . . .   ,   y sirven para . . .

Bueno, indiquen . . . : ¿ . . . glóbulos blancos?

a. *White corpuscles normally outnumber the red by 3 to 1.*
b. *They help fight infections in the body.*
c. *They help fight the dangerous red corpuscles.*

(Adaptado de *La Gaceta* , S. M. de Tucumán, República Argentina, 25 de mayo de 1986)

Maestra: ¿ . . . ?

Estudiante: . . . , lo único que yo no comprendo es. . .   si en realidad son . . .

Maestra: . . . , es menos complicado de lo que parece. (. . .)

T.: Oigan, si la señora Lamas . . . ,   tal vez . . .

M.: (. . .) A ver qué hay . . . aulas (*classrooms*). . .

V. Clase de idioma

Maestro: (. . .) "Juan sabe más que tú."
Clase: (. . .)

Maestro: "Juan sabe más de lo que tú piensas."
Clase: (. . .)

T.: (. . .) ¿Nos . . . ? _____

M.: Por favor, no más de . . .   Y mientras estemos, . . .

Maestro: (. . .)

Lisa es mejor estudiante que . . . //   . . . de lo que me imaginaba.// (. . .)
Pero sacó una nota menos alta que . . . //   . . . de la que merecía.// (. . .)
Le pidieron más trabajo que . . . //   . . . del que debían.//

(. . .) Y ahora, sólo nos queda . . . las partes de la oración, o de la "frase" (*parts of speech*): el sujeto// . . . // el complemento (*object*)// los nombres (o "sustantivos")// los adjetivos // . . .

M.: (*aparte*) ¡Basta ya!

T.: ¡ . . . ! Ya tengo las clases dando vueltas (*spinning around*) . . .   Por todas partes oigo . . .

M.: ¡Qué casualidad (*coincidence*)!   Yo . . . ¿ . . . ? _____

(. . .)

VI. Muestrario escolar (. . . sampler)

Maestro 2: . . . , si este lado . . . mide (*measures*) . . . , ¿cómo . . . ?

M.: ¿ . . . ? ¿ . . . ? _____ // _____ //
    (. . .)

Maestra 2: Ahora, ¿quieren que . . . ?   Pues . . . "El cuento del conejito (*little*
    rabbit) . . . : Un día, Papá Conejo invitó . . .   a dar un paseo por . . .
    Y corriendo y saltando, llegaron hasta donde había . . .   Y allí . . ."

T.: ¿ . . . ? ¿ . . . de nivel (*level*) . . . ? _____ ¿Qué

    edad . . . ? _____

M.: . . . cuento de hadas (*fairy tale*).   (¿ . . . ?)

Maestra 3: " . . . Ahora, al revés (*the other way*). Estiren (*stretch*) . . .   Más. . ."

T.: ¿ . . . ? _____ //

M.: (. . .)

Maestro 3: "Hoy la tierra y los cielos . . .   Hoy llega al fondo . . .

M.: ¡ . . . ! Si ahí es donde . . .   Es tiempo de irnos, ¿ . . . ?

T.: Sin duda, . . .   Así que, un fuerte abrazo, . . .

221

I. Clase de ciencia social

¿VIAJAMOS HACIA VENEZUELA?

La flor nacional es la orquídea.

¿Sabes por qué Venezuela se llama "Venezuela"?

Cristóbal Colón llegó a las costas venezolanas en 1498. Poco después, otros navegantes tocaron la región. Uno de ellos, Alonso de Ojeda, descubrió poblaciones indígenas construidas sobre las aguas que le hicieron recordar a la ciudad italiana de Venecia. Por eso, la llamó "pequeña Venecia", o "Venezuela".

Geografía

Venezuela se encuentra en el noreste de la América del Sur. Limita con Colombia, Brasil y Guyana, y ocupa el sexto lugar en extensión entre los países sudamericanos. Sus costas se extienden a orillas del Mar Caribe y del Océano Atlántico. Allí desembocan sus ríos, siendo el más importante el Orinoco. Sus dos regiones montañosas, la andina y la del Macizo de Guyana, están separadas por una inmensa llanura. Su clima es tropical, y llueve en casi todo su territorio de mayo a enero.

Productos y economía

Los principales productos agrícolas son el café, el cacao, el tabaco, el algodón, la caña de azúcar, y el arroz. Su minería produce hierro, oro y diamantes. Pero su producto más importante es el petróleo, del cual Venezuela es uno de los mayores productores mundiales en la actualidad. Los pozos más ricos se encuentran en la zona del lago de Maracaibo, de donde se extrae más del 80% del volumen total. Con los recursos provenientes del "oro negro", Venezuela ha iniciado un proceso de industrialización que todavía queda incompleto.

Población

La población venezolana, compuesta por blancos, negros e indios, se ha cuadruplicado desde principios de este siglo, pero se concentra en las costas y en las alturas. El 75% vive en las ciudades, y casi la mitad de esta cifra vive en la ciudad capital, Caracas. La lengua oficial es el español, y el 84% de la población es católica.

Gobierno

La forma de gobierno es republicana presidencialista y federal. La moneda oficial es el bolívar -- nombrado así por el héroe nacional, Simón Bolívar, el "Gran Libertador". Y los colores de su bandera son (desde arriba hacia abajo) el amarillo, el azul y el rojo.

===

Díganos:

1. ¿En qué aspectos se parece Venezuela a nuestro país? _____

_____

2. ¿En qué aspectos importantes se diferencia? _____

_____

3. Si Ud. tuviera que resumir en un breve párrafo los datos más impresionantes sobre Venezuela, ¿cuáles escogería?

_____

_____

_____

_____

_____

II. Enigmas para niños

(1) FIESTA DE CORBATAS

Maty, Laura, Vita, José, Tito y Ernesto fueron a una fiesta. Al entrar, les regalaron corbatas con sus nombres. Cuando pasaron delante de un espejo, se sorprendieron de descubrir que los nombres de algunos estaban al revés, mientras los de los otros quedaban iguales. ¿Qué nombres no variaron?

(2) Gallinas ponedoras
(Egg-laying hens)

En el gallinero de Marisa hay cuatro gallinas que ponen cuatro huevos en cuatro días. Ahora bien, si Marisa y sus tres hermanos quieren comer un huevo por día, ¿cuántas gallinas más deberá tener Marisa?

_____

(3) ¿Cuántas canicas *(marbles)*?

Pío le regaló a Lola una caja de canicas. Lola le dio la mitad a José, y poco después le regaló un cuarto de las que le quedaban a Toño. Cuando Lola fue a guardar sus canicas, se dio cuenta de que después de compartirlas con Toño, había perdido la mitad, y que sólo le quedaban tres. ¿Cuántas canicas le había regalado Pío?

_____

(4) Carreras de ciempiés *(centipedes)*

Si un ciempiés tarda cinco segundos en mover quince patas, ¿cuánto

tiempo les llevará a cinco ciempiés mover quince patas? _____

Adaptado de Zoraida Vásquez, "Entretanto, entretente", *Destinos*, Aeroméxico.
(*Véanse las soluciones en la página 229*)

224

Aplicaciones

I. Amplíe su vocabulario

A. ¿Cómo se dice?

1. *so*

- tan   *so* (smooth, handsome, well, etc.): ¡Era tan guapo! -- Y sabía hablar tan bien.
  (*Tan* always modifies an adjectives or an adverb, but never modifies *mucho* !)

- tanto   *so much;* pl. *so many* : Tengo tantas obligaciones. -- Pues no te procupes tanto.

- así   *so, thus; in this way, like this; so, "true"*: Quiero que lo hagas así. -- Bien. Y así no habrá problema ; Dime, ¿es así?-- Lo dudo.

- de modo que, así que (*conj.*) *and so,...; so (that)* . . . : ¿Así que (De modo que) te vas? -- No lo sé todavía.

- para que (+ subjunctive) *so that, in order that* : Lo hizo para que le tuvieran compasión, nada más. -- Así es él.
  (*De modo que* and *de manera que* can also have this meaning of "purpose".)

2. *since*

- desde   *since* (a certain time): Estamos casados desde abril.

  Before a clause, we use *desde que* : Vivimos aquí desde que nos casamos.

- ya que (*conj.*): *since, now that* : Ya que estás estudiando inglés, ¿por qué no lo hablas?

- puesto que, pues (*conj.*) *since, because* : No quiere cambiar de lugar, puesto que (pues) su familia es de aquí.

Palabras en uso

1. Complete, insertando siempre el equivalente de la palabra "so" en inglés:

a. Está para llover, _____ haremos la fiesta adentro.   b. ¡No lo creo! De verdad, ¿será _____ ? -- No. Te mintieron.   c. Si no estuviera _____ cansada, con mucho gusto te ayudaría. -- Ya lo sé. Tienes _____ cosas que hacer.   d. ¿ _____ vas a ingresar en una escuela de medicina? -- Si puedo. Por desgracia, mis notas en ciencia no son _____ altas como quisiera.   e. Hazlo _____ . -- Bien, _____ salga como Uds. quieren.

225

2. Ahora, exprese el equivalente de "since":

a. _____ la conozco, no quiero ver a otra persona. -- _____

estás tan enamorado, ¿por qué no te casas con ella?   b. ¿_____ cuándo

trabajas allí? -- _____ llegué a esta ciudad.   c. Hablaba perfecto

italiano _____ sus padres eran de Milán.   d. _____ estás aquí,

¿quieres cenar con nosotros?

B. Extensiones

A base de estas palabras familiares, ¿sabe Ud. qué son las siguientes cosas?

árbol • campo • cerca • cielo • costa • frío • ganado (cattle) • **hierba •
lago • lana • lejos • llano • lluvia • montaña • nieve • norte • nube
• oveja • pueblo • sur • tierra • vaca**
----

1. un día lluvioso _____   una región montañosa _____

_____ una sierra nevada _____ un cielo nuboso

_____ un perro lanudo _____ la

vida campestre _____ un valle herboso _____

un azul celeste _____ un lugar cercano _____

2. un pueblo costero (o "costeño") _____ la gente sureña

y la norteña _____ una chica poblana _____

_____ un carácter friolento (o "friolero") _____

las industrias ganadera y ovejuna _____

3. una llanura _____ una arboleda _____

en la lejanía _____ una laguna _____ un

vaquero _____ las cercanías de la ciudad _____

II. Ejercicios suplementarios

#39. How to say "than" in comparisons

  A. Complete cada frase, usando que, de, del que, de lo que , etc.

   1. Para el año 2000, México, D. F. tendrá más _____ veinte millones de habitantes.

2. Roberto parece tonto, pero él sabe mucho más _____ piensas.

3. ¿Qué voy a hacer? Tengo más ropa _____ cabe en el armario.

4. A veces gasto más _____ debo. Pero todavía tengo más en el banco _____ el año pasado.   5. El examen resultó menos difícil _____ temía. --¡Olé!

B. Enigmas

1. Hay cuatro hijos en la familia Escobar. Gilda es menor que Patricia, pero mayor que Robi. Arturo es menor que Gilda y Patricia. Robi tiene más años que su único hermano pero no tantos como sus hermanas... ¿Quién es el (o la) mayor de la familia? ¿Quiénes son los menores? ¿En qué orden los pone Ud.?

_____

2. Los tres mejores estudiantes de nuestra clase son Donado, Alicia y Miguel. Cada uno estudió cinco materias el semestre pasado. Donado sacó más notas de "A" que de "B" o "C". Alicia sacó tantas notas de "A" como de "B". Miguel sacó tantas notas de "A" como Donado, pero menos notas de "C"... ¿Quién ganó el premio el semestre pasado? ¿Y puede Ud. decirnos qué notas sacó cada uno?

_____

#40. More about the position of adjectives

Amplíe cada frase, usando los adjetivos indicados. Por ejemplo:

Un <u>vecino</u> acaba de construir una piscina junto a su casa. (*nuestro, grande, nuevo*)

Un <u>*nuevo vecino nuestro*</u> acaba de construir una <u>*piscina grande*</u> junto a su casa.

(Aviso: ¡Los adjetivos no están necesariamente en su orden correcto!)

1.   **latina • mío • literaria • fabuloso • gran • importante**

   Un <u>amigo</u> acaba de firmar un <u>contrato</u> con una <u>agencia</u> de <u>América</u>. _____

   _____

   _____

2.   **grande • moderna • muy hermosa • Nuevo • rural • mi • rico**

   <u>Tío</u> Emilio ha decidido edificar una <u>casa</u> en una <u>región</u> de <u>México</u>. _____

   _____

   _____

3. **muchas • históricas • colonial • joven • americana • internacional • primer**

Una <u>escritora</u> que ha escrito <u>novelas</u> sobre las <u>ciudades</u> del <u>Perú</u> ha ganado el

<u>premio</u> en una <u>competición.</u> _____

_____

_____

#41. Using adjectives as nouns

A. ¿De qué es?

----
aluminio •   plástico • acero (*steel*) **• vidrio • madera • seda • lana • algodón**

Use la lista arriba de materiales para decirnos de qué son todas estas cosas. Claro
está, si quiere agregar otros materiales, ¡mejor!

1. Un coche es de _____ 2. La casa en que

vivo _____ 3. Los utensilios de cocina _____

4. La silla en que me siento _____ 5. La ropa que uso

_____

B. Exprese en español:

1. a silk dress _____ a steel knife _____

_____ a cotton shirt _____ a gold ring _____

_____ a wooden house _____

2. the rich and the famous _____ young people

_____ good and evil _____

the best (thing) for you _____ the worst

(thing) we can do _____

3. a tennis racquet (*raqueta*) _____ a summer home

_____ a baseball team _____

Ahora emplee por lo menos cinco de estas expresiones en oraciones originales.

#42. Indefinites vs. negatives

   Termine a su propia manera: 1. En el verano, me gusta más que nada _____

_____ 2. Cuando era niño (niña), me gustaba más que nada

_____ 3. Ahora, estoy más _____ que

nunca. 4. _____ más que nadie. 5. Algún día me gustaría

_____ 5. De alguna manera, voy a _____

III. Composición creativa

Imagine Ud. que enseña en una escuela bilingüe de su ciudad. ¿Cómo desarrollaría las siguientes situaciones?

A. Maestro/Maestra de escuela primaria

1. Invente actividades para enseñar a sus alumnos:
   a. los colores
   b. los números
   c. los animales
   d. la geografía de su región

   • Si trae diversas fotografías, mapas, u otros objetos visuales a la clase, prepare una descripción de cada uno en términos que niños de seis a diez años puedan comprender.
   • Trate de crear algunos juegos, enigmas, o "rompecabezas" (*riddles*) sencillos para enseñar la materia de una manera más amena.

2. Haga una adaptación de una fábula (*fable*) popular o de un "cuento de hadas" (*fairy tale*) y preséntesela a su clase.

B. Profesor(a) de secundaria

1. Clase de ciencia social
   Usando como modelo la lección sobre Venezuela en las páginas 222 - 223, prepare una breve exposición sobre algún otro país del mundo hispánico.

2. Clase de ciencia
   Usando como modelo la "lección de ciencia" (sobre la sangre) en nuestra grabación, prepare Ud. una explicación de algún fenómeno científico.

3. ¿Clase de . . . ¿matemáticas? ¿música? ¿arte? ¿inglés? ¿ . . . ?

   • Escoja algún tema para presentar a su clase, ampliándolo, si es posible, con objetos visuales.
   • Haga una lista de vocabulario importante referente al tópico. (Mínimum: 20 palabras nuevas)
   • Prepare una explicación breve del tema.
   • Formule una lista de diez preguntas que hará a los estudiantes para saber si han entendido bien su presentación.

Soluciones a los enigmas de la página 224: (1) Maty, Tito y Vita, porque las letras son simétricas. (2) Necesitará doce gallinas más. (3) 16 canicas. Le quedaron tres; el doble es seis; seis es tres cuartos de ocho, y el doble de ocho es dieciséis. (4) 5 segundos. Todos lo hacen al mismo tiempo.

229

LECCION CATORCE : *Dondequiera* . . .

Experiencias auditivas

I. Vamos al banco

L. (. . .) Hoy . . .   En primer lugar, Toni y Marina . . .   compromiso (*engagement*).

J.: ¡Enhorabuena! (*Good luck to them!*)

L.: Y segundo, . . .   para una fiesta de despedida (*farewell party*).   ¡ . . . !
¿Qué. . . ? _____ Lo único es que tendremos que llevarles . . .
Y . . . , se me ha acabado (*I've run out of*) . . .

J.: Pues . . .   Vamos . . . , sacamos . . . ,   y se lo compramos. No tardaremos nada , . . .

L.:   (. . .)   Muy bien, . . . en el Banco Municipal.

Distintas voces: "¿Y cómo desea Ud. el cambio, . . . ?   ¿En billetes de . . . ?"
"¡ . . . !   Si . . . pasar a la Ventanilla #3."   "¿Para depositar . . . ?"
" . . . Ud. tiene un saldo (*balance*) . . . , con setenta centavos.."

J.: Miren. (. . .)   Hay sólo . . . Así que si nosotros esperamos . . .   Yo . . .

L.: Bueno, José, quédate . . .   Y . . .   en la Ventanilla #1, detrás de . . .

L. Se ve (*She seems*) . . . _____ Y bastante . . . Dime, ¿ . . . la

descibirías tú? _____

¿ . . . soltera (*single*) . . . ? _____ ¿ . . . vivirá?

_____ ¿Tendrá . . .? _____

_____ Pues, ¿ . . . ? ¿ . . . en casa? _____

¡ . . . ! En vez de . . . , parece que . . .   se está prolongando. ¿De qué . . . ? (. . .)

230

II. "Con cualquier depósito . . ."

Cajero: (. . .) Aquí . . . su libreta , y su retiro de . . .

Cliente: ¿Y mi . . . ? ¿No me dan . . . ?

Cajero: (. . .) Damos tostadores sólo .

Cliente: Pero en . . . , allí en frente, . . . con cualquier retiro también.

Cajero: Entonces, ¿por qué . . . ?

Cliente: Porque se les acabaron . . .

Cajero: Pues si a nosotros se nos hubieran acabado, los ofreceríamos . . .

   L.:   ¿. . . ? Pues contesta . . . :   ¿Por qué está molesta (*annoyed*) . . . ?

   a.   *Because she didn't get a toaster with her withdrawal of $50.*
   b. *Because she didn't get a toaster with her deposit of $50.*
   c. *Because she could have gotten a toaster at the Banco Nacional*

   Claro, porque . . . ,   no con . . .

Cliente: Pero en el otro banco, . . .

Cajero: Con tal que (*provided that*) . . .   Aquí, con un retiro . . . , damos solamente . . .

Cliente: ¿ . . . marca?

Cajero: . . . Cero.

Cliente: ¿ . . . ? Pero si todo el mundo sabe . . . no vale ni la mitad de . . .
     En el Banco <u>Central</u> . . .

Cajero: ¡ . . . ! Con un retiro de <u>más</u> de . . .   Pero Ud. . . .

   L.: Dime, ¿qué hacen . . . ?   a. *The bank gives them an electric clock*
                       b. *The bank charges them interest.*
                       c. *The bank offers a choice of gifts.*

Cliente: Entonces, si yo retirara . . .   ¿Uds. me darían . . . ?

Cajero: (. . .)

Cliente: ¿Y con qué garantía . . . ? ¿ . . . ? La parrilla (*grill*) que . . .   no sirve. . .
     Mientras la que me dieron . . .   resultó magnífica. . .

   L.: ¿ . . . ? ¿Por qué . . .   lo que este banco ofrece?

     a. *She would have to withdraw too much money.*
     b. *She doesn't like the brand they give away.*
     c. *She already has too many clocks.*

231

Cliente: Entonces, si yo . . . ,   ¿me darían . . .?

Cajero: Depende de que los retire . . . o en efectivo (*cash*).

Cliente: ¿Y si . . .?

    L.: Pero, . . . ¿ . . . algo raro . . .? ¿ . . . lo más extraño . . .?

        a.. Banks never offer giveaways.
        b. Banks don't give bonuses for new accounts.
        c. Banks don't give you a gift for withdrawing your money.

    Pues esto . . . nunca. Pasemos a . . .   Tal vez no tarde . . . depositante.

III. Altas finanzas

Cajera: (. . .) Entonces, ¿ . . . su cuenta de ahorros con . . .?

Cliente 2: (. . .)

Cajera: ¿A su nombre solo, o en depósito . . .?

Cliente 2: (. . .)   Espere. Tal vez . . .   en común.

Cajera: ¿ . . . ?

Cliente 2: (. . .)   A menos que Ud. piense que no le debo revelar. . .

Cajera: (. . .)   Sería lo más indicado (*proper thing*). ¿ . . . ?

Cliente 2: (. . .)

Cajera: (*escribiendo*) Ma-rí-a . . .

Cliente 2: Nos vamos a casar . . .

Cajera : (. . .)   ¿Y su dirección?

Cliente 2: ¿La mía, o . . .?

Cajera : (. . .)

Cliente 2: ¿ . . . ?

    L.: ¡ . . . ! A veces me parece que . . .   colocarme yo en una fila, . . . más lenta.

    ¿ . . . ? _____ Dime, ¿qué transacción . . .?

        a . He's opening a savings account.
        b. He's closing an old account.
        c. He's opening a checking account.

¿ . . . a su propio nombre o . . . ?

    a. *No, it's going to be in trust for his mother.*
    b. *Yes, it will be in his name alone.*
    c. *No, he's making it a joint account with his fiancee.*

. . . ¡Mira! Creo que . . .   La cajera le está entregando . . .

Cajera: . . . Sr. Tovar. Aquí . . . su libreta de depósitos.

Cliente 2: (. . .) A propósito, . . . ¿se pueden girar (*write*) . . . ?

Cajera: (. . .) Para . . . , se necesita una cuenta corriente (*checking acount*).

Cliente 2: ¿ . . . pagan intereses?

Cajera: (. . .) Al seis por ciento . . .   No tanto como. . .

Cliente 2: (. . .) Pues . . no la quiero molestar. Pero de vez en cuando, . . .

Cajera: (. . .) Entonces, ¿Ud. ya no . . .?

Cliente 2: (. . .) Tal vez . . . se puedan repartir . . . ,   una de ahorros, . . .   No. En
    depósito . . .

Cajera: Al ocho . . .

Cliente 2: (. . .) Y la otra, corriente, a nombre . . .   No. En común. Con cincuenta . . .

L.: ¡ . . . ! ¿ . . . decide dividir . . . ?

    a. *He gets more interest that way.*
    b. *He's depositing too much for just one account.*
    c. *He can write checks by having a second account.*

Cajera: (. . .) Pero, ¿ . . . una pequeña sugerencia (*suggestion*)?

Cliente 2: ¡ . . . !

Cajera: Pues si yo fuera Ud., yo invertiría (*I'd invest*) . . . ,   con el cual se le daría
    el doce . . .

L.: ¡Caramba! ¿Qué le sugiere . . . ?

    a . *That he invest 1/3 of it in a 6-month bank certificate.*
    b. *That he buy government bonds instead.*
    c. *They he invest part of his money in stocks.*

Client 2: ¡ . . . ! Entonces abro . . . -- una de ahorros, . . .

Cajera: A nombre suyo. En depósito para . .

Cliente 2: (. . .)

Cajera: Y otra, corriente, . . .

Cliente 2: Con . . .

Cajera: Y la tercera, un . . .

Cliente 2: De seis meses, al . . . de intereses.

Cajera: (. . .) Tres . . . iguales , cada una . . .

Cliente 2: treinta y tres . . .

Cajera: punto 3-3-3-3-3-3-3 . .   Tal vez, . . . , si repartiéramos . . .

L.: ¡Válgame Dios! ¿Por qué . . . ?

> a. *Because he would like to deposit a lot more.*
> b. *Because you can't divide $100 into three equal accounts.*
> c. *Because he wants more diversity in his investments.*

¡Ay, lo siento . . . ! Ya te molestamos . . . , y fíjate en lo que resultó. Y todavía nos hace falta comprar . . .

J.: ¡ . . . ! ¡Vengan . . . !   El señor con la pistola, quien está . . . ,   él dice que . . .

IV. El atraco

Bandido: . . . , en un segundito.   (*A la cajera*) Por favor, . . . , hágalo con más . . .
    Dejé . . . en una zona prohibida.

Cajera 2: Pero, señor, . . .   esta nota.   ¿ . . . última palabra?

Bandido: Es: " . . . "   "a-t-r-a-c-c-o."

Cajera 2: (. . .) "Atraco" . . . con una sola "c". Tal vez en . . .   ¿Ud. . . . ?

Bandido: No. Pero una vez . . .   cuyos padres eran . . .

Cajera 2: Así se explicará. (*That will explain it.*)

Bandido: Déjeme ver. (. . .)   ¿ . . . segura de que . . . una sola "c"? En los otros bancos, . . .

Cajera 2: (. . .) En español, se escribe "c-c" solamente cuando hay una "i" . . .

Bandido: Entonces, ¿me permite . . . ?

Cajera 2: (. . .)

Bandido: Bueno, ¿así . . . ? " . . . ATRACO"

Cajera 2: (. . .) Ahora, ¿ . . . ?   ¿En billetes de mil o . . . ?

L.: ¿ . . . ? Pues, ¿ . . . este caballero?

> a. *He's changing large bills into foreign currency.*
> b. *He's training for a teller's job.*
> c. *He's robbing the bank.*

Ahora dime, José. ¿Cómo vamos a sacar dinero . . . , si este señor se lo está llevando todo? No va a quedar un centavo . . .

V. Sacamos un préstamo

J.: Tienes . . .   Entonces, la única solución es . . .   Oye, . . . se me ocurre . . .

Tú podrías pedir . . .   digamos, de . . . , a este banco. ¿ . . . ? _____
Ahora bien, no habiendo efectivo (*since there won't be any cash*), . . . , te lo tendrán que pagar . . .

En seguida, tú llevarás el cheque . . . ,   cuya oficina . . . ,   en frente.

L.: ¡ . . . ! Porque . . .   procesadora de alimentos con cualquier cheque que se cobre (*is cashed*).

J.: Entonces les regalaremos . . .   ¡Y ya! ¿ . . . ? _____
Pues para estar seguros, . . .

Tú podrías . . . ,// digamos de cien . . . //   . . . //   Ahora . . . ,// no habiendo efectivo ya // te lo . . .   con cheque.//   En seguida, // tú llevarás el cheque . . . ,// cuya . . . //   . . . //

L.: Porque . . . //   . . . procesadora de alimentos// con cualquier . . .   cobre.//

J.:   . . .   regalaremos . . .   // a Toni y . . .   //   ¡ . . . ! //   ¿Qué te parece . . . ?

L.: ¡A las mil maravillas! (*Fabulous!*)   No lo pienses . . .   Aquí . . .   la sub-gerente. Salúdale, . . .

Banquera: (. . .) Ahora bien, ¿ . . . ?

J.: (Dile cuánto . . .)

Tú: _____

Banquera: ¿ . . . propósito (*purpose*)?

J.: (Explícale . . .)

Tú: _____

Banquera: (. . .) ¿ . . . ? _____

¿ . . . asiste ahora? _____

¿ . . . a graduar? _____

Bueno, ¿...? _____ ¿...fuera

de...? _____ ¿...ahorros

...? _____ ¿...corriente? _____

_____ ¿...u otra cosa de valor para

garantizar...? _____

¿...? _____ ¿...deudas?

_____ (...)

Ahora, ¿nos podría dar..., el nombre... que pueda fiar (*vouch*)...?

(...) Ahora bien, Ud. sabe que cobramos intereses...,

comenzando... ¿...le conviene? _____

Y el monto (*total*) se tendrá que devolver a plazos (*instalments*)... ¿Ud....?

_____ Entonces,... aprobado.

J.: ¡...! Ahora, sólo... pasar al Banco Central, recoger el regalo, ¡...!

L.: Vamos, antes de que se acaben... ¡Andando!

VI. Fiesta de despedida

L.; Bueno,... ¿Tú sabes por si acaso (*by any chance*)...?

J.: (...) Seguimos..., y ya estamos. ¡Qué de (*what a lot of*)...!

L.: Sí, Toni y Marina... Miren. Ahí está... Y cada minuto llegan...

Toni: (*a la puerta*) Pasen... ¡...! ¡Ay, Chita, qué gusto...!

Chita: ¿Llego...?

Toni: (...) Estamos..., no más. Ni siquiera Marina...

Chita: ¿...? Jamás pensé que iba a llegar. Se me rompió el tacón (*heel*)...
Figúrate. Ya estaba en la parada del bus y...

Toni: Pues, no te preocupes. Ya..., y vas a disfrutar. Dame..., y te lo cuelgo en el
armario... Curro, ven acá. Esta... Estela, déjame presentar..

Distintas personas: "..." "Un placer" "Para servirla."

(*Suena el timbre.*)

Toni: O-le. ¡ . . . ¡   Todos, miren quiénes . . .   ¡Son . . . ! -- y con alguien . . .   En serio,
ésta es la persona con quien . . .

L.: Les traemos . . .   Una procesadora . . .

Toni: (. . .) Pero no tenían . . .   Espero que no se hayan molestado . . .

L.: Al contrario . . .

Toni: Pues díganme: ¿Uds. . . . ? _____   (. . .)

Chita: (. . .) Pues, . . . , por poco no llego yo . . .   Se me había roto . . .   Así que . . .

Toni: ¿ . . . ?   Miren, hay de todo. Cantidades . . .   Fela, te ves (*you look*) . . .

Chita: Y me puse . . .   y salí corriendo. Pero, figúrense, ¡ya se me había ido. . . !
Lo cual, . . . , es el colmo (*worst*) ya, pues ya saben . . .

   (*Suena otra vez el timbre*)

Toni: ¡ . . . ! Allá voy . . . ¡Luis! ¿¿Qué me cuentan?? (*I don't believe it!*)   Pero
hombre, ¿ . .   no nos vemos? Yo pensé que te habías olvidado . . .

Chita: Así que tuve que esperar hasta que viniera . . . , el cual no iba . . .

   Radio: Estás con la Grande. Estación WQLR, . . .   Y . . .   ¡Tito Guizar!

Distintas voces : "¿ . . . ? -- No con mi novia . . .   -- Entonces, ¿ . . . ?"

Toni: (. . .)   ¿ . . . de tomar (*to drink*)?   Hala (*come on*) . . .   ¿Una . . . ? ¿Una copita
. . . ?

Voces: " No desperdiciemos (*Let's not waste*) . . . " ¿ . . . ?"

   (*El timbre sigue sonando*)

Toni: Bienvenidos . . .   Ah, . . . señora Celia.   Mi madre . . .

Sra. Celia: (. . .)

Toni: ¿Y este caballero?

Sra. Celia: Pues . . .   Es . . . , el señor Morales

Morales: Perales. Wilfredo Pe -   ¡No! Manfredo. Manfredo Nogales. (. . .)

L.: En serio, . . .   y ha llegado el momento de despedirnos.

J.: Hemos visto y hecho . . .

L.: Hemos tenido . . .   Y te quiero dar las gracias, de parte de . . . ,   por el gusto
de haberte conocido.

J.: (. . .) Y . . . , y suerte.   Te extrañaremos.

Experiencias visuales

I "Tarjetas Bancomer"

Tarjeta
Bancomer Clásica
Su sistema de pago.

Es una tarjeta de crédito que le asigna límites de acuerdo a sus necesidades y posibilidades.

Para brindarle eficientes servicios, la Tarjeta Bancomer Clásica tiene dos categorías:

Personal.

Otorga crédito a personas físicas, dándoles la posibilidad de solicitar tarjetas adicionales para sus familiares.

Empresarial.

Otorga crédito a empresas, proporcionando tarjetas adicionales para todos sus funcionarios.

Beneficios de una Tarjeta Personal.

• *Elimina el riesgo de cargar dinero en efectivo.*

• *Usted puede liquidar totalmente sus consumos mensuales o diferir el pago con un cargo extra por intereses.*

• *Le da derecho a disposiciones de efectivo en cualquier Sucursal Bancomer.*

• *Le permite el uso de los Cajeros Automáticos Bancomer SI* para pagar, retirar efectivo y solicitar saldos de su tarjeta, las 24 horas, los 365 días del año.*

• *Usted puede pagar sus consumos en más de 60,000 comercios afiliados en todo el país.*

• *Al adquirir integramente sus boletos de viaje con la Tarjeta Bancomer Clásica usted está asegurado hasta por dos millones de pesos*

• *Le ofrece el cargo automático mensual de sus recibos telefónicos, evitándole hacer pagos personalmente.*

Tarjeta
Bancomer SI Activa
Su cuenta de cheques
en una tarjeta.

Es la única tarjeta que le permite decidir cómo y cuándo utilizar sus propios recursos y,

como no es una tarjeta de crédito, usted no paga intereses, cargos extras, ni anualidad.

• *Usted puede liquidar sus compras en más de 60,000 establecimientos afiliados en todo el país. Estos pagos son descontados automáticamente de su cuenta de cheques.*

• *Le da acceso a toda la gama de servicios que ofrecen los Cajeros Automáticos Bancomer SI* para hacer depósitos, retiros, pagos de servicios, solicitud de saldos y traspasos entre sus cuentas registradas.*

• *Le permite retirar dinero en cualquier Sucursal Bancomer del país sin necesidad de chequera y sin cargo por comisiones.*

• *Le ofrece el pago automático mensual de sus recibos telefónicos.*

Son dos diferentes tarjetas con un sólido respaldo: Bancomer. Elija la que más le ayude a administrar sus recursos y solicítela en la Sucursal Bancomer de su preferencia.

Para mayor información ponemos a sus órdenes el Tel. 658-23-99 de la Cd. de México, donde le atenderemos con gusto.

* *Servicio Inmediato*   *CNBS 601-II-18174 30-IV-86*

===

• Una "persona física" es un individuo en su capacidad personal, no "empresarial".

• ¿Puedes encontrar en el Grupo B sinónimos para cada palabra del Grupo A?

    (a) brindar, liquidar, cargar, consumos, comercio
    (b) pagar, llevar consigo, ofrecer, almacén o negocio, proporcionar, compras

Ahora dinos:

1. ¿Cuál es la diferencia principal entre la **_Tarjeta Bancomer Clásica_** y la **_SI Activa?_** _____

2. Explícanos en tus propias palabras cuatro de los servicios que se ofrecen con la tarjeta "clásica". _____
_____
_____

3. Describe tres que se brindan con la "SI activa". _____
_____
_____

4. ¿Cuál escogerías tú? ¿Por qué? _____
_____

II. Visita al banco

Aquí tienes tus hojas de depósito. ¿Cómo las llenarías?

		19 _____		DÓLARES	CENTAVOS
Banco Popular			EFECTIVO		
PARA ACREDITAR A			CHEQUES 1		
			2		
(USE LETRA DE MOLDE)		AHORROS	3		
Dirección _____			4		
			5		
_____	ZONA		6		
GRA-215-(6-74) NUMERO DE CUENTA			**TOTAL**	$	

DEPÓSITO Fecha _____		Dólares	Pesos
BANCO INDEPENDIENTE	Efectivo		
Número de Cuenta	(Billetes)		
(Firma del depositante)	(Moneda)		
(Dirección: Calle Número)	Cheques		
(Ciudad País Zona)	Monto (Total)		
Uso del Banco	menos lo devuelto		
	Depósito		
¿Cambio de dirección? Favor de avisar a la Caja.			

Aplicaciones

I. Amplía tu vocabulario

A. ¿Cómo se dice?

1. *to save*

- salvar *to save, rescue* : ¿Cómo se lo puedo agradecer? ¡Nos salvó la vida!

- ahorrar *to save* (money, time, trouble, etc.); *to hoard* : Le diré que abra una cuenta de ahorros, y que ahorre su plata para el futuro. --Ahórrate la molestia de hablarle. No te hará caso.

2. *date*

- fecha *a date of the month or year* : No se sabe la fecha exacta de su carta. -- Pues la carta anterior estaba fechada el 22.

- cita *a date, an appointment to meet somebody* (usually social, but can be professional as well): Tengo cita con él para el sábado. -- ¿A qué hora están citadas?

- compromiso *a date, an appointment, an engagement* (more often business than social): Lo siento, pero el señor Vargas está comprometido para toda esta semana. Puede que le dé un compromiso para fines del mes.

3. *order*

- la orden *order, command; a business order ; also, a religious or military order* : Dio la orden de retirarse.; Les voy a dar una orden mínima para comenzar.; Pertenece a la orden franciscana.

- el orden *order, orderliness, system; order (in succession), arrangement;* El no aguanta el desorden. Todas las cosas tienen que ir en su orden correcto. -- Sí, pero no sabe ordenar su vida personal.

- pedido, encargo, la orden *business order* : ¿Ya les hiciste el pedido (encargo)? -- Todavía no.

Palabras en uso

Complete expresando en español las palabras "save", "date", u "order".

1. Al principio, Márquez Hermanos no quiso hacernos _____ , pero yo les convencí. -- Gracias. Tú nos _____ de la bancarrota. 2. Lo que este país necesita es _____ y paz.-- ¿Por qué no haces _____ con el presidente para explicárselo? 3. Oyeme, a menos que _____ tu dinero, no tendrás para tu educación. Yo

240

te aconsejaría que comenzaras ahora mismo . . -- Basta. No me gusta que nadie

me dé _____ 4. ¡Estoy tan feliz! Por fin, Jaime me ha pedido una

_____ -- ¿Para cuándo? -- No me ha dicho todavía la _____

exacta. 5. ¿Ud. está comprometido para esta tarde? -- Sí, mi calendario está

lleno de _____ . Para _____ tiempo, tal vez

debemos hablar por teléfono.

B. Vocabulario útil: Banco

acreditar	*to credit*	fianza, garantía	*collateral*
acreedor(a)	*creditor*	fondos	*funds*
bancario	*bank employee*	giro	*draft, "note"*
banquero	*banker*	hipoteca	*mortgage*
el billete	*bank note, "bill"*	monto, el total	*total*
contado o efectivo	*cash*	el pagaré	*promissory note, an "IOU"*
cuenta corriente	*checking account*	pago anticipado	*advance payment*
chequera	*checkbook*	prestamista	*lender*
divisas	*foreign exchange rate*	prestatario	*borrower*
deudor(a)	*debtor*	rentas	*earnings*

1. ¿Cuáles de estas expresiones tienen que ver con préstamos?: _____

_____ ¿con deudas? _____

_____ con instrumentos de

paga? _____

2. Ahora díganos:

a. Si yo giro un cheque a favor de alguien, ¿estoy pagando o recibiendo dinero?

_____ b. Si "girar" significa "poner en

circulación", ¿qué es un "giro postal"? _____

c. Para cobrar un giro o un cheque, ¿se pone el endoso en el dorso o en el

frente? _____ d. Si una persona saca un préstamo, ¿le

paga o le cobra intereses el banco? _____ . . En

tal caso, ¿quién es el "prestatario", y quién es el "prestamista"? _____

_____ e. Si alguien me pide que sea

fiador(a), o "garantizador(a) de ese préstamo, ¿qué quiere que yo haga? _____

_____ f. Finalmente, si pagamos una cuenta en efectivo (o "al contado"), ¿entregamos al acreedor un giro, una tarjeta de crédito, billetes, o un cheque? _____

II. Ejercicios suplementarios

#43. The reflexive: An alternate for the passive voice

A. Expresa con el reflexivo las siguientes oraciones pasivas. Por ejemplo:

1. Este cheque no puede *ser cobrado* por falta de fondos. *Este cheque no se* _____ 2. Los pagos *serán despachados* inmediatamante. _____ 3. Todos los pedidos *fueron revisados* al llegar a nuestra oficina. _____ 4. La deuda *ha sido pagada* con intereses. _____ 5. El préstamo *le fue negado.* *Se le* _____ 6. ¿Cuándo *seremos notificados?* *¿Cuándo se nos* _____ ?

B. Completa de una manera original:

1. Se me ha dicho que _____

2. Pronto se nos presentará _____

3. ¿Se le olvidó _____ ?

4. ¡Ojalá que no se les _____ !

#44 The impersonal "they" -- another alternate for the passive

A. Esta vez, expresa la voz pasiva usando la tercera persona plural en lugar del reflexivo:

1, Se renovará y agrandará la planta. _____ 2. Se ha prohibido la entrada de esas sustancias. _____ 3. Se me dice que ese banco va a fracasar. _____

4. Esperamos que se evite la bancarrota. _____

B. ¿Cómo se relacionan los Grupos 1 y 2? Escríbase la letra correspondiente en los blancos.

1

a. Abrirán aquí una planta muy grande.
b. ¡Qué cosa! Nos devolvieron el paquete en Correos.
c. Dicen que nos mandaron la remesa el jueves pasado.
d. No nos invitaron a la boda.
e. Le dejaron numerosos recados en la Recepción.
f. Se formó una cola (*line*) alrededor del banco.
g. Han atracado muchos bancos últimamente.
h. Celebrarán las elecciones en noviembre.

2

___ Claro está. Era una ceremonia privada.
___ ¡Qué raro! Y ella dijo que en todo el día no la llamaron.
___ Por eso han instalado un nuevo sistema de alarma, ¿verdad?
___ ¡Ojalá que traiga más empleos a la comunidad!
___ ¿Por qué? ¿No le pusieron suficientes estampillas?
___ Entonces, ¿por qué no ha llegado todavía?
___ Pues, en tu opinión, ¿quién saldrá elegido?
___ Claro, porque ofrecían premios a los depositantes.

#45. The relative pronouns

A. Complete estas frases usando <u>que, quien</u>, lo que, lo cual, el que, los que, etc.

1. El sueldo _____ Jorge pedía era excesivo, _____ explica por qué lo despidieron. --Además, él no tenía los requisitos _____ ese empleo exigía.

2. La persona con _____ hablé era la gerente misma. -- Entonces, ¿por qué no era correcta la información _____te dio? 3. Mi madre siempre dice: "_____ ahorra su dinero, tiene su dinero. -- Pues yo digo: _____ gastan dinero, disfrutan de su dinero. -- ¡Olé! 4.¿Son éstos los jóvenes de _____ nos hablaron? -- No, creo _____ son otros. 5. Las ventanillas de los cajeros, _____ se abren normalmente a las nueve, están cerradas hoy. -- Yo no entiendo _____ pasa aquí.

B. Esta vez, completa usando <u>cuyo, cuya</u>, etc. y una de las exclamaciones siguientes:

¡Buena suerte! • **¡Qué lata** (*What a mess!*) • **¡Qué maravilla!** • **¡No importa!**
----

1. Elena González, _____ patrón la despidió el otro día, está buscando trabajo ahora en otro lugar. -- ¡ _____ ! 2. El Sr. Romero, _____ cuentas quedaron confundidas, ha retirado su dinero. -- ¡ _____ !

243

3. Juanita Robles, _____ boleto fue escogido ayer en la lotería, ganó un

millón de dólares. -- ¡ _____ !   4. El Banco Nacional, _____

directores son amigos de mi padre, fue atracado ayer. -- ¡ _____ !

5. Pero los ladrones, _____ coche no tenía suficiente gasolina, fueron

aprehendidos en seguida por la policía. -- ¡ _____ !

III. Composición creativa

A. Divisas (*dos personas*)

Estas son las unidades monetarias de los diversos países hispánicos.

la peseta   *España*
el peso   *México, Cuba, Colombia, Chile, Uruguay, República Dominicana*
el austral   *Argentina*
el quetzal y el dólar   *Guatemala*
el boliviano   *Bolivia* (Simón Bolívar fue el "Jorge Washington" de Sudamérica.)
el bolívar   *Venezuela*   (Bolívar era venezolano.)
el sucre   *Ecuador*   (Sucre fue otro héroe de la independencia sudamericana.)
el guaraní   *Paraguay* (un nombre indio)
el sol   *Perú*
el córdoba   *Nicaragua*
el balboa   *Panamá* (Balboa descubrió el Océano Pacífico)
el colón   *Costa Rica, El Salvador* (¿Quién era Cristóbal Colón?)
el lempira   *Honduras*

1. Busquen en el periódico de hoy las divisas actuales de estos países.
2. Imaginen ahora que uno de Uds. piensa visitar por lo menos tres de esos países
   y que quiere cambiar . . . dólares norteamericanos antes de partir. ¿Cómo
   realizan Uds. esa transacción (señalando hasta las denominaciones de los billetes con los que recibirá su cambio)? : *Buenos días. ¿A cómo está el . . . hoy ? . . .*

B. Gerente de banco

Habiendo sufrido tu banco ciertas pérdidas últimamente, tú decides adoptar
nuevos requisitos para conceder préstamos tanto a "personas físicas" como a
empresas comerciales. ¿Qué requisitos mínimos establecerías tú?

C. ¡Felicidades!

1. Te corresponde comprar regalos ahora para distintos amigos y familiares.
Regalos de cumpleaños, de aniversario, de compromiso, de boda, de graduación,
etc. Haz una lista de aquellas personas y después indica el regalo más apropiado
para cada una, ¡con tus razones para escogerlo!

2. Tú deseas hacer una fiesta de despedida para esta clase. ¿Dónde y cuándo se
celebrará? ¿A cuántas personas se invitará? ¿Qué "refrescos" se servirán? ¿Qué
entrenimientos habrá?. . . Explícanos con todos los detalles tus planes. . . ¡A
disfrutar!

244

Answers to the Self-Correcting "Aplicaciones"

Personales (1)

I. Amplíe su vocabulario

Palabras en uso: 1. en; en; en ; en   2. sobre (en); sobre   3. sobre; en

Asociaciones: 1. No. (It has a springlike climate.)   2. Rust, brown, orange, etc. -- fall colors.   3. July, August, etc. Summer months.   4. En un clima frío. "Invernadero"-- hothouse.

II. Ejercicios suplementarios

A.   1.¿Tomas café o chocolate? -- Café. El chocolate. . . -- Sí, pero el café . . .   2. . . . la señora Garza. Algún día le voy a decir: "Señora Garza. . ." (. . .) Buenos días, señora Garza. ¿Y cómo está el señor Garza?   3. ¿. . . ? --El lunes. (. . .) Todos los lunes. . . , excepto en el verano. (. . .) ¡Ahora es verano!

B.   1. ¿Es médico. . . ? (. . .) Es veterinario. . .   En efecto, es un veterinario excelente.
2. Tú eres chilena, ¿. . . ? -- No. Soy colombiana. Pero soy ciudadana de . . .   3. ¿. . . ? Casi cien. --¡Qué cosa! Para un hombre. . . -- Sí, es una persona . . .

C.   1. la literatura española 2. una lección fácil 3. mi hermana menor 4. mis mejores amigas. 5. una mujer muy trabajadora   6. las industrias japonesas   7. algún día   8. una gran escritora 9. un buen proyecto 10. las primeras lecciones   11. ojos azules 12. la escuela superior   13. el arte alemán

Personales (2)

I. Amplíe su vocabulario

Palabras en uso: 1. En Hawaii hace (mucho) calor. En Alaska hace (mucho) frío. Pero . . ., no tiene que tener frío ni calor. 2. (. . .) Sabe mucho, y es muy amable (simpática, cariñosa, etc.) . . . 3. ¿. . .? --No, porque mi comida está fría. Y a mí . . . cuando está caliente. 4. Tengo miedo de las personas frías. Y él es tan frío como el hielo.

Juegos lingüísticos: 1. Necesita dormir. Tiene sueño. 2. Lee, estudia, escucha música, visita museos, etc. 3. Es tímida. 4. Evita el peligro.

II. Ejercicios suplementarios

A.   1. hay / Hay   2. ¿Dónde está . . ./ Está en . . . Es la capital. . .   3. estás / Estoy cansada. 4. Hay/ Es verdad. La casa está en . . .   5. ¿Quiénes son. . . ? / Son demasiado numerosos. . .   6. (. . .) Pues si no está en. . . , hay otra aquí.   7. Tu familia es . . ./ Sí, hay . . . Julia y yo somos los menores. 8. ¿. . . son estas sillas . . . ? -- Son para . . . Y son de plástico. . .

B.   1. Son amigos míos.   2. ¿Era idea tuya? ¿La idea era tuya?   3. Una clase nuestra. . .
4. Es una antigua novia suya.   5. ¿Eres prima suya?   6. ¿No son vecinos vuestros?

C. *¿Qué tienen estas personas?* :

1. Tiene calor -- el verano, la Florida, etc.;   2. Tiene hambre --la hora de la comida, etc.
3. Tiene frío -- el invierno, etc. 4. Tiene sueño -- la noche, es tarde, etc.   5. Tiene
miedo.--Oye un ruido extraño. Ve algo extraño, etc.   6. Tiene sed.--Hace calor. Hizo
ejercicios, etc.   7. Tiene razón.-- Es profesor, etc.   8. Tiene cuidado.--Hay peligro . . .

D. *Exprese en español* :
1. Mi tía viene. Una tía mía viene.   2. Éste es nuestro dinero. Este dinero es nuestro.
3. ¿Son vuestros amigos, chicos? ¿Son amigos vuestros? (*Spain.*) ¿Son sus amigos?
¿Son amigos suyos. (*Span.-Am.*)   4. Ésos (Aquéllos) son sus papeles (los papeles de
ella). Esos (Aquellos) papeles son suyos (son de ella). 5. Aquél es mi escritorio. El mío
está aquí.

E. (Free response)

Lección Primera: ¡Viajamos!

I. Amplía tu vocabulario

A. *Palabras en uso*
1. a. (¿. . .?) ¿Quieres subir a verlo?   b. (. . .) Una para entrar y la otra para salir.
c. José, ¿cuándo sales paa Cancún? -- Salgo el miércoles. ¿Quieres ir conmigo?   d. (. . .)
¿Tienes que irte (marcharte) tan pronto? -- Sí, tengo que ir (regresar, volver) a mi
casa . . .   Pero no me voy (me marcho) para siempre.   e. ¿A qué hora salen . . . ? --
(. . .) Y no regresamos (volvemos) hasta las seis . . .

2. a. La mitad de mis libros están aquí. . .   b. Estoy medio inclinado a decirles. . .   c. (. . .)
Son las nueve y media.   d. (. . .) No. Vamos a repartirlo, mitad, mitad.   e. (. . .) Soy
medio mexicana, medio irlandesa.

B. *Extensiones* :   1. Salida--el lugar o la hora de salir. . . Si compramos un viaje de ida y
vuelta, pensamos regresar. 2. Un mensajero lleva mensajes.   3. Un platillo volante
--"flying saucer". 4. Falta en el tenis-- "fault".   En el béisbol-- "foul". . . Si digo
que la falta no era mía, no asumo la responsabilidad.   5. Un caserón es una mansión,
una casa muy grande. . . Algo es costoso si vale un dineralón. . . Una mujerona es muy
alta, grande, gorda, etc.   Un hombrón es alto, grande, gordo, musculoso, etc.

II. Ejercicios suplementarios

#1. Using the present tense

A. 1. ¿Cuándo vuelven . . . ? -- Pienso que regresamos. . .   2. Paquito, ¿por qué no
enciendes las luces? -- Porque a veces prefiero estar . . .   3. No duermo bien . . . --
Yo tampoco cierro los ojos. 4. ¿Uds. me piden dinero? -- No, sólo le pedimos ayuda.
5. ¿Uds. vuelan . . . ? --Volamos. . .

B. 1. Soy yo. 2. Salgo . . .   3. No haga nada. . .   4. No. Vamos solos. 5. Yo vengo . . .
6. Tenemos dos. 7. Lo conozco . . . 8. Le digo . . . 9. Traigo muy poco. 10. Lo
recojo. . .

246

C. 1. ¿Hacéis . . . ?   2. ¿Voláis o vais. . . ?   3. ¿A qué hora salís, y cuándo volvéis?
   4. ¿Comenzáis. . . ?   5. ¿Qué queréis ver allí?

#2. Special time expressions with the present tense

   1. (. . .) Hace meses que nosotros esperamos. . . ¿Hace mucho tiempo que Uds. esperan...?
   2. (. . .) Hace días que nieva. Hace semanas que no despegan los aviones.
   3. (. . .) ¿Acaban Uds. de conocerlos? --No. Los conocemos desde mayo.
      ¿Vosotras acabáis de conocerlos? -- No, los conocemos desde 1986.

#3. Affirmative commands to *tú* and *vosotros*

   A. Decide. . .   Haz las reservaciones. Lee algo. . . Pide un pasaporte. Haz las
   maletas. Ponles etiquetas. Llega dos horas antes. . .   Ve al mostrador. . . Escoge un
   asiento. . .   Pasa a la puerta. . . Aborda el avión. Abróchate el cinturón.

   B. Decidid. . . Haced. . . Leed. . . Pedid. . . Haced. . . Ponedles. . . Llegad. . . Id. . . Escoged
      . . . Pasad. . . Abordad. . . Abrochaos. . .

Lección Dos: ¿Dónde paramos?

I. Amplíe su vocabulario

   Palabras en uso: 1.   . . . no había nadie para atendernos. (. . .) Porque era día de fiesta.
      2. ¿A qué universidad asististe? (. . .) Tuve que abandonar mis estudios a causa de
      (debido a). . .   3. (. . .) Por ti, cualquier cosa. Sólo tienes que pedírmela. 4. A causa
      de (Debido a) la lluvia. . . -- Entonces, debemos preguntarles . . .

   Palabras combinadas: un lavamanos --(bathroom) sink; un lavaplatos --kitchen sink or
      dishwasher; un tocadiscos-- record player; un tocacintas -- tape player; un paraguas
      --umbrella; un parasol --sun shade; un paracaídas -- parachute; un parabrisas --
      windshield; un abrelatas-- can opener; un sacacorchos --corkscrew; un
      sujetalibros--bookend; un sujetapapeles --paperweight

II. Ejercicios suplementarios

 #4. Using the subject pronouns

   1. ¿Eres tú? --Sí, soy yo. Y él . . .   2. (. . .) Nosotros, no. Ellos, sí.   3. Yo sé. . .vosotros
   . . . -- No siempre. Ella exagera.   4. Nosotras (Nosotros) vamos . . . Uds. pueden ir . . . --
   Bien. Pero mañana nosotras vamos juntas.   5. Señora, ¿Ud. desea verme? -- Sí, Uds.
   prometieron . . .

#5. Pronouns that follow a preposition

   Responda según el modelo:
   1. ¿Contigo? . . .   2. ¿Por qué con él?   3. No, no sé nada de él.   4. Claro, a nombre de
   ella, . . .   5. ¿Por mí? 6. No, . . ., no fue confirmada por nosotros.   7. ¿Nos alojamos
   con vosotras? -- No. Nosotras nos alojamos con vosotras, chicas.

247

Ahora responda usando *él, ella*, o el neutro *ello*:

1. No, no sé nada de ello.   2. Sí, pero no hablan mal de él.   3. Sí. El gerente dijo algo sobre ello ayer.   4. No, no voy con ella.   5. No, yo no tengo nada que ver con ello.

#6. <u>Objects of a verb--direct and indirect</u>

    A. Conteste usando *me, te, nos, os*

      1. Sí, te atiendo.   2. No te digo nada.   3. Sí, te espero. . .   4. Sí, les (os) traigo . . . 5. Sí, los (las, les, os) van a admitir, si hay lugar.   6. ¿Me haces un sándwich?   7. No. Nos van a recoger en . . .   8. Van a avisarnos mañana. (Nos van a avisar. . .) 9. Sí, pero nos piden más dinero.   10. No, no me importa. . . ¡Pero te mato!

    B. Complete usando *lo, las, los, las*

      1. (. . .) Aquí las tengo.   2. (. . .) No la veo . . .   3. (. . .) ¿Ya lo has firmado?   4. El aire acondicionado. ¿Lo dejamos apagado. . . ? Y las luces, ¿las dejamos encendidas?   5. ¿Los impuestos? Muy pronto los van a subir.   6. Ese mesón. No lo conozco.   7. (. . .) Sólo tienes que llamarlos.   8. (. . .) Acabo de verlo (verle).   9. (. . .) Siempre la lavo antes de usarla.   10. (. . .) No la sé todavía.

    C. Cambie a *le* o *les*:

      1. Le escribimos.   2. ¿Les pido . . .?   3. ¿Le pagamos. . .?   4. Háblele. . .   5. Pídanle. . . 6. Pregúntele a la recepcionista. . .   7. Por favor, pásenles . . .   8. Explíqueles todo esto.

    D. En español. . . :

      1. Deles a ellos una suite. Denos a nosotros un cuarto bueno (cómodo, confortable, agradable) también. -- ¿Y la cuenta? ¿Quién la va a pagar? (¿Quién va a pagarla?) 2. Quiero pedirles (Les quiero pedir) un gran favor. Pregúntenle a Amada si va con nosotros, y dígale que la extrañamos.

#7. *Gustar* and "family"

    1. (. . .) A mi novio le gusta más la playa. . . A mí me gusta más. . .   Sí, (No, no) me gusta la arena.   2. (. . .) Sobre todo nos fascinan las antiguas ruinas. . .   Sí,(No, no) me interesa visitar. . .   Sí, (No, no) les interesan esas cosas a mis amigos.   3. (. . .) A mis hermanos les encanta también. Pero a mi madre no le gusta nada picante. . . A nosotros nos gusta más . . . Y a mí, me gusta más . . .   4. (. . .) ¿Cuánto tiempo les queda a Uds.? --Nos queda menos de un mes. . . Nos queda(n) . . . meses, semanas, días. . . Nos queda (un mes, una semana). Nos faltan . . . meses para la Navidad.   5. (. . .) A mí me faltan casi tres. . . . A mí me falta(n) . . . año(s) para completar mi curso. . .   Me falta(n) . . . año(s) de estudio para poder iniciar mi carrera.

Lección Tres: ¿Qué hay de comer?

I. Amplíe su vocabulario

    Palabras en uso: 1. a.   . . . y se puso pálido.   b.   . . ., se van a enojar contigo.   c. ¿Qué ha sido de ellos?   d. . . . se hicieron millonarios.   e. . . . llegará a ser famosa.   f. . . ., vas a cansarte. Vas a ponerte enferma.   2. a. Me siento honrada . . .   b. ¿Cómo se siente tu mamá? --Mejor, pero de noche se siente muy cansada.   c. Siento una presencia . . . d. Sentimos algo raro. . .   e. A veces, ¿te sientes perdida. . . ?   f. ¡Ay, lo siento!

Juegos lingüísticos:

1. hielo, helar, heladera; carne, carnicería; mar, marearse; apetito;
   verde; fuerte; fresco, frescura; pecho; sal
2. despertarse--la mañana, la alcoba; acostarse -- la noche, la alcoba; almorzar -- el
   mediodía, la escuela, etc.; desayunar-- las ocho de la mañana, etc., la cocina; cenar --
   la siete, etc. de la tarde (de la noche), la cocina, el comedor, etc.; vestirse -- la
   mañana, etc., la alcoba; bañarse -- las siete de la mañana, las once de la noche, etc., el
   baño; trabajar -- los días de entresemana, la escuela, una tienda, etc.
3. mesero/a --un restaurante; ama de llaves --un hotel; cocinero/a -- cocina,
   restaurante; portero -- hotel, casa de apartamentos, etc. ; aduanero -- aeropuerto,
   aduana; maletero -- aeropuerto, estación, etc.; azafata -- avión; conserje -- hotel

II. Ejercicios suplementarios

#8. More about the reflexives

A. Cronologías: 1. Nos bañamos. 2. Se lava el pelo. 3. Te duermes. 4. Me siento.
5. Me pongo los calcetines. 6. Nos vamos. 7. Nos casamos. 8. Se nace.

B. 1. Siempre nos divertimos con Uds. --¡Qué bien! Me alegro. 2. (. . .) ¿Ud.
quiere quedarse. . . ? -- No. Me voy en seguida. 3. ¿No vas a olvidarte . . . ? -- Jamás.
Yo no me olvido de nada. 4. ¿Por qué te quejas tanto? 5. (. . .) No me atrevo. 6. ¿El
cocinero se niega a preparar. . . ?

#9. The impersonal *se*
1. Falso. Se toma al fin. 2. Falso. Se prepara con patatas. 3. Verdad. 4. Verdad.
5. Falso. Se cree que la carne produce colesterol. 6. Falso. Se mantiene el tenedor en la
misma mano.

#10. "*to each other*"
1. a. Son compañeros de trabajo. b. Se quieren muy poco. c. No se ven en su tiempo
libre. d. No se llaman mucho por teléfono. 2. a. No, no se conocían por mucho
tiempo. b. Sí, parece que se entiende bien. c. Se tratan bien. d. Se casaron en julio.

#11. Using two object pronouns together

A. 1. . . . , te las lavo. 2. . . . te la paso. 3. . . . , te lo traigo. 4. . . . , os lo preparo.
5. . . . te la hago. 6. . . cársela.

B. 1. Se las muestro en seguida. 2. No, no se lo doy. 3. Pues yo se lo explico. 4. . . . ,
se los sirvo (ofrezco, doy). 5. . . . , yo se la cocino (sirvo, doy, ofrezco) esta noche.
6. Nosotros se las damos (mandamos) a Ud.

Lección Cuatro: En caso de emergencia

I. Amplíe su vocabulario
Palabras en uso: 1. ¿Por qué no tomaste. . . ? ¿Por qué no tomaron Uds. . . . ? --Lo
tomamos la vez pasada. . 2. ¿Qué regalo le llevaste . . . ? -- Ninguno. La llevé. . .
3. Los ladrones le quitaron . . . Hasta se llevaron . . . 4. ¿Cuándo tuvo (tomó) lugar. . . ?
-- Y la segunda se celebró . . . 5. ¿Se demoró (Tardó) . . ? --Pero yo hice el viaje . . .

Asociaciones lingüísticas : 1. Le hicimos bien. . . Tuvimos que pagar dinero para rescatarlo. 2. Quedamos quemados. . . Fue acalorada la conversación. 3. Hubo un temblor de tierra (un terremoto). . . Se quemó algo. . . Caminaba como un gato. 4. auxiliary; incarcerate; incendiary; ardent

II. Ejercicios suplementarios

#12. Using the imperfect

A. 1. Yo tenía . . . 2. Mi familia y yo vivíamos . . . 3. Yo asistía a . . . 4. Pero mis hermanos iban . . . 5. . . . el presidente . . . era . . . 6. (No) Me gustaba mucho porque. . . 7. . . . estaba en buenas condiciones. 8. Pero había muchas crisis. . . 9. Yo veía mucho . . . 10. Y mi vida (era feliz, difícil, seguía . . .etc.)

B. 1. ¿Cuántos años tenías/ teníais . . . ? 2. ¿Dónde vivías (vivíais) . . .? 3. ¿A qué escuela asistías (asistíais) . . . ? 4. ¿A qué escuela iban tus (vuestros) . . . ? 5. ¿Quién era . . . ? 6. ¿Te gustaba (Os gustaba) . . . ? 7. ¿Cómo estaba la economía . . . ? 8. ¿Había . . . ? 9. ¿A quién veías (veíais) . . . ? 10. ¿Cómo era tu (vuestra) vida...?

#13. Using the preterite

A. 1. Fui . . . -- ¡Ay, no me di cuenta! 2. Martín y yo fuimos. . . Pero. . . , y nos dieron . . . -- pero, ¿fue buena . . .? 3. (. . .) ¿Uds. fueron a ver. . . ? -- No. Dimos . . .

B. 1. a. Yo no quería hacerlo. b. No quise hacerlo. 2. a. ¿Ud. conocía a Anita? b. ¿Cuándo conociste a Anita? 3. a. Había un café aquí. b. Pero hubo un incendio anoche.
4. a. Muchas personas estaban allí (Mucha gente estaba/ Había mucha gente /Había muchas personas allí cuando el incendio comenzó. b. Yo estuve allí hace unos días.
5. a. ¿Dónde estabas hace una hora? b. ¿Qué hacías? c. ¿Qué hiciste después?

C. Mini-historia
El otro día, mi amiga Gloria y yo comíamos . . . Conversábamos y reíamos y nos divertíamos mucho cuando de repente oímos un grito. Una señora decía. . . Pues Gloria, que sabía . . . , se acercó al hombre. Lo agarró . . . , le dio . . . , ¡y ya! ¡Lo salvó!

#14. Preterite and imperfect in time expressions

A. 1. Hacía cinco minutos que sonaba la alarma, y nadie se fijaba (se fijó). 2. Hacía media hora que tratábamos . . . , pero no respondían (respondieron). 3. Hacía meses que la policía buscaba al asesino . . . 4. Hacía diez años que estaba en en el presidio. . . 5. Hacía tiempo que protestábamos nuestra inocencia, . . .

B. 1. No. Ellos acababan de salir . . . 2. No. Yo acababa de comer . . . 3. No. Acababa de suceder. 4. Yo acababa de despertarme . . . 5. No, acababa de morir. . . 6. No, acabábamos de verlos . . . 7. No, acababa de casarse . . .

Lección Cinco: Exploremos la ciudad

I. Amplíe su vocabulario
Palabras en uso :
A. 1. Hablo un poco de italiano y un poco de francés. El verano pasado tomé un breve

(corto, pequeño) curso de idiomas, pero aprendí poco. (. . .) El tiempo era demasiado corto. 2. Présteme un poco de atención: Una carta breve (corta) tiene . . . ¿Y una clase breve (corta)? 3. (. . .) No, muy poca. (. . .) Y éramos pequeños cuando nos conocimos. 4. Durante un período breve (corto), había una pequeña iglesia . . .

B. 1. ¿Ud. conoce la poesía. . .? --La conozco muy bien. En efecto, hay dos poemas que sé de memoria. 2. Para conocer bien una ciudad, . . . -- Y saber algo de su cultura. 3. Tú sabes tocar . . . ? -- Un poco. Pero conozco bastante la música hispana.

Extensiones : 1. Soy ciudadano/a de los Estados Unidos, del Canadá, etc. 2. En los barrios pobres. 3. Cruza el Atlántico. 4. Saco películas de cine. 5. Es un barrio residencial. 6. Necesita un carnet de chofer (o de conductor/a), licencia de manejar, etc.

II. Ejercicios suplementarios

#15. Commands to *Ud., Uds.*
A. 1. encienda las luces 2. llámelos en seguida 3. visiten las antiguas pirámides aztecas 4. Espere aquí en la parada.

B. 1. No lo consulte. 2. No la avise. 3. No los recomiende. 4. No me las pida. 5. No los saquen. 6. No se la pongan. 7. No nos lo den. 8. No me la traigan.

C. *En la calle:* Tenga cuidado. Cruce en la esquina. No atraviese cuando la luz está roja. (No) Vaya siempre a la terminal . . . Familiarícese con el sistema del metro. *En un locutorio telefónico*: Metan la moneda . . . Para pedir ayuda. . ., marquen 0. Si no saben el número, búsquenlo en el directorio.

#16. Negative commands to *tú* and *vosotros*

A. 1. No lo metas allí. 2. No les hables. 3. No las repitas. 4. No vuelvas con nosotros. 5. No te sientes todavía. 6. No salgas ahora. 7. No vayas nunca. 8. No me mientas. 9. No lo digas. 10. No los conozcas. 11. No escuchéis. 12. No os acostéis. 13. No os caséis. 14. No comáis con ellos. 15. No lo pongáis allí. 16. No lo hagáis así.

B. *En el autobús* : No hables con el conductor. Siéntate (No te sientes) en el fondo. No hagas mucho ruido. No impidas el paso . . . No te aprietes demasiado contra la puerta. Ofrece tu asiento. . . Al subir, ten la moneda exacta . . . No le hagas al chofer cambiar . . .

(*vosotros*): No habléis... Sentaos (No os sentéis) . . . No hagáis. . . No impidáis. . . No os apretéis. . . Ofreced. . . Tened la moneda exacta. . . No le hagáis al chofer. . .

#17. Commands to *nosotros*

A. Compremos (Vamos a comprar) una buena guía. . . Pidámosle (Vamos a pedirle) un mapa al conserje. No nos dirijamos a todo el mundo. . . Salgamos (Vamos a salir) temprano. . . Y aprovechémonos (Vamos a aprovecharnos). . . No comamos de todo lo que ofrecen. . . No vayamos (Vamos) a todas partes . . . Veamos (Vamos a ver) todo lo que hay de interés.

B. 1. Hazme un favor. Ve a . . . y tráeme. . . No te pierdas en el camino, y vuelve (regresa) en seguida. 2. Venid a visitarnos, pero no se lo digáis a nadie. (Vengan a visitarnos, pero no se lo digan a nadie.) 3. (*Free response*)

Lección seis: Vamos de compras

I. Amplía tu vocabulario

Palabras en uso : 1. ¡Mire Ud.!   2. . . . , sugiero que los busques. . .   -- Yo no sé. Parece que . . .   3. ¡Ojalá que el niño se parezca a su padre!   4. (. . .) Estás (Te ves) muy delgada. -- Con este vestido, parezco más delgada, . . .   5. Acabo de ver a Neli, y se ve . . . -- Sí, parece (está) . . .   6. Este almacén parece más caro. . .

Asociaciones : 1. propietario/a   2. costosa -- cuesta mucho. 3. más bajo -- las tiendas no (re)bajan . . .   4. valiosa -- tiene mucho valor. 5. corto/ flojo/ angosto/ ancho

II. Ejercicios suplementarios

#18. The first concept of subjunctive: indirect command

A.   1. No, que salgan ellos.   2. No, que las hagan nuestros competidores.   3. No, que se lo regale su novio.   4. No, que los anunciemos todos nosotros.   5. No, que se lo diga otra persona. 6. No, que se los alargue él mismo.

B.   1. No quiero que la clientela vaya a otra tienda.   2. Quiero que la demanda suba. 3. No quiero que los precios bajen.   4. No quiero que haya una depresión. . . 5. No quiero que se abran otra tiendas . . .   6. No quiero que los mayoristas nos cobren . . . 7. Quiero que el gobierno nos cobre menos impuestos.

#19. The second concept of subjunctive: Emotion

1. Espero que/¡Ojalá que/Me gusta que . . . los propietarios nos alcen los salarios.   2. Me molesta/ No me gusta que los dueños nos hagan trabajar . . .   3.   . . . que la tienda esté cerrada los sábados.   4. No me gusta/Me molesta. . ., que nos vayan a abreviar las horas del almuerzo. 5. Espero/Ojalá que haya oportunidad de ser ascendido.   6. Espero/ Ojalá que nos permitan más horas de descanso. 7. Ojalá/ Espero que no se den cuenta de nuestros errores.

#20. The third concept of the subjunctive: "Unreality"

¿Será (Es) posible conseguir/obtener . . . ? -- Dudo que lo tengamos en existencia, pero creo que lo tendremos pronto. Es probable que Ud. tenga que esperar unos días, pero estoy seguro de que no hay (habrá) problema. (A continuar . . . Free response)

Lección Siete: ¡A divertirnos!

I. Amplíe su vocabulario

Palabras en uso : 1. ¿Tú sabes. . . ? -- No, pero sé . . .   2. Uds. pueden pasar. . .
3. Doctor, ¿podemos entrar? (. . .) El paciente puede estar dormido.   4. Yo no puedo entender. . . 5. Puede que tengan dinero . . . 6. No puedo creer. . . --Pues puede ser . . .   7. Aunque sea . . . Aunque puede ser. . .

¿Cuál es la palabra intrusa? : estadio -- el cine; palco --artistas de teatro; éxito --un teatro; taquilla-- la televisión; meta --el béisbol

II. Ejercicios suplementarios

#21. <u>Present subjunctive or imperfect subjunctive?</u>

A. 1. empatemos / empatáramos: No estaba segura de que ganáramos. 2. vayan y vuelvan / fueran y volvieran : Sí, creo que se fueron muy lejos. 3. demos... aunque no sea/ diéramos ... aunque no fuera: No creo que estuviera en la cima de su carrera.

B. 1. (...) Dudo que tuviera éxito. 2. ¡Ojalá que pierdan! ¡Ojalá que perdieran! 3. Insisten en que lo hagamos de nuevo (otra vez). Insisten en que volvamos a hacerlo. Insistieron en en que lo hiciéramos... en que volviéramos a hacerlo. 4. ¿No quieres que me divierta? ¿No querías que me divirtiera?

#22. *"If I were you . . . "*

A. 1. Si llegáramos (llegásemos) tarde, perderíamos . . . 2. Si hubiera (hubiese) buenas localidades, te las compraría. 3. Si la obra fuera (fuese) una bomba, sería feliz. 4. Si tuvieran (tuviesen) cuidado, no tendrían . . . 5. Si hicieras (hicieses) eso, estarías . . .

B. *The numbers go in the blanks on the right in this order:* 4, 6, 1, 2, 3, 7, 5

#23. <u>The subjunctive after conjunctions of "unreality"</u>

1. a menos que haga mucho frío, haga demasiado calor, llueva 2. me necesites, haya algo urgente 3. presentaron, mostraron, exhibieron 4. sea difícil, llegue tarde, cueste mucho dinero 5. no le haga daño a nadie, sea de alguna ayuda

Lección Ocho: Vámonos de excursión

I Amplía tu vocabulario

Palabras en uso
De vez en cuando íbamos a visitarlos en su casa de campo. Y otras veces, . . . Hacía poco tiempo que vivían en este país. Y aunque extrañaban su patria (propia tierra), . . . Pero recuerdo una ocasión . . . Era hora (tiempo) de salir . . . Pero de repente por primera vez, . . . (. . .) Por fin, se les pasó el miedo y acabaron divirtiéndose (disfrutando)... A veces uno necesita tiempo . . .

Díganos: 1. el acumulador (la batería), el calentador, el engranaje, el freno, la marcha, válvulas, el ventilador 2. (*dentro*) el asiento delantero y el trasero, el tablero, el volante; (*fuera*) la cajuela, las calaveras, las copas, el desinflado, el espejo retrovisor, los faros (fanales), los guardafangos, las ruedas 3. (*¿Cuáles controlan. . . ?*) el acumulador, el engranaje, los frenos, la marcha, el tanque lleno, las válvulas, el volante; (*¿Cuáles no?*) los asientos, las calaveras, el calentador, las copas, el espejo, los faros, los guardafangos, las ruedas, el ventilador

II. Ejercicios suplementarios

#24. <u>More about *ser* and *estar* with adjectives</u>

A. El otro día... Eran las nueve ya. Mi coche estaba descompuesto, el servicio de auto-buses estaba parado, y... Créeme que estaba cansada. Aun más, estaba muerta de hambre. Pues bien,... ¡La puerta estaba abierta! ¿Cómo podía ser? ¿Era posible que mi casa fuera robada mientras yo estaba en el trabajo? Entré. El apartamento estaba solo, Ahora bien, yo no soy normalmente... Pero esta vez, todas mis cosas estaban en su lugar. Y... (*Continuar de una manera original*)

B. 1. "Es difícil decir si es... El motor de inyección es preciso... Al mismo tiempo es económico... Todo eso está envuelto... La legendaria mecánica alemana está... ¿No es eso un ejemplo...?": Están anunciando un coche alemán. Será un Mercedes, BMW, etc.
2. "¿Es Ud. músico? Sólo los músicos son capaces... Esto es más que... ¡Es un mundo nuevo.": Están vendiendo un equipo de estereo. Será caro.

#25. <u>*Ser* and the passive voice</u>

A. 1. El teléfono fue inventado por Bell. 2. El tocadiscos fue inventado por Edison. 3. La radiotransmisión fue inventada por Marconi. 4. La teoría de la relatividad fue descubierta (inventada) por Einstein. 5. Las vacunas contra el polio fueron descubiertas (inventadas) por Salk. 6. Los aviones fueron inventados por los hermanos Wright.

B. 1. fue realizada en 1969. 2. fue celebrado en 1976. 3. fue fundada en 1945.
4. serán celebradas en 1992 (o 1996).

#26. <u>*Estar, etc.* for an action in progress</u>

1. He seguido cocinando... Está haciendo...(*Free response*) 2. Quedó llorando... Estaba sufriendo la pena de... la muerte de alguien, etc. 3. Estábamos yendo...
Sí, Uds. estaban (Estábamos) haciendo algo peligroso porque iban a 85 millas por hora.
4. Estarán andando... Estarán hablando (u oyendo) inglés, francés, alemán, holandés, italiano, portugués, español, belga, ruso, danés, sueco, finlandés, noruego, etc.

Lección Nueve: A ganarse la vida

I. Amplíe su vocabulario
Palabras en uso: 1. A veces anda (funciona) 2. Las buenas obras 3. esta clase de trabajo 4. La labor a mano -- una obra de arte 5. no resultó (funcionó) 6. trabajo (labor) -- Era una gran labor (obra)...

Extensiones: 1. el empleador 2. generosísimas 3. Eres una persona disciplinada. 4. Eres una persona inconstante. 5. Tiene siete ediciones semanales/ treinta (o treinta y una) ediciones mensuales / trescientos sesenta y cinco (o seis) ediciones anuales

II. Ejercicios suplementarios

#27. <u>More about the future tense</u>

A. Según..., habrá partes de repuesto... Se criarán animales..., y los seres humanos

serán inyectados al nacer con extractos que retrasarán el envejecimiento. En lugar de . . .,
se hará una manipulación. . . Y la vida se prolongará. . . Pero, ¿seremos eternos? . . .

B. 1. Será el mecánico. 2. Serán policías (guardias). 3. Serán camioneros. 4. Usará(s)
computadoras. 5. Trabajarán en un laboratorio.

#28. <u>More about the conditional</u>

1. Serían enfermeros/as, médicos. 2. Chocaría con otro carro. Tendría (Sufriría) un
accidente. 3. Ocuparía un puesto ejecutivo, el puesto de gerente, etc. 4. Hablarían
portugués. 5. Tendríamos entre tres y seis años. (Tal vez más.)

#29. <u>Special meanings of *would* and *should*</u>

A. 1. Debes vestirte bien (de una manera sencilla, etc.) Debes llegar a tiempo (temprano).
Debes presentar tus credenciales (calificaciones, "currículum", referencias), etc.
Debes contestar bien (precisamente, con claridad, etc.) sus preguntas. Debes
explicarle lo que deseas, lo que eres capaz de hacer, etc. Debes preparar (una lista de
preguntas, etc.) . . . Debes prepararte para . . . (*Free response*)

2. No debes hablar demasiado (cuando él habla, etc.). No debes preguntarle (sobre todas las
prestaciones, sobre cosas innecesarias, etc.) No debes pedir (un sueldo demasiado alto,
etc.) No debes mostrar (demasiada impaciencia, ambición, etc.). No debes parecer
(nervioso/a, arrogante, etc.) No debes insistir en (que te den un salario alto para
comenzar, te hagan concesiones especiales, . . . *Free response*)

B. 1. Si se lo pido, me lo dará. Si se lo pidiera, me lo daría. Sí, pero no debes (debieras)
pedírselos. (Ud. no debe. . ., debiera . . .) 2. Si llueve mañana, no iremos. Si lloviera
no iríamos. Si yo fuera Ud. (tú, Uds.), iría en todo caso. 3. ¿Dónde se sentará(n)
Ud(s).? (¿Dónde te sentarás/ os sentaréis?) ¿Quiere(n) Ud(s). sentarse ahora?
(¿Quieres sentarte. . .? ¿Queréis sentaros. . .?) 4. ¿Tú harías (Ud. haría) eso por un
amigo? Le rogué, pero no quiso hacerlo.

Lección Diez: Vamos a hacer negocios

I. Amplía tu vocabulario

Palabras en uso
1. Tú regresaste (volviste). . . -- Sí. Pasé cuatro horas. . . pidiéndoles que nos devolvieran
sus cuentas. -- No gastes tanto esfuerzo. . . 2. (. . .) Volveremos (Regresaremos) pronto.
3. . . . , te lo devolveré (devuelvo) en perfecta condición. --Bien. Y regrésamelo al garaje.

Extensiones
1. El mayorista vende en cantidades grandes. Los clientes individuales forman la clientela
del minorista. Un inversionista hace inversiones en diferentes negocios, compra acciones,
etc. El accionista compra acciones en la Bolsa.

2. Está anticipando muchas entradas. . .Si se declara en bancarrota, ha tenido más pérdidas.
En tal caso, es desfavorable su "debe y haber". Tiene recursos muy limitados. Sus
entradas brutas son mayores. Sí, figurarán muchas deudas en su presupuesto.

3. *Correo*: destinatario, franqueo, porte, remitente. *Administración de una empresa*: el activo y el pasivo, cuentas por cobrar, entradas brutas, facturar, gerencia, la nómina, el personal, prestaciones, presupuesto, recursos, la sucursal, etc... Se saca un seguro contra riesgo de incendio en caso de que se queme el negocio.

II. Ejercicios suplementarios

#30. Present perfect vs. pluperfect

A. 1. Sí, las he mandado. 2. No, no se lo hemos remitido... 3. No, les he hecho solamente éste. 4. Sin duda, se lo ha(s) puesto. 5. Sí, hemos vuelto a hablar... 6. Sí, lo ha(s) embalado perfectamente.

B. 1. ..., Uds. ya se habían ido. 2. Nos habíamos casado... 3. Ya se lo habíamos encargado ... 4. ... se había hecho gerente ya. 5. Lo había vendido a otra compañía, y él se había retirado. 6. No, apenas había empezado.

#31. The future and conditional perfect

A. 1. Se habrá sacado la lotería. 2. Sí, se habrá caído... 3. habrá cometido algún crimen. 4. se habrá mudado... 5. No, ya nos habremos graduado. 6. Ya se lo habré pagado.

B. 1. Yo no le habría ofrecido nada. 2. Nosotros no la habríamos abierto. 3. Y tú, ¿se lo habrías anunciado? 4. Cualquier piloto comercial habría podido... 5. Yo lo habría enviado por avión, y lo habría envasado en una caja de madera.

C. 1. Se habrá roto un circuito. 2. se habrán anunciado para fines de octubre 3. Se habría ido ya de vacaciones. 4. Alguien se habría equivocado.

#32. Special uses of *haber*

A. 1. Hay que escribir el nombre del destinatario y su dirección, y el nombre y la dirección del remitente. También habrá que ponerle una estampilla (un sello). 2. Habrá que envasarla en una caja de madera, de aluminio, etc. 3. Habría que establecer una sucursal. 4. Ha de tener experiencia, conocimiento del campo, habilidad administrativa, etc. 5. Han de saber mecanografía, estenografía, usar computadoras, etc. 6. He de ofrecer precios bajos, buena calidad, buen servicio, etc. He de ofrecer a los empleados horas de descanso, vacaciones, seguro de vida o contra accidentes, primas (*bonuses*), etc.

B. 1. En el siglo XXI va a haber... (*Free response*). Para crear un mundo mejor, debe haber... (*Free response*)

Lección Once: "Doctor, me duele..."

I. Amplíe su vocabulario
   Palabras en uso
   1. a. ¿Dónde lo pusiste (metiste)? -- Lo puse (metí) en... 2. ¿Dónde quieres que la coloquemos (pongamos)? c. Por favor, Silvia, no metas la pata... (...) Ponte el abrigo...
   2. a. No me di cuenta de la hora. b. Si tú pudieras (pudieses) realizar... -- (...) ¿No te diste cuenta? 3. ¿Ud. cree que el plan se realizará?

256

Extensiones : 1. No es muy saludable... Se derivaría de "desear salud ..." 2. Dolorosa. 3. No. Sólo tiene un resfriado. Sí, porque necesita una operación. 4. Agua.

II. Ejercicios suplementarios

#33. More about the subjunctive to express "unreality"

A. 1. ...a menos que tú vayas 2. ...lo que puedan por ella. 3. ...así que pudo. 4. Antes de que se ponga peor... 5. ...cuando llegó... 6. ...hasta que esté un poco mejor. 7. ...hasta que se me quite la fiebre. 8. ...cuando terminara (terminase) sus horas de consulta.

B. 1. Está mejorando. Mañana le darán de comer. 2. Dos enfermeras/os o radiólogos/as. Tendrá alguna herida de la columna dorsal. 3. Los pacientes serían niños. 4. En un barrio hispano.

#34. "Unreality" (cont.): Referring back to something indefinite

1. ...la tiene. 2. ...saben curarlo. 3. ...le pueden recetar. 4. ...que los aceptara. Ahora hay bastantes que los aceptan. 5. ...trabaje de día.

#35. Which tense of the subjunctive do we use?

A. (...) Llamé... y le pedí que me recetara (recetase)... (...) Me dijo que me tomara (tomase) un par de aspirinas, que guardara (guardase) cama..., y que lo volviera (volviese) a llamar... (¿...?) ¿Qué te daría si tuvieras (tuvieses)...? No sé. Pero insistiría en que le pagara (pagase)...

B. 1. ¿Es posible que esté embarazada? ¿Era posible que estuviera (estuviese)...? 2. Te ruego que tengas cuidado. Te rogué que tuvieras (tuvieses)... 3. Temen que se haya roto el tobillo. Temían que se hubiera (hubiese) roto... 4. No creía que lo aliviara (aliviase). No quiso creer que lo hubiera (hubiese) aliviado.

C. 1. Siento tanto que hayas estado (estuvieras) enfermo/a. Es lástima que no lo supiera (supiese) antes, o te habría visitado. 2. Son las tres y media ya. Yo recomiendo (sugiero) que salgamos a comer pizza. --Si hubieras (hubieses) almorzado a la hora normal, no tendrías hambre ahora. -- Si yo no estuviera (estuviese) tan ocupado/a, habría comido (almorzado), pero no tuve tiempo.

Lección Doce: ¿Cuáles son mis derechos?

I. Amplíe su vocabulario

Palabras en uso : 1. ...simplemente no quiso. 2. ...y él la rechazó. 3. ...hay que introducir el testimonio... 4. Ayer Luis me presentó a Conchita... 5. ...pero el acusado se negó a hablar. 6. ¿Qué tópico van a presentar (introducir) hoy? (...) Ya han rechazado todas mis sugerencias.

Díganos : 1. Se alude a la autora. 2. No se puede producir en forma televisada. 3. Va a pagar $3000. 4. Va a cobrar el 7% sobre el precio de venta al público. Después, el 10%. 5. Se hará vigente cuando la autora haya recibido el pago de adelanto. 6. Puede iniciar un pleito contra él.

II. Ejercicios suplementarios

#36-37. <u>When to use *por* and *para*</u>

1. Para llegar... para las cinco de la mañana. *El viaje tardará por lo menos dieciocho horas.*
2. Dos residencias para ancianos... ¿Por el gobierno? -- No, por caridades...
   Las facilidades serán para personas de más de sesenta y cinco años de edad. No, no fueron pagadas con fondos públicos.
3. Me cobró cien dólares por este reloj... -- Pues para una persona... *Porque pagó demasiado por el reloj. La otra persona le recuerda su experiencia anterior.*
4. El acusado fue condenado por el jurado, pero su sentencia fue conmutada por el juez.
   --¡Por Dios! Ya verás. Para la semana que viene, ya andará otra vez
   por las calles... *Fue preso por robo y asalto. El juez le mostró más compasión.*
5. (...) Nunca hace nada por nadie. Un día... que fuera por el médico... -- Y al mismo
   tiempo, ... se sacrifique por él... *Lo critican por su egoísmo.*
6. ¿Tú estudias para abogada? --Por ahora no puedo. Trabajo día y noche para pagar...
   Porque tiene que trabajar para pagar sus gastos. Sí, tiene esperanzas para el futuro.

#38. <u>Some special uses of prepositions</u>

Este caso está basado en un caso verdadero que ocurrió hace unos años en el estado de Nueva York...

En el año 1985, Mariana Salcedo era una joven de veinte años de edad. Su familia tenía una casa de campo en un pueblo pequeño en las afueras de la ciudad. Pero Mariana, que estudiaba en una universidad metropolitana, vivía con una prima suya cerca de la escuela. Un día, yendo a visitar a sus padres, Mariana se encontraba en una estación de la Vía Férrea Central, esperando un tren. De repente, llegó un tren de (por, en) la otra dirección, y se paró brevemente en la estación. Las puertas se estaban cerrando cuando un cierto Dionisio Herrera se acercó gritando: "¡Esperen!", y comenzó a golpear en la puerta de un vagón. El revisor le extendió la mano para ayudarle a subir. Pero en ese momento, el tren se puso en marcha. La puerta se cerró sobre la mano de Dionisio, obligándole a dejar caer una bolsa de petardos ilegales que traía. Los petardos estallaron con tanta fuerza que una báscula grande de metal que estaba junto a Mariano cayó sobre ella. Mariana fue llevada al hospital con numerosas heridas físicas y sufriendo daño emocional. Dos semanas después de salir del hospital, fue a un abogado, quien presentó una demanda contra... *(A continuar. Free response)*

Lección Trece: "Mis queridos alumnos..."

I. Amplíe su vocabulario

Palabras en uso
1. a. ...así que (de modo que)... b. ¿...así? c. tan cansada / tantas cosas que
   hacer. d. ¿De modo que (¿Así que)...? -- mis notas no son tan altas... e. Hazlo
   así. -- Bien, para que salga...

2. a. Desde que la conozco,... -- Ya que (Pues, Puesto que) estás tan enamorado...
   b. ¿Desde cuándo...? -- Desde que llegué... c. Hablaba perfecto italiano, puesto
   que (pues) sus padres... d. Ya que estás aquí,...

Extensiones :
1. a rainy day; a mountainous region; a snowcapped mountain range; a cloudy sky; a woolly dog; country life; a grassy valley; sky blue; a nearby place
2. coastal town; southerners and northerners; a small town girl; a cold (standoffish) character; the cattle and sheepherding industries
3. a prairie; a grove of trees; in the distance; a lagoon; a cowboy; the suburbs

II. Ejercicios suplementarios

#39. How to say "than" in comparisons

A. 1. más de 20 millones 2. de lo que piensas 3. de la que cabe 4. de lo que debo/ que el año pasado. 5. de lo que temía

B. 1. Patricia es la mayor. Robi y Arturo son los menores. *Orden :* Patricia, Gilda, Robi, Arturo.
2. Miguel ganó el premio. Miguel A A A B B; Donado A A A B C   Alicia A A B B C

#40. More about the position of adjectives

1. Un gran amigo mío acaba de firmar un contrato fabuloso con una importante agencia literaria de América Latina.
2. Mi tío Emilio ha decidido edificar una casa grande, moderna y muy hermosa en una región rural de Nuevo México.
3. Una joven escritora americana, que ha escrito muchas novelas históricas sobre las ciudades históricas (históricas ciudades) del Perú colonial, ha ganado el primer premio en una competición internacional.

#41. Using adjectives as nouns

A. 1. Un coche es de acero y de vidrio, aluminio, etc.   2. La casa en que vivo es de madera.
3. Los utensilios de cocina son de aluminio (plástico, acero).   4. La silla en que me siento es de acero (plástico, madera).   5. La ropa que uso es de algodón (lana, seda).

B. 1. un vestido de seda; un cuchillo de acero; una camisa de algodón; un anillo de oro; una casa de madera
2. los ricos y los famosos; lo bueno y lo malo (el bien y el mal); lo mejor para Ud. . . ; lo peor que podemos hacer . . .; lo más importante de este curso; lo único que sé; los jóvenes; los japoneses; una anciana (vieja)
3. una raqueta de tenis; una casa de verano; un equipo de béisbol. (*Frases originales-- free response*)

#42. Indefinites vs. negatives

Termine a su propia manera: (Free response. Here are some possibilities.)
1. En el verano, me gusta más que nada *ir a la playa, jugar al tenis, comer helados, descansar, etc.*   2. Cuando era niño (niña), me gustaba más que nada. . . *ver televisión, jugar con mis amigos, etc.*   3. Ahora estoy más *feliz, contenta, triste, confundida, etc.* que nunca. 4. *Tú sabes, me gustas, me molestas, fascinas, etc.* más que nadie. 5. Algún día me gustaría *viajar, ser famoso, hacerme millonaria, casarme, etc.*   6. De alguna manera voy a *tener éxito, terminar mis estudios, etc.*

259

Lección Catorce: Dondequiera. . .

I. Amplía tu vocabulario

Palabras en uso: 1. . . . hacernos el pedido . . .   -- Gracias. Tú nos salvaste . . .   2. . . .
orden y paz. -- ¿Por qué haces un compromiso (una cita). . . ?   3. Oyeme, a menos que
ahorrases tu dinero . . .   -- Basta. No me gusta que nadie me dé órdenes. 4. . . . me ha
pedido una cita. (. . .) No me ha dicho todavía la fecha exacta.   5. (. . .) Mi calendario
está lleno de compromisos. Para ahorrar tiempo, . . .

Vocabulario útil : Banco
   1. (*préstamos*)   fianza, garantía, fondos, hipoteca, el pagaré, prestamista, prestatario
(*deudas*) acreedor(a), deudor(a), fianza, garantía, el pagaré, etc.; (*instrumentos de
paga*) el billete, contado, efectivo, chequera, giro, el pagaré . . .

   2. a. Estoy pagando dinero.   b. Un giro que se compra en Correos. (Postal money order)
      c. Se pone el endoso en el dorso.   d. El banco le cobra intereses. El prestatario pide el
      préstamo. El prestamista se lo da.   e. Quiere que yo garantice que él pagará, que yo
      fíe por él. f. Le entregamos billetes.

II. Ejercicios suplementarios

#43. The reflexive: An alternate for the passive voice

   A. 1. Este cheque no se puede cobrar. . .   2. Los pagos se despacharán. . .   3. Se revisaron
   todos los pedidos. . .   4. Se ha pagado la deuda . . .   5. Se le negó el préstamo . . .
   6. ¿Cuándo se nos notificará?

   B. (*Free response*)

#44. The impersonal "*they*" to express passive voice

   A. 1. Renovarán y agrandarán la planta. 2. Han prohibido la entrada . . .   3. Me dicen . . .
      4. Esperamos que eviten . . .

   B. *The letters should be placed in the blanks of the right hand column in this order* :
      d e g a b c h f

#45 The relative pronouns

   A. 1. El sueldo que Jorge pedía . . . , lo cual (lo que) explica . . . --Además, no tenía los
   requisitos que ese empleo exigía.   2. La persona con quien hablé . . . -- . . . la información que te dio.   3. . . . "El que ahorra su dinero . . . " --Pues yo digo: "Los que gastan
   . . . " 4. ¿. . . de quienes (de que) hablaron? -- No, creo que son otros. 5. Las
   ventanillas de los cajeros, las que (las cuales) se abren . . .   -- Yo no entiendo lo que
   pasa aquí.

   B. 1. cuyo patrón . . . -- ¡Buena suerte!   2. cuyas cuentas . . . -- ¡Qué lata! (No
      importa.)   3. cuyo boleto . . . --¡Qué maravilla!   4. cuyos directores . . . ¡Qué lata!
      5. cuyo coche . . . --¡Qué suerte! (*The exclamations can also be free response*.)